Novo CPC
Repercussões no
Processo do
Trabalho

www.editorasaraiva.com.br/direito
Visite nossa página

carlos henrique
BEZERRA LEITE
organizador

Novo CPC
Repercussões no
Processo do
Trabalho

2015

100 ANOS
Saraiva

Editora Saraiva

Rua Henrique Schaumann, 270, Cerqueira César – São Paulo – SP
CEP 05413-909
PABX: (11) 3613 3000
SAC: 0800 011 7875
De 2ª a 6ª, das 8:30 às 19:30
www.editorasaraiva.com.br/contato

Diretor editorial Luiz Roberto Curia
Gerente de concursos Roberto Navarro
Editoria de conteúdo Iris Ferrão
Assistência editorial Thiago Fraga
    Verônica Pivisan Reis

Coordenação geral Clarissa Boraschi Maria
Preparação de originais Maria Izabel Barreiros Bitencourt Bressan e
    Ana Cristina Garcia (coords.)
Revisão, arte e diagramação RO Comunicação
Serviços editoriais Elaine Cristina da Silva
    Kelli Priscila Pinto
    Tiago Dela Rosa
Capa Casa de Ideias

Produção gráfica Marli Rampim
Impressão Assahi
Acabamento Assahi

ISBN 978-85-02-63517-3

Dados Internacionais de Catalogação na Publicação (CIP)
(Câmara Brasileira do Livro, SP, Brasil)

Novo CPC : repercussões no processo do trabalho / organizador Carlos Henrique Bezerra Leite. — São Paulo : Saraiva, 2015.

Bibliografia

1. Direito processual do trabalho – Brasil 2. Processo civil – Legislação – Brasil I. Leite, Carlos Henrique Bezerra.

15-06013   CDU-347.9:331(81)(094.4)

Índice para catálogo sistemático:

1. Brasil : Código de processo civil e processo do trabalho : Direito 347.9:331(81)(094.4)

Data de fechamento da edição: 20-8-2015

Dúvidas?
Acesse www.editorasaraiva.com.br/direito

Nenhuma parte desta publicação poderá ser reproduzida por qualquer meio ou forma sem a prévia autorização da Editora Saraiva.
A violação dos direitos autorais é crime estabelecido na Lei n. 9.610/98 e punido pelo artigo 184 do Código Penal.

027.518.001.001

Agradecimentos

Agradeço a Deus e à minha abençoada família por tudo nesta vida e pelos momentos de ausência física destinada à pesquisa jurídica.

Aos diletos amigos coautores desta obra coletiva, eminentes processualistas laborais, pela inestimável contribuição doutrinária para a boa interpretação e aplicação do Novo CPC em prol da efetividade do Processo do Trabalho.

À Saraiva Educação, nas pessoas dos amigos Luiz Roberto Curia, Roberto Navarro e Iris Ferrão, pela produção editorial jurídica de excelência destinada à sociedade brasileira.

Carlos Henrique Bezerra Leite

Sumário

Agradecimentos 5
Apresentação 13

A HERMENÊUTICA DO NOVO CPC E SUAS REPERCUSSÕES NO PROCESSO DO TRABALHO 15
Carlos Henrique Bezerra Leite

1 Introdução 15
2 A constitucionalização do processo 16
3 Novo conceito de princípios jurídicos 19
4 Funções dos princípios constitucionais fundamentais 21
5 Hermenêutica principiológica do Novo CPC 22
6 Heterointegração dos sistemas processuais por meio dos princípios
   constitucionais e infraconstitucionais 23
7 Princípios fundamentais do processo 24
8 Princípios específicos do Processo Civil 25
9 Aplicação dos princípios do CPC no Processo do Trabalho 27
10 Normas do Novo CPC aplicáveis ao Processo do Trabalho 28
11 Conclusão 29
Referências 29

A FUNÇÃO DO MAGISTRADO NA DIREÇÃO DO PROCESSO NO NOVO CPC E AS REPERCUSSÕES NO PROCESSO DO TRABALHO 30
Vitor Salino de Moura Eça

1 Introdução 30
2 A cultura do Novo Código 31
3 O Plano Normatizado 36
4 Supletividade e subsidiariedade 42
5 Centralidade processual e o cooperativismo 44
6 Poderes instrutórios do juiz 48
7 A dimensão atual do contraditório 50
8 Conceito contemporâneo de fundamentação 52
9 Conclusão 55
Referências 57

O PRINCÍPIO DA IDENTIDADE FÍSICA DO JUIZ NO NOVO CPC E SEUS REFLEXOS NO PROCESSO DO TRABALHO 58
Sergio Pinto Martins

1 Introdução 58
2 Histórico 58
3 Manutenção da orientação da súmula 61
4 Conclusão 64

O INCIDENTE DE DESCONSIDERAÇÃO DA PERSONALIDADE JURÍDICA E SUAS REPERCUSSÕES NO PROCESSO DO TRABALHO 65
Bruno Klippel

1 Introdução 65
2 Obediência do princípio do contraditório e instituição do incidente de desconsideração da personalidade jurídica no NCPC 66
3 Procedimento previsto nos arts. 133 a 137 do NCPC 69
4 Do cabimento do incidente no Processo do Trabalho: teoria adotada no Processo do Trabalho para a desconsideração da personalidade jurídica 70
5 (In)compatibilidade com o Processo do Trabalho? 73
Referências 75

OS PRESSUPOSTOS PROCESSUAIS E AS CONDIÇÕES DA AÇÃO NO NOVO CPC E SUAS REPERCUSSÕES NO PROCESSO DO TRABALHO 77

Mauro Schiavi

1	Introdução	77
2	As condições da ação e os pressupostos processuais no Novo CPC	81
3	Primazia do julgamento de mérito e a teoria da asserção na aferição das condições da ação	88
4	A questão da correção dos pressupostos processuais – contraditório prévio	91
5	Conclusões	93
	Referências	94

A DEFESA DO RÉU NO NOVO CPC E SUAS REPERCUSSÕES NO PROCESSO DO TRABALHO 95

Gustavo Filipe Barbosa Garcia

1	Introdução	95
2	Contraditório	96
3	Classificação	98
4	Exceções	99
5	Contestação	100
6	Integração à lide	102
7	Impugnação específica	105
8	Reconvenção	106
9	Conclusão	109
	Referências	109

O ÔNUS DA PROVA NO NOVO CPC E SUAS REPERCUSSÕES NO PROCESSO DO TRABALHO 111

Renato Saraiva e *Aryanna Manfredini*

1	Conceito de ônus da prova e suas dimensões objetiva e subjetiva	111
2	Distribuição do ônus da prova no Processo do Trabalho sob a égide do Código de Processo Civil de 1973	113
3	Distribuição do ônus da prova no Processo do Trabalho sob a égide do Novo Código de Processo Civil	119
4	Conclusão	123
	Referências	123

A FUNDAMENTAÇÃO DA SENTENÇA NO NOVO CPC E SUA REPERCUSSÃO NO PROCESSO DO TRABALHO 125

Luiz Eduardo Gunther

1 Introdução 125
2 Os significados dos vocábulos "motivação" e "fundamentação" 127
3 As origens históricas do princípio 132
4 A previsão constitucional em 1988 135
5 A aplicabilidade supletiva e/ou subsidiária dos dispositivos do Novo CPC ao Processo do Trabalho 138
6 O alcance da expressão "não se considera fundamentada qualquer decisão judicial" – os seis incisos do § 1º e os §§ 2º e 3º do art. 489 do Novo CPC – a questão da aplicabilidade ao Processo do Trabalho 147
7 Considerações finais 162
   7.1 Os significados dos vocábulos "motivação" e "fundamentação" 162
   7.2 As origens históricas do princípio 163
   7.3 A previsão constitucional em 1988 164
   7.4 A aplicabilidade supletiva e/ou subsidiária dos dispositivos do Novo CPC ao Processo do Trabalho 164
   7.5 O alcance da expressão "não se considera fundamentada qualquer decisão judicial" – os seis incisos do § 1º e os §§ 2º e 3º do art. 489 do Novo CPC – a questão da aplicabilidade ao Processo do Trabalho ... 165

Referências 168

AS TUTELAS DE URGÊNCIA E DA EVIDÊNCIA E SUAS REPERCUSSÕES NO PROCESSO DO TRABALHO 173

Otavio Amaral Calvet

1 Introdução 173
2 Conceito de tutela provisória 175
3 A tutela provisória no Processo do Trabalho: diferenças procedimentais ... 178
   3.1 Título I – Disposições gerais 179
   3.2 Título II – Da tutela de urgência 182
      3.2.1 Capítulo I – Disposições gerais 182
      3.2.2 Capítulo II — Do procedimento da tutela antecipada requerida em caráter antecedente 186

  3.2.3 Capítulo III — Do procedimento da tutela cautelar requerida
em caráter antecedente 191
 3.3 Título III – Da tutela da evidência 193
4 Conclusão 195
Referências 196

DO INCIDENTE DE RESOLUÇÃO DE DEMANDAS REPETITIVAS NO PROCESSO CIVIL BRASILEIRO E SUAS REPERCUSSÕES NO PROCESSO DO TRABALHO 197

Edilton Meireles

1 Introdução 197
2 Do cabimento 198
 2.1 Repetição de processos sobre a mesma questão de direito 198
 2.2 Risco de ofensa à isonomia e à segurança jurídica 203
3 Legitimidade 205
4 Desistência ou abandono da causa 208
5 Momento 209
6 Competência 209
7 Suspensão prejudicial 212
8 Do procedimento 219
9 Da decisão, sua vinculação e reflexos 226
10 Da revisão da tese 229
11 Dos recursos 230
12 Cabimento na Justiça do Trabalho 235
Referência 237

O CUMPRIMENTO DA SENTENÇA NO NOVO CPC E ALGUMAS REPERCUSSÕES NO PROCESSO DO TRABALHO 238

Leonardo Dias Borges

1 Introdução 238
2 Novo Código de Processo Civil: um pouco da sua história 241
3 A importância de um Código de Processo Civil: qualquer que seja ele 245
4 A dramática via executória e o cumprimento da sentença 246
5 O Novo Código de Processo Civil e o cumprimento da sentença 248
6 O cumprimento da sentença e o Processo do Trabalho 255

7 Conclusão 258
Referências 259

TUTELA ESPECÍFICA DE PRESTAÇÕES DE FAZER E DE NÃO FAZER: AS REGRAS DO NOVO CPC E SEUS IMPACTOS NO ÂMBITO DAS RELAÇÕES DE TRABALHO 261

Sérgio Torres Teixeira

1 Introdução 261
2 Tutela específica envolvendo prestações de fazer e de não fazer 262
3 Peculiaridades das prestações de fazer e de não fazer no âmbito
   das relações de trabalho 265
4 Disciplina da CLT relacionada à tutela específica de prestações
   de fazer e de não fazer 268
5 Disciplina da tutela específica de prestações de fazer e de não fazer
   na Lei n. 13.105, de 2015 (Novo CPC), e sua aplicabilidade no âmbito do
   modelo processual trabalhista 276
6 Conclusões 289
Referências 290

OS RECURSOS REPETITIVOS NO NOVO CPC E SEUS REFLEXOS NO PROCESSO DO TRABALHO 292

Cláudio Mascarenhas Brandão

1 Introdução 292
2 Aplicação supletiva do CPC 298
3 Formação do precedente – unidade sistêmica: racionalidade
   do sistema e regras gerais 301
4 Ordem cronológica de julgamentos 312
5 Processamento do incidente 313
   5.1 Efeitos da decisão de afetação 316
   5.2 Instrução 320
   5.3 Julgamento e efeitos: vinculação, distinção e superação 326
6 Questão constitucional 332
Referências 333

Apresentação

Estimada leitora, estimado leitor!

Antes de tudo, agradecemos a você por ter nos dado a honra de ler ou consultar este livro sobre o Novo CPC e suas repercussões no Processo do Trabalho.

Como é sabido, o Novo Código de Processo Civil Brasileiro, instituído pela Lei n. 13.105, publicada no *DOU* de 17-3-2015, entrará em vigor em 17-3-2016 e, certamente, provocará impactos significativos na seara justrabalhista, pois seu art. 15 prevê a sua aplicação "supletiva e subsidiária" no processo do trabalho. Contudo não se pode olvidar que o art. 769 da CLT dispõe que o CPC só será fonte subsidiária no caso de lacuna e desde que haja compatibilidade da norma a ser migrada com os valores, princípios e regras do processo laboral.

Daí a importância da presente obra coletiva, escrita por renomados profissionais e acadêmicos especializados em Direito Processual do Trabalho, que tem por objetivo analisar as principais disposições normativas do Novo CPC que refletirão, direta ou indiretamente, na interpretação e aplicação das normas de Direito Processual do Trabalho.

Sem dúvida, o Novo CPC pode ser considerado o mais democrático de todos os Códigos já editados no Brasil, pois, além de ter sido concebido no paradigma do Estado Democrático de Direito, pela primeira vez na nossa História o Parlamento consultou e conclamou diversos segmentos da sociedade, especialmente a comunidade jurídica em geral, para contribuírem com propostas normativas para a elaboração do Novo Código.

Destaca-se, ainda, que o Novo Código inova em relação aos diplomas processuais que lhe antecederam e que refletiam a ideologia liberal-normativa-individualista-positivista, porquanto enaltece, no seu art. 1º, que os valores, princípios e regras da Constituição Federal deverão atuar como fios hermenêuticos condutores da interpretação e aplicação não apenas das normas processuais civis como também, nos termos do seu art. 15, dos microssistemas processuais trabalhistas, administrativos e eleitorais.

Quem consultar este livro logo perceberá que os temas nele tratados serão os que provavelmente provocarão os mais intensos debates e cizânias entre profissionais e acadêmicos acerca de aplicabilidade do novo diploma processual civil no Processo do Trabalho, dentre os quais se destacam a hermenêutica do Novo CPC, a função do magistrado na direção do processo, o princípio da identidade física do Juiz, o incidente de desconsideração da personalidade jurídica, os pressupostos processuais e as condições da ação, a defesa do réu, o ônus da prova, a fundamentação da sentença, as tutelas de urgência e da evidência, o incidente de demandas repetitivas, o cumprimento da sentença, as tutelas específicas das obrigações de fazer e não fazer e os recursos repetitivos.

Advertimos que os textos publicados nesta obra coletiva são de responsabilidade exclusiva de cada autor e não refletem, necessariamente, o pensamento da Editora, do organizador ou dos demais autores. A finalidade desta obra é divulgar, respeitando-se a liberdade de pensamento e manifestação de cada coautor, temas que reputamos relevantes sobre a aplicabilidade do Novo CPC nos sítios do Processo do Trabalho.

Espera-se, assim, que esta obra ofereça contribuição diferenciada para o desenvolvimento do diálogo virtuoso entre as fontes normativas do direito processual civil e do direito processual do trabalho, cumprindo, destarte, um dos fundamentos da ordem econômica em nosso País, que é "fundada na valorização do trabalho humano e na livre-iniciativa" e "tem por fim assegurar a todos existência digna, conforme os ditames da justiça social" (CF, art. 170, *caput*).

Muito obrigado!

Vitória-ES, 21 de julho de 2015.
Carlos Henrique Bezerra Leite
www.carloshenriquebezerraleite.com
chbezerraleite@yahoo.com.br

A hermenêutica do Novo CPC e suas repercussões no Processo do Trabalho

Carlos Henrique Bezerra Leite

Doutor e Mestre em Direito (PUCSP). Desembargador do TRT da 17ª Região/ES. Professor de Direitos Humanos Sociais e Metaindividuais do Programa de Mestrado e Doutorado (FDV). Professor de Direitos Fundamentais Sociais e Direito Processual do Trabalho da Graduação em Direito (FDV). Ex-Professor Associado do Departamento de Direito (UFES), onde lecionava Direito Processual do Trabalho e Direitos Humanos. Professor convidado da Pós-Graduação da PUCSP (COGEAE). Professor convidado dos Cursos de Pós-Graduação em Direito e Processo do Trabalho Damásio Educacional e Núcleo Trabalhista Calvet (RJ). Professor convidado de diversas Escolas Judiciais da Justiça do Trabalho. Ex-Procurador Regional do Ministério Público do Trabalho/ES (aprovado em 1º lugar em nível nacional). Ex-Diretor da Escola Judicial do TRT/ES. Titular da Cadeira n. 44 da Academia Nacional de Direito do Trabalho. Ex-Procurador do Município de Vitória-ES. Ex-Advogado. Conferencista. Autor de Livros e Artigos Jurídicos.
E-mails: chbezerraleite@yahoo.com.br
chbezerraleite@gmail.com.

1. INTRODUÇÃO

Estamos vivenciando o paradigma do Estado Democrático de Direito, cujos fundamentos residem não apenas na proteção e efetivação dos direitos humanos (ou fundamentais) de primeira dimensão (direitos civis e políticos) e segunda dimensão (direitos sociais, econômicos e culturais), como também dos direitos de terceira dimensão (direitos ou interesses difusos, coletivos e individuais homogêneos), de quarta dimensão (biodireitos) e de quinta dimensão (direitos virtuais).

O valor-princípio-fonte do Estado Democrático de Direito é a dignidade da pessoa humana, ladeado pelos princípios da liberdade, igualdade e solidariedade.

Para propiciar a máxima efetividade desses princípios, a Constituição elegeu alguns objetivos fundamentais que devem ser implementados não apenas pelo Estado, mas também pela sociedade e por todos os cidadãos e cidadãs, como a construção de uma sociedade mais livre, justa e solidária, a correção das desigualdades sociais e regionais, a promoção do bem-estar e justiça sociais para todas as pessoas sem quaisquer espécies de preconceitos, o desenvolvimento socioambiental, a paz e a democracia.

Na verdade, o principal objetivo do Estado Democrático de Direito não é apenas justificar os direitos humanos em todas as suas dimensões, como também, e principalmente, garanti-los.

Daí a importância do Poder Judiciário (e do processo) na proteção e defesa de todos os direitos fundamentais, inclusive por meio do controle judicial de políticas públicas.

Afinal, se o nosso tempo é marcado por uma sociedade de massa, profundamente desigual e contraditória, então as lesões aos direitos humanos, notadamente os de ordem social, alcançam dezenas, centenas, milhares ou milhões de cidadãos.

São lesões de massa (macrolesões) que exigem um novo comportamento dos atores jurídicos em geral, e do juiz em particular, voltado para tornar efetivos os interesses difusos, coletivos e individuais homogêneos, cujos conceitos são extraídos do CDC (art. 81, parágrafo único), verdadeiro código de acesso à justiça na pós-modernidade.

A "jurisdição justa" passa, então, a ser a gênese do sistema pós-moderno de acesso individual e coletivo à justiça (CF, art. 5º, XXXV), em função do que o Judiciário torna-se o Poder mais importante na "era dos direitos". A principal luta do povo não é mais a criação de novas leis, e sim a manutenção dos direitos. Na verdade, a luta é por democracia e direitos.

2. A CONSTITUCIONALIZAÇÃO DO PROCESSO

O Processo, no Estado Democrático de Direito, passa a ser compreendido a partir dos princípios e objetivos fundamentais (CF, arts. 1º, 3º e 4º), bem como pelos princípios processuais de acesso à justiça insculpidos no Título II ("Dos Direitos e Garantias Fundamentais"), Capítulo I ("Dos Direitos e Deveres Individuais e Coletivos"), especialmente os princípios da inafastabilidade da jurisdição (CF, art. 5º, XXXV), do devido processo legal (idem, incisos LIV e LV), da ampla defesa (autor e réu) e contraditório e o da duração razoável do processo (idem, inciso LXXVIII).

Trata-se do fenômeno conhecido como *constitucionalização do processo*, o qual, como lembra Cassio Scarpinella Bueno:

> Convida o estudioso do direito processual civil (e do trabalho, acrescentamos) a lidar com métodos hermenêuticos diversos – a filtragem constitucional de que tanto falam alguns constitucionalistas – tomando consciência de que a interpretação do direito é *valorativa* e que o processo, como método de atuação do Estado, não tem como deixar de ser, em igual medida, valorativo, até como forma de realizar adequadamente aqueles *valores*: no e pelo processo. A dificuldade reside em identificar adequadamente estes *valores* e estabelecer parâmetros os mais objetivos possíveis para que a interpretação e aplicação do direito não se tornem aleatórias, arbitrárias ou subjetivas. A neutralidade científica de outrora não pode, a qualquer título, ser aceita nos dias atuais[1].

A *constitucionalização do processo*, que tem por escopo a *adequação*, *tempestividade* e *efetividade do acesso* individual e coletivo ao Poder Judiciário brasileiro, possui algumas características[2], como:

- a *inversão dos papéis da lei e da CF*, pois a legislação deve ser compreendida a partir dos princípios constitucionais de justiça e dos direitos fundamentais;
- o *novo conceito de princípios jurídicos*, uma vez que estes, especialmente os que têm assento constitucional, passam a ser normas de introdução ao ordenamento jurídico, superando, assim, a posição de meras fontes subsidiárias como prevista na Lei de Introdução às Normas do Direito Brasileiro (art. 4º);
- os *novos métodos de prestação da tutela jurisdicional*, que impõem ao juiz o dever de interpretar a lei conforme a Constituição, de controlar a constitucionalidade da lei, especialmente atribuindo-lhe novo sentido para evitar a declaração de inconstitucionalidade, e de suprir a omissão legal que impede a proteção de um direito fundamental;
- a *coletivização do processo* por meio de instrumentos judiciais para proteção do meio ambiente, patrimônio público e social e outros interesses

---

1 Cassio Scarpinella Bueno. *Curso sistematizado de direito processual civil*: teoria geral do direito processual civil. São Paulo: Saraiva, 2007. v. 1, p. 71.
2 Carlos Henrique Bezerra Leite. *Curso de direito processual do trabalho*. 13. ed. São Paulo: Saraiva, 2015, passim.

metaindividuais (difusos, coletivos e individuais homogêneos dos trabalhadores, aposentados, mulheres, negros, pobres, crianças, adolescentes, consumidores etc.), como a ação civil pública, o mandado de segurança coletivo, a ação popular, o mandado de injunção coletivo;

- a *ampliação da legitimação "ad causam"* para promoção das ações coletivas reconhecida ao Ministério Público, aos corpos intermediários (associações civis, sindicais etc.) e ao próprio Estado (e suas descentralizações administrativas);
- a *ampliação dos efeitos da coisa julgada* (*erga omnes* ou *ultra pars*) e sua relativização *secundum eventum litis* (segundo o resultado da demanda) para não prejudicar os direitos individuais;
- o *ativismo judicial* (CF, art. 5º, XXXV; CDC, art. 84; LACP, art. 12; CPC/73, arts. 273 e 461);
- a *supremacia das tutelas alusivas à dignidade humana e aos direitos da personalidade* sobre os direitos de propriedade, o que permite, inclusive, tutelas inibitórias ou específicas, além de tutelas ressarcitórias nos casos de danos morais individuais e coletivos;
- a possibilidade de *controle judicial de políticas públicas*, conforme previsto no art. 2º do Pacto Internacional de Direitos Econômicos, Sociais e Culturais – PIDESC, ratificado pelo Brasil em 1992.

Em suma, no Estado Democrático de Direito, o processo pode ser definido como o "direito constitucional aplicado", na feliz expressão de Carlos Alberto Alvaro de Oliveira[3], enquanto o acesso à justiça passa a ser, a um só tempo, em nosso ordenamento jurídico, princípio de direito constitucional processual, bem como direito humano e direito fundamental.

É *direito humano*, porque é previsto em tratados internacionais de direitos humanos e tem por objeto a dignidade, a liberdade, a igualdade e a solidariedade entre todos os seres humanos, independentemente de origem, raça, cor, sexo, crença, religião, orientação sexual, idade ou estado civil.

Com efeito, o art. 8º da Declaração Universal dos Direitos Humanos, de 1948, dispõe textualmente: "Toda a pessoa tem direito a recurso efetivo

---

[3] Carlos Alberto Alvaro de Oliveira. *Do formalismo no processo civil*. São Paulo: Saraiva, 2003, passim.

para as jurisdições nacionais competentes contra os atos que violem os direitos fundamentais reconhecidos pela Constituição ou pela lei".

O acesso à justiça é, também, *direito fundamental*, porquanto catalogado no elenco dos direitos e deveres individuais e coletivos constantes do Título II da Constituição da República de 1988, cujo art. 5º, XXXV, prescreve que a "lei não excluirá da apreciação do Poder Judiciário lesão ou ameaça a direito".

3. NOVO CONCEITO DE PRINCÍPIOS JURÍDICOS

A coerência interna de um sistema jurídico decorre dos princípios sobre os quais se organiza. Para operacionalizar o funcionamento desse sistema, torna-se necessária a subdivisão dos princípios jurídicos. Extraem-se, assim, os princípios gerais e os princípios especiais, conforme a natureza de cada subdivisão.

Debruçando-nos, por exemplo, sobre o direito processual e o direito processual civil, verificaremos que o direito processual possui seus princípios gerais, e o direito processual civil, que é um dos seus ramos, possui princípios especiais.

A harmonização do sistema ocorre porque os princípios especiais ou estão de acordo com os princípios gerais ou funcionam como exceção. Nessa ordem, normas, regras, princípios especiais e princípios gerais seguem a mesma linha de raciocínio, com coerência lógica entre si.

Além da coerência lógica, deve haver uma coerência teleológica entre os princípios que compõem o sistema, consentânea com determinados fins políticos, filosóficos, éticos e sociológicos. Com isso, as normas assumem, no sistema, um caráter instrumental na busca de determinados valores idealizados pela sociedade.

Com efeito, a norma-ápice do ordenamento jurídico pátrio, logo no seu Título I, confere aos princípios o caráter de autênticas normas constitucionais. Vale dizer, já não há mais razão para a velha discussão sobre a posição dos princípios entre as fontes do direito, porquanto os princípios fundamentais inscritos na Constituição Federal passaram a ostentar a categoria de fontes normativas primárias do nosso sistema jurídico e político.

Daí a importância de um novo conceito de princípio jurídico, para além da posição de meras fontes subsidiárias integrativas que ocupavam no paradigma do Estado liberal que influenciou a edição da LICC (Decreto-lei 4.657, de 4-9-1942)[4], utilizada para interpretar e aplicar as normas do Código Civil de 1916, já que os princípios, notadamente os previstos, explícita ou implicitamente no Texto Constitucional, são as normas jurídicas mais importantes do ordenamento jurídico brasileiro.

O jusfilósofo Norberto Bobbio ressalta a importância dos princípios como fator determinante para a completude do ordenamento jurídico. Segundo esse notável mestre peninsular, os princípios gerais são

> normas fundamentais ou generalíssimas do sistema, as normas mais gerais. A palavra *princípios* leva a engano, tanto que é velha questão entre os juristas se os princípios gerais são normas. Para mim não há dúvida: os princípios gerais são normas como todas as outras. E esta é também a tese sustentada por *Crisafulli*. Para sustentar que os princípios gerais são normas, os argumentos são dois, e ambos válidos: antes de mais nada, se são normas aquelas das quais os princípios gerais são extraídos, através de um procedimento de generalização sucessiva, não se vê por que não devam ser normas também eles: se abstraio da espécie animal obtenho sempre animais, e não flores ou estrelas. Em segundo lugar, a função para a qual são extraídos e empregados é a mesma cumprida por todas as normas, isto é, a função de regular um caso. E com que finalidade são extraídos em caso de lacuna? Para regular um comportamento não regulamentado: mas então servem ao mesmo escopo a que servem as normas expressas. E por que não deveriam ser normas[5]?

É dizer, os princípios, assim como as regras, são normas jurídicas, razão pela qual a violação a quaisquer dessas espécies normativas implica

---

4 Por força da Lei n. 12.376, de 2010, o título, ou melhor, o apelido da Lei de Introdução ao Código Civil – LICC foi alterado para Lei de Introdução às Normas do Direito Brasileiro – LINDB. O conteúdo dos artigos que compõem o corpo da antiga LICC, porém, ficaram inalterados, ou seja, os princípios gerais de direito continuaram ocupando a posição de simples técnicas de colmatação de lacunas, e não de fontes primárias do Direito Brasileiro.

5 Norberto Bobbio. *Teoria do ordenamento jurídico*. 10. ed. Brasília: Editora UnB, 1997. p. 158-159.

a invalidação do ato correspondente. Mas em função da posição que ocupam os princípios no Estado Democrático de Direito podemos inferir que desrespeitar um princípio, por implicar ameaça a toda a estrutura de um sistema, é muito mais grave do que transgredir uma regra.

4. FUNÇÕES DOS PRINCÍPIOS CONSTITUCIONAIS FUNDAMENTAIS

Do ponto de vista da dogmática tradicional, os princípios constitucionais fundamentais exercem *tríplice função* no ordenamento jurídico, a saber: informativa, interpretativa e normativa.

A *função informativa* é destinada ao legislador, inspirando a atividade legislativa em sintonia com os princípios e valores políticos, sociais, éticos e econômicos do ordenamento jurídico. Sob essa perspectiva, os princípios atuam com propósitos prospectivos, impondo sugestões para a adoção de formulações novas ou de regras jurídicas mais atualizadas, em sintonia com os anseios da sociedade e atendimento às justas reivindicações dos jurisdicionados.

A *função interpretativa* é destinada ao aplicador do direito, pois os princípios se prestam à compreensão dos significados e sentidos das normas que compõem o ordenamento jurídico. Entre os diversos métodos de interpretação oferecidos pela hermenêutica jurídica, os princípios podem desempenhar um importante papel na própria delimitação e escolha do método a ser adotado nos casos submetidos à decidibilidade.

A *função normativa*, também destinada ao aplicador do direito, decorre da constatação de que os princípios podem ser aplicados tanto de *forma direta*, isto é, na solução dos casos concretos mediante a derrogação de uma norma por um princípio, por exemplo, o princípio da norma mais favorável aos trabalhadores (CF, art. 7º, *caput*), quanto de *forma indireta*, por meio da integração do sistema nas hipóteses de lacuna (CPC/73, art. 128), como se dá, por exemplo, com a aplicação do princípio da preclusão no campo processual.

Não obstante a importância das referidas funções, cremos ser factível alinhar *outras importantes funções* que os princípios constitucionais fundamentais desempenham no ordenamento jurídico brasileiro:

- integram o direito positivo como normas fundamentais;
- ocupam o mais alto posto na escala normativa;
- são fontes formais primárias do direito (superação da LICC, art. 4º, que coloca os princípios gerais na posição de meras fontes subsidiárias nas hipóteses de lacunas do sistema);
- passam a ser normas de introdução ao ordenamento jurídico brasileiro;
- em caso de conflito entre princípio (justiça) e regra (lei), preferência para o primeiro;
- propiciam a atividade criativa (e vinculativa) do juiz, impedindo o dogma da neutralidade e os formalismos legalistas (supremacia dos valores superiores na interpretação do direito sobre o legalismo restrito);
- prestigiam a verdadeira segurança jurídica, pois a atividade legislativa e a judicante ficam vinculadas à observância dos princípios constitucionais fundamentais;
- vinculam todos os Poderes (Executivo, Legislativo e Judiciário): judicialização da política e politização da justiça (Judiciário);
- estabelecem a *função promocional do Ministério Público* (defesa do regime democrático e do ordenamento jurídico).

5. HERMENÊUTICA PRINCIPIOLÓGICA DO NOVO CPC

Demonstrando conhecer o novo papel dos princípios jurídicos, e em sintonia com a teoria da força normativa da Constituição (Konrad Hesse), o Novo CPC (Lei n. 13.105, de 16-3-2015) passará a adotar a mesma técnica redacional da Constituição Federal, já que o seu Livro I, Título Único, Capítulo I, art. 1º, dispõe, *in verbis*:

> DAS NORMAS FUNDAMENTAIS DO PROCESSO CIVIL
>
> Art. 1º O processo civil será ordenado, disciplinado e interpretado conforme os valores e as normas fundamentais estabelecidos na Constituição da República Federativa do Brasil, observando-se as disposições deste Código.

É inegável que o Novo CPC adota como premissa ideológica o paradigma do Estado Democrático de Direito e como inspiração hermenêutica o pós-positivismo, sendo que este "não mais se reduz a regras legais, senão, e, principalmente, compõe-se de princípios maiores que representam o centro de gravidade de todo o sistema jurídico"[6].

Em rigor, tal art. 1º, no atual estágio de constitucionalização do direito em geral, e do direito processual em particular, nem sequer seria necessário, mas, ainda assim, parece-nos importante inseri-lo no frontispício do Novo CPC para reafirmar, dogmaticamente, a supremacia da Constituição sobre as demais espécies normativas que compõem o sistema jurídico brasileiro.

E, nesse ponto, andou bem o Senado Federal, porquanto no Substitutivo da Câmara dos Deputados n. 8.046, de 2010, o referido art. 1º terá a seguinte redação: "O processo civil será ordenado, disciplinado e interpretado conforme os valores e os princípios fundamentais estabelecidos na Constituição Federativa do Brasil, observando-se as disposições deste Código".

Felizmente, a redação final do art. 1º do PLS n. 166/2010 do Senado Federal foi aprovada na íntegra, pois reconhece expressamente a hierarquia dos valores e princípios constitucionais na interpretação e aplicação dos dispositivos do Novo CPC, o que, certamente, contribuirá para uma nova hermenêutica do processo e para a formação constitucional e humanística dos estudiosos e operadores do direito processual brasileiro, abarcando não apenas o direito processual civil, como também, no que couber, o direito processual trabalhista, tributário, administrativo, penal etc.

6. HETEROINTEGRAÇÃO DOS SISTEMAS PROCESSUAIS POR MEIO DOS PRINCÍPIOS CONSTITUCIONAIS E INFRACONSTITUCIONAIS

De modo inovador, o art. 8º do Novo CPC reconhece literalmente a necessidade de heterointegração (diálogo das fontes) dos diversos sistemas e subsistemas jurídicos, porquanto determina que

> Ao aplicar o ordenamento jurídico, o juiz atenderá aos fins sociais e às exigências do bem comum, resguardando e promovendo a dignidade da pessoa humana e observando a proporcionalidade, a razoabilidade, a legalidade, a publicidade e a eficiência.

---

6   Luiz Fux. O novo processo civil. In: Luiz Fux (coord.). *O novo processo civil brasileiro*: direito em expectativa. Rio de Janeiro: Forense, 2011. p. 13.

Vê-se que o preceptivo em causa promoveu, de forma inédita, a heterointegração das normas principiológicas previstas, explícita ou implicitamente, na Constituição (arts. 1º, II, e 37, *caput*) e na Lei de Introdução às Normas do Direito Brasileiro (art. 5º), como norte hermenêutico para interpretação e aplicação do Novo CPC.

Noutro falar, o juiz, ao aplicar o ordenamento jurídico, deverá promover o diálogo das fontes entre o Direito Processual (civil, trabalhista, administrativo e tributário), o Direito Constitucional, os Direitos Humanos (ou Fundamentais) em todas as suas dimensões, o Direito Administrativo, o Direito Civil (direitos da personalidade), o Direito do Trabalho etc.

Vale dizer, o Novo CPC, adotando o método hermenêutico concretizador da Constituição Federal, "erigiu normas *in procedendo* destinadas aos juízes, sinalizando que toda e qualquer decisão judicial deve perpassar pelos princípios plasmados no tecido constitucional e ínsitos ao sistema processual como forma de aproximar a decisão da ética e da legitimidade"[7].

7. PRINCÍPIOS FUNDAMENTAIS DO PROCESSO

Os princípios fundamentais do processo, também chamados de princípios gerais do processo, são os princípios "sobre os quais o sistema jurídico pode fazer opção, considerando aspectos políticos e ideológicos. Por essa razão, admitem que em contrário se oponham outros, de conteúdo diverso, dependendo do alvedrio do sistema que os está adotando"[8].

Nos termos do art. 8º do Novo CPC, são fundamentais os seguintes princípios: dignidade da pessoa humana, proporcionalidade, razoabilidade, legalidade, publicidade e eficiência. Vale dizer, todas as normas (princípios e regras) contidas no CPC devem ser interpretadas e aplicadas conforme a Constituição Federal.

Plasma-se do referido dispositivo do Novo CPC que o legislador invocou princípios fundamentais da própria Constituição (dignidade

---

7   Luiz Fux, op. cit., p. 14.
8   Nelson Nery Junior. *Princípios do processo civil na Constituição Federal*. 6. ed. São Paulo: Revista dos Tribunais, 2000. p. 29.

da pessoa humana, proporcionalidade e razoabilidade) e princípios específicos da Administração Pública (legalidade, publicidade e eficiência), de modo a considerar que a prestação jurisdicional passa a ser um serviço público.

Vale dizer, a prestação jurisdicional, por força do novel art. 8º do Novo CPC, passará definitivamente a integrar o âmbito da Administração Pública da Justiça, o que, certamente, influenciará no próprio conceito de jurisdição, uma vez que esta, além de ser função-dever-poder-atividade estatal de pacificar os conflitos sociais, passará a ser também um serviço público a ser prestado à sociedade e aos cidadãos com arrimo nos princípios dispostos no art. 37, *caput*, da CF.

De tal arte, o magistrado, além das suas funções institucionais tradicionais voltadas à prestação jurisdicional, também deverá atuar como um verdadeiro administrador público, um autêntico gestor público dos processos sob sua responsabilidade. Para tanto, haverá necessidade de formação preparatória e continuada dos juízes, de modo a propiciar-lhes capacitação em gestão: a) de pessoas, a fim de que o "serviço público da justiça" seja prestado para promover a dignidade humana tanto dos jurisdicionados (partes, terceiros, advogados etc.) como também dos próprios servidores públicos do Judiciário e demais auxiliares judiciários; b) de processos, pois estes deverão ser ordenados, disciplinados e interpretados sob o enfoque dos princípios norteadores dos atos praticados pela Administração Pública, quais sejam os princípios da legalidade, moralidade, impessoalidade, publicidade e eficiência.

8. PRINCÍPIOS ESPECÍFICOS DO PROCESSO CIVIL

Além dos princípios fundamentais de direito constitucional processual, o Novo CPC consagra outros princípios específicos no seu Livro I, Título I, Capítulos I e II. Alguns desses princípios específicos também estão previstos no Texto Constitucional; outros têm residência no próprio Código.

O *princípio da demanda*, por exemplo, constante do art. 2º do Novo CPC, que já estava previsto no CPC de 1973, não está expresso no Texto Constitucional, mas deste pode ser intuído no sentido de que a instauração de qualquer processo depende de iniciativa da parte, salvo exceções expressamente previstas em lei, como na hipótese da execução de ofício no Processo do Trabalho (CLT, art. 878).

O *princípio do acesso à justiça*, contemplado no art. 3º do Novo CPC, "Não se excluirá da apreciação jurisdicional ameaça ou lesão a direito", é inspirado no art. 5º, XXXV, da CF. O acesso à justiça também abrange os meios alternativos, como a arbitragem, a conciliação e a mediação.

O *princípio da tempestividade da tutela jurisdicional*, que emerge do art. 5º, LXXVIII, da CF, foi expressamente inserido no art. 4º do Novo CPC, segundo o qual "as partes têm o direito de obter em prazo razoável a solução integral do mérito, incluída a atividade satisfativa".

O art. 6º do Novo CPC positiva explicitamente o *princípio da cooperação* ou colaboração, nos seguintes termos: "Todos os sujeitos do processo devem cooperar entre si para que se obtenha, em tempo razoável, decisão de mérito justa e efetiva". O princípio da cooperação, a nosso sentir, encontra inspiração no *princípio* (objetivo) *fundamental da solidariedade* (CF, art. 3º, I), que tem por destinatários o Estado, a sociedade e o cidadão.

Outro princípio fundamental do Processo Civil é o da *igualdade processual* previsto no art. 7º do Novo CPC, segundo o qual:

> É assegurada às partes paridade de tratamento em relação ao exercício de direitos e faculdades processuais, aos meios de defesa, aos ônus, aos deveres e à aplicação de sanções processuais, competindo ao juiz zelar pelo efetivo contraditório.

A aplicação da igualdade processual deve ser adaptada às necessidades dos direitos fundamentais postos em juízo, não devendo o juiz (especialmente o juiz do trabalho), nos termos do art. 3º, III, da CF, relegar ao oblívio o princípio/objetivo fundamental da República: "reduzir as desigualdades sociais e regionais".

O *princípio da probidade processual* encontra-se disposto nos arts. 5º e 79 a 81 do Novo CPC, assim como os princípios da *inalterabilidade da demanda* (art. 141), *instrumentalidade das formas* (art. 283), *eventualidade* (art. 337), *impugnação especificada* (art. 342), *busca da verdade real e livre convencimento motivado do juiz* (arts. 375 e 378) e o *princípio da preclusão* (arts. 63, § 4º, 104, 209, § 2º, 278, 293, 507, 1.009).

Todos os princípios supracitados, a rigor, já estavam contemplados no CPC de 1973 (e suas sucessivas alterações legislativas), mas é importante salientar que eles adquirem nova dimensão, pois passam a ser reinterpretados em sintonia com a nova hermenêutica constitucional do processo.

9. APLICAÇÃO DOS PRINCÍPIOS DO CPC NO PROCESSO DO TRABALHO

Os princípios do Novo CPC exercerão grande influência no Processo do Trabalho, seja pela nova dimensão e papel que exercem como fontes normativas primárias do ordenamento jurídico, seja pela necessidade de reconhecer o envelhecimento e a inadequação de diversos preceitos normativos de direito processual contidos na CLT, o que exigirá do juslaboralista formação continuada e uma nova postura hermenêutica, de modo a admitir que o Processo do Trabalho nada mais é do que o próprio direito constitucional aplicado à realidade social, política, cultural e econômica.

Com efeito, o art. 15 do Novo CPC prevê que:

> Na ausência de normas que regulem processos eleitorais, trabalhistas ou administrativos, as disposições deste Código lhes serão aplicadas supletiva e subsidiariamente.

Lexicamente, o adjetivo "supletivo" significa "que completa ou serve de complemento", "encher de novo, suprir", enquanto o adjetivo "subsidiário" quer dizer "que auxilia", "que ajuda", "que socorre", "que contribui"[9].

Poderíamos inferir, então, que o Novo CPC não apenas subsidiará a legislação processual trabalhista como também a complementará, o que abre espaço, a nosso ver, para o reconhecimento das lacunas ontológicas e axiológicas do processo trabalhista, máxime se levarmos em conta a necessidade de adequação do Texto Consolidado, concebido em um Estado Social, porém ditatorial, ao passo que o novel CPC foi editado no paradigma do Estado Democrático de Direito.

---

9   *Dicionário Houaiss da Língua Portuguesa*. Rio de Janeiro: Objetiva, 2001. p. 2.628.

O art. 15 do Novo CPC, evidentemente, deve ser interpretado sistematicamente com o art. 769 da CLT, que dispõe: "Nos casos omissos, o direito processual comum será fonte subsidiária do direito processual do trabalho, exceto naquilo em que for incompatível com as normas deste Título", mas ambos os dispositivos – art. 769 da CLT e art. 15 do Novo CPC – devem estar em harmonia com os princípios e valores que fundamentam o Estado Democrático de Direito.

10. NORMAS DO NOVO CPC APLICÁVEIS AO PROCESSO DO TRABALHO

De uma perfunctória análise do Novo CPC, podemos inferir que, por força da interpretação sistemática dos arts. 769 da CLT e 15 do Novo CPC, algumas normas do Processo Civil poderão ser aplicadas supletiva e subsidiariamente, desde que:

a) haja lacuna (normativa, ontológica ou axiológica) da legislação processual trabalhista;

b) a norma a ser migrada seja compatível com a principiologia que informa o processo laboral.

Presentes, portanto, esses dois requisitos (lacuna e compatibilidade principiológica), poderemos destacar, pontualmente, que no Processo do Trabalho as normas do Novo CPC serão:

a) aplicadas supletiva e subsidiariamente sem restrição;

b) de aplicação supletiva e subsidiariamente duvidosa;

c) absolutamente inaplicáveis.

Entendemos por aplicação duvidosa a norma do Novo CPC que, diante da lacuna (normativa, ontológica ou axiológica) do texto consolidado, apresenta dificuldade de compatibilização com os princípios do processo laboral.

Também serão de aplicabilidade duvidosa no Processo do Trabalho as normas do Novo CPC em relação às ações oriundas da relação de trabalho diversas da relação de emprego. É dizer, as ações que passaram a ser processadas e julgadas pela Justiça do Trabalho (CF, art. 114, com redação dada pela EC n. 45/2004).

Com efeito, a IN TST n. 27/2005, além de não ser lei (regulamentadora do art. 114 da CF), pode se revelar, no caso concreto, menos benéfica do que o Novo CPC no que concerne à aplicação dos princípios constitucionais do processo, especialmente os que propiciam tutela jurisdicional efetiva, adequada e tempestiva.

11. CONCLUSÃO

Não defendemos a aplicação desmedida e automática das normas (princípios e regras) do Novo CPC nos sítios do Processo do Trabalho, especialmente nas ações oriundas da relação de emprego, e sim a promoção de um diálogo franco e virtuoso entre estes dois importantes setores do edifício jurídico. Diálogo que passe, necessariamente, pela função precípua de ambos (Processo Civil e Processo Trabalhista): realizar os direitos fundamentais e a justiça social em nosso País, de forma adequada, tempestiva e efetiva.

REFERÊNCIAS

BEZERRA LEITE, Carlos Henrique. *Curso de direito processual do trabalho*. 13. ed. São Paulo: Saraiva, 2015.

_____. *Manual de direitos humanos*. 3. ed. São Paulo: Atlas, 2014.

_____. *Ministério Público do Trabalho*. 7. ed. São Paulo: Saraiva, 2015.

BOBBIO, Norberto. *Teoria do ordenamento jurídico*. 10. ed. Brasília: Editora UnB, 1997.

BUENO, Cassio Scarpinella. *Curso sistematizado de direito processual civil*: teoria geral do direito processual civil. São Paulo: Saraiva, 2007.

FUX, Luiz. O novo processo civil. In: FUX, Luiz (coord.). *O novo processo civil brasileiro*: direito em expectativa. Rio de Janeiro: Forense, 2011.

NERY JUNIOR, Nelson. *Princípios do processo civil na Constituição Federal*. 6. ed. São Paulo: Revista dos Tribunais, 2000.

OLIVEIRA, Carlos Alberto Alvaro de. *Do formalismo no processo civil*. São Paulo: Saraiva, 2003.

A função do magistrado na direção do processo no Novo CPC e as repercussões no Processo do Trabalho

Vitor Salino de Moura Eça

Pós-doutor em Direito Processual Comparado, pela UCLM – Espanha. Doutor em Direito Processual e Mestre em Direito do Trabalho, pela PUC-Minas, onde atua como Professor Permanente do PPGD – mestrado e doutorado na linha de Direito do Trabalho – CAPES 6. Juiz do Trabalho no TRT da 3ª Região.

1. INTRODUÇÃO

Instituído pela Lei n. 13.105, de 16 de março de 2015, e ainda em período de *vacatio legis*, o Novo Código de Processo Civil, doravante identificado pela sigla NCPC, segue reservando ao magistrado o papel de protagonista da situação processual, entretanto consagra aos demais atores processuais crescente participação, bem como atribui ainda destacado espaço a terceiros que tenham como contribuir para o êxito da solução do feito judicial submetido a julgamento, de modo que um ilimitado número de pessoas se ativem para a rápida solução do litígio. E o NCPC reserva ao juiz um novo papel, o de gestor judicial do processo, porquanto na nova sistemática ele passa também a modular a autonomia privada das partes, vez que estas possam dispor de convenções de procedimentos.

O julgamento permanece como dever indeclinável do magistrado, mas está definitivamente inaugurada a referida gestão processual compartilhada, em que, sob a regência do juiz, partes, advogados e, nas situações assinaladas, até a sociedade precisa participar do espaço processual para que a atuação judicial seja possível em tempo adequado.

Num primeiro estágio, a atual Constituição da República afirmou direitos e garantias constitucionais processuais, mas cabia exclusivamente ao magistrado a função de viabilizar suas diretrizes. No entanto, os demais valores nela estabelecidos permitiram um comprometimento maior de todos os atores de uma sociedade organizada, fazendo com que o direito e sua compreensão pudessem amadurecer, e a plasmada democracia pudesse ganhar concretude e se ativar também no processo. Aliás, este NCPC reconhece a Carta Magna como irradiadora de princípios e regras a inspirar a atuação do legislador infraconstitucional, de modo que a legislação ordinária atue o direito segundo a matriz constitucional, e não o contrário.

É mesmo um código novo, mas não porque incorpora institutos revolucionários ou futuristas, e sim porque nos oferece novos parâmetros para a aplicação do direito, em linha com as mais essenciais garantias conferidas à cidadania pela Lei Maior. É o processo brasileiro se constitucionalizando. E mais, isso ocorre com o reconhecimento expresso das garantias individuais, a fim de que a discursividade filosófica possa se assentar no contraditório e a sociedade possa interagir, tanto por meio da fiscalidade permanente como também contribuindo diretamente com o fornecimento de dados para a resposta judicial no menor espaço de tempo possível e oferecendo subsídios técnico-científicos e/ou culturais hábeis à formação do convencimento das cortes nas ações transindividuais.

Este estudo apontará a nova norma, de modo orgânico, bem como a cultura processual estabelecida pelo diploma recém-publicado, que inova em dois temas capitais do direito processual: o contraditório e a fundamentação das decisões. Neles faremos as considerações mais significativas, a fim de oferecer ao leitor os elementos mais judiciosos para o manejo do NCPC, notadamente em sua aplicação no campo do Direito Processual do Trabalho.

2. A CULTURA DO NOVO CÓDIGO

A Constituição da República de 1988 consagra a institucionalização do processo, bem como das garantias constitucionais-processuais dos cidadãos, nos planos de acessibilidade e efetividade. Entretanto, o instrumental à disposição das pessoas ainda estava pleno de compreensões anacrônicas em vários aspectos.

O NCPC está constitucionalizado e filosofado. O sistema que agora se instaura socializa o processo, exige um diálogo intenso entre todos os atores processuais, alicerça-se no mais amplo contraditório e ainda redefine o instituto da persuasão racional. Espera-se que doravante o processo seja um espaço de discursividade, cujo aprofundamento dos debates possa ensejar a própria legitimação dos provimentos judiciais, porquanto estes passam a contar com a participação ativa de todos os interessados, e não apenas do magistrado.

Na nova concepção, o juiz se reafirma como um garantidor do sistema constitucional-processual e, por conseguinte, dos direitos fundamentais dos cidadãos[1] como partes. Destarte, não só os direitos requeridos pelos litigantes devem ser considerados e aplicados, mas o conjunto de proteção e preservação de direitos inerentes à cidadania expressos na Constituição da República, ainda que implicitamente.

O princípio constitucional-processual do contraditório assume dimensão inimaginável. Não basta que haja simétrica paridade, mas sim que se garanta a dialeticidade concreta, em que o argumento lançado precisa ser efetivamente enfrentado pelo julgador. Isso naturalmente comporta algum risco, que é o abuso de direito de defesa, mas o próprio sistema já criou suas salvaguardas, punindo rigorosamente os litigantes de má-fé. A sociedade e o processo clamam por mais ética nas relações.

Também os advogados passam a ser mais exigidos, cabendo-lhes trazer para o processo os fatos havidos. A história precisar ser narrada analiticamente, a fim de ensejar a individualização do feito sob apreciação judicial, em todos os seus pormenores. Os precedentes definitivamente estarão a balizar os provimentos, daí por que os elementos caracterizadores de cada situação devem ser requintadamente explora-

---

1 Nossa Constituição lista vários direitos e garantias fundamentais: inafastabilidade do controle judicial, juízo natural, devido processo legal, contraditório, ampla defesa, duração razoável do processo, etc.

dos, para que a sentença possa ser adequada à solução do litígio particularmente considerado.

As bases argumentativas precisarão ser exploradas por todos. Se por um lado o juiz precisará envolver-se de modo ainda mais minucioso com o processo, não menos certo é que os advogados e partes precisarão apontar escorreitamente os fatos que querem ver articulados, pois o novo sistema é coparticipativo. Naturalmente se espera um processo mais preciso, entretanto, para que isso seja uma realidade, o esforço de todos há de ser maior. Enganam-se os que pensam que a carga maior restará para o magistrado, pois a atuação compartilhada exigirá responsabilidade geral na solução jurisdicional.

O direito material há de se exsurgir mais límpido no processo, o que é extremamente positivo para o Direito Processual do Trabalho, especialmente porque tão rico em fatos e garantido por incontáveis mecanismos. Nesta ordem de ideias, numa visão profética e de grande sensibilidade, ao discorrer sobre a subsunção, Aroldo Plínio Gonçalves já aduzia há mais de vinte anos que o direito material deve ser construído e reconstruído pelas partes em contraditório ao longo de todo o procedimento, que é aplicado pelo juiz ao caso concreto submetido à sua apreciação[2].

O caminho para democratização do processo está francamente aberto. O NCPC ajusta-se com simetria aos valores constitucionais-processuais. Sua implementação, no entanto, carece de profundo realinhamento da política judiciária brasileira, bem como de urgentíssima ressignificação ética em nossa sociedade.

O espaço de discursividade idealizado no NCPC pressupõe um julgador focado nas particularidades de cada caso sob sua apreciação. Ocorre que o Poder Judiciário estrutura sua política judiciária para a resolução de teses, e não de casos. As diretrizes estabelecidas pelas altas Cortes, bem como pelo CNJ, indicam, com clareza, uma crescente aproximação com o sistema anglo-saxão de precedentes judiciais, situação que se materializa com muita objetividade no campo do Direito Processual do Trabalho pela recente Lei n. 13.015/15.

---

2   Aroldo Plínio Gonçalves. *Técnica processual e teoria do processo*. Rio de Janeiro: Aide, 1992. p. 188.

Esse dissenso exigirá muitas pesquisas e profunda reflexão doutrinária, a fim de que o campo acadêmico possa oferecer subsídios para que os tribunais estabeleçam critérios para ponderação de tão significativos valores, na medida em que se afiguram antagônicos.

Há mais. Em se falando de políticas públicas, também é evidente que os poderes Legislativo e Executivo não têm conseguido assegurar à sociedade o total de direitos consagrados. E isso tem conduzido à judicialização da política, redundando num crescente número de demandas judiciais. Este excesso exige do juiz pronunciada ativação de ciência de gestão, em busca de eficiência. Tal situação milita em proveito da construção de provimentos padronizados, consoante teses previamente debatidas, em contraposição ao signo idealizado no NCPC. Essa é outra aporia que será posta em intensos debates, exigindo do Poder Judiciário, notadamente de sua cúpula, a definição de quais valores constitucionais devem efetivamente estar em destaque.

Some-se a isso a ampla acessibilidade que as últimas reformas processuais permitiram e a crônica falta de ética de parte expressiva de nossa sociedade, podemos perceber, sem a necessidade de números e gráficos, que neste país, onde há uma demanda para cada dois habitantes, o signo que o Novo Código quer inaugurar encontrará significativos entraves para se tornar operacionalmente viável.

Além do plano público-filosófico, o NCPC traz também uma nova concepção no tocante à inspiração principiológica, deixando evidenciar o quanto a doutrina impressionou o novo diploma processual. Este signo, aliás, foi inaugurado desde a Constituição da República de 1988. É natural que, num processo sob sua marcante influência, os princípios fossem emergir de forma vigorosa.

A nova lei agrega os princípios às regras que proclama, formando um conjunto normativo, de modo que se possa aplicar a lei, considerando-se a interpretação mais adequada, consoante um sistema normativo amplo, em que os princípios se inserem, de modo a equilibrá-lo. Destarte, onde a lei não indicar exatamente o caminho a seguir, o julgador precisará buscar suporte em amplo acervo normativo, mas fazendo sua seleção segundo a organicidade sistêmica.

A função do juiz torna-se mais complexa, pois não mais se insere apenas na positivação. A normatividade está composta de princípios e regras, refinando a teoria da decisão judicial, chancelando a monumental obra de Ronald Dworkin[3]. Para esse importante autor, cabe ao intérprete eleger a norma aplicável a partir de argumentação lógico-normativa, ou seja, partindo de um ideal de justiça consagrado em determinado sistema normativo, o julgador busca no sistema positivado aquela mais apropriada. E se não a encontrar, volta sua pesquisa ao conjunto normativo, ficando autorizado a decidir segundo a principiologia axiológica.

Não é por outra razão que o art. 926/NCPC afirma que os tribunais devem uniformizar sua jurisprudência, mantendo-a estável, íntegra e coerente[4]. Essa orientação é destinada aos tribunais, porquanto sintetizam o posicionamento da Corte, entretanto deve ser muito considerada por todos os julgadores. Não é possível segregar as decisões de primeiro grau das de segundo, sob pena de contaminar a integridade do sistema e fomentar a proliferação de recursos sem chance real de êxito, comprometendo a eficiência do Poder Judiciário.

Em síntese, os juízes para utilizarem bem o Novo Código terão de considerar com sensibilidade e muito critério o método de proporcionalidade preconizado por Alexy, para quem a interpretação (para nós a decisão judicial) deve sopesar a adequação, a necessidade e a proporcionalidade, a fim de identificar a norma aplicável ao caso concreto[5].

É evidente que, além de sofisticar a aplicação do direito, a estrita observância dos princípios ampliará significativamente as possibilidades de interpretação, portanto de poder do magistrado.

---

3   *Levando os direitos a sério*. São Paulo: Martins Fontes, 2002.
4   Não é o caso de se ampliar aqui a explanação em torno das opções válidas para o intérprete em caso de colusão, mas fica o indicativo, a partir das teorias de Dworkin e Alexy, de que se deve dar mais valor ao princípio que, diante do caso concreto, apresente maior peso relativo, pois o direito contemporâneo é um conjunto de regras e princípios. E o Novo Código se assentou marcantemente sobre tais doutrinas. Para melhor compreensão se remete o leitor para as seguintes obras: *Derecho y razón practica* e *Teoria da Argumentação Jurídica*, de Robert Alexy, e *Levando os direitos a sério* e *Uma questão de princípios*, estes de Ronald Dworkin.
5   Robert Alexy. *Teoría de la argumentación jurídica*: la teoría del discurso racional como teoría de la fundamentación jurídica. Madrid: CEC, 1989. p. 86.

3. O PLANO NORMATIZADO

As referências normativas à atuação do magistrado no Novo Código são muitas. No fito de difundir o NCPC convém apontá-las, mas sem o didatismo de indicar artigo por artigo. A ideia é explicitar as hipóteses em que a figura do julgador se mostra mais presente, a fim de que nossa reflexão evidencie o papel que a nova norma lhe reserva.

Fica explicitado desde logo que todas essas nuances se circunscrevem ao escopo da regra em comento e são, portanto, aplicáveis no campo do Direito Processual do Trabalho sem rebuços. Eventuais inconsistências serão apontadas, assim como os casos de incompatibilidade.

Antes de tratar do processo propriamente dito, existe a imposição do ônus de se tentar a conciliação e outros métodos de composição consensual. É a cultura da paz.

Declara o novel diploma, com esmerado acerto, caber ao juiz zelar pelo contraditório, em simétrica paridade, num sistema em que ele exsurge como garantidor da possibilidade de manifestação a cada pronunciamento. Convém aqui aclarar que a força preclusiva dos atos processuais há também de funcionar com exatidão, para que o processo não se transforme num templo de chicana.

A humanização do processo é bem delineada, quando a obra em análise afirma que, ao aplicar o ordenamento jurídico, o juiz atenderá aos fins sociais e às exigências do bem comum, resguardando e promovendo a dignidade da pessoa e observando a proporcionalidade, a razoabilidade, a legalidade, a publicidade e a eficiência.

O prequestionamento faz-se passo a passo, pois o juiz não pode decidir, em grau algum de jurisdição, com base em fundamento a respeito do qual não se tenha dado às partes oportunidade de se manifestar, ainda que se trate de matéria sobre a qual deva decidir de ofício.

A ordem cronológica da apreciação de cada petitório é propagada como uma vantagem sistêmica[6]. Não nos parece o melhor critério, pois

---

6   Veja as exceções constantes do § 2º do art. 12/NCPC.

determinado pleito pode ser mais antigo, mas não ser mais urgente ou importante do que outro. Tomara que os juízes saibam modular a norma. O que precisamos é de juízes éticos, capazes de priorizar com altivez, e não entregues à rotina automatizada nem à perniciosa seleção de feitos a despachar por critérios menos ortodoxos.

Inova a legislação nacional quando põe em destaque a cooperação internacional, por intermédio da qual os nossos juízes poderão colaborar mais direta e prontamente no encaminhamento dos pedidos de ordens judiciais a serem cumpridas no Brasil. Cada tribunal fica obrigado a designar pelo menos um juiz cooperador, a fim de agir como um facilitador no cumprimento das cartas rogatórias no âmbito daquela corte. Neste rol estão previstos os seguintes atos processuais: A cooperação jurídica internacional terá por objeto: I – citação, intimação e notificação judicial e extrajudicial; II – colheita de provas e obtenção de informações; III – homologação e cumprimento de decisão; IV – concessão de medida judicial de urgência; V – assistência jurídica internacional; VI – qualquer outra medida judicial ou extrajudicial não proibida pela lei brasileira.

Note-se que a cooperação poderá se dar também no plano interno, inclusive entre justiças distintas, sejam estaduais ou federais.

O juízo arbitral é prestigiado na nova ordem, como meio de solução extrajudicial de conflitos. Entretanto, em seara trabalhista a matéria ainda é vista com restrição, ante o temor de que direitos indisponíveis sejam transigidos sem a isenta participação do magistrado. Quer, no entanto, nos parecer que uma vez mais a questão está adstrita ao zelo com o qual o magistrado e o árbitro desempenham suas atividades. Presentes a ética e o profissionalismo, tudo se resolverá, pois, sem eles, porquanto a investidura no cargo de juiz não gera, por si só, comprometimento e o exercício da arbitragem, tampouco indica leviandade.

A ética é, aliás, lembrada a cada instante. As partes, seus procuradores, bem como todos aqueles que intervêm no processo precisam se incumbir definitivamente da importância de suas participações nos atos processuais.

Cabe-lhes cumprir com exatidão as decisões jurisdicionais, de natureza provisória ou final, e não criar embaraços à sua efetivação, a fim de que não caracterize o ato atentatório à dignidade da justiça, pois estes, sem prejuízo das sanções criminais, civis e processuais cabíveis, ensejam na imposição de multa de até vinte por cento do valor da causa, de acordo com a gravidade da conduta. E mais, não sendo paga no prazo fixado pelo juiz, a multa será inscrita como dívida ativa da União ou do Estado após o trânsito em julgado da decisão que a fixou, e sua execução observará o procedimento de execução fiscal.

Note-se que os atos atentatórios à dignidade da justiça se estendem também aos atos processuais processados em fase de conhecimento, bem como são cumulativos com a litigância de má-fé. Esta poderá ser punida de ofício ou a requerimento, e o juiz condenará o litigante que agir temerariamente a pagar multa, que deverá ser superior a um por cento e inferior a dez por cento do valor corrigido da causa, bem como a indenizar a parte contrária pelos prejuízos que esta sofreu e a arcar com os honorários advocatícios e com todas as despesas que efetuou.

O NCPC indica com meridiana clareza os poderes, deveres e a responsabilidade do magistrado. Nada obstante, existindo um capítulo a isso consagrado, convém reprisar que é dever do juiz: I – assegurar às partes igualdade de tratamento; II – velar pela duração razoável do processo; III – prevenir ou reprimir qualquer ato contrário à dignidade da justiça e indeferir postulações meramente protelatórias; IV – determinar todas as medidas indutivas, coercitivas, mandamentais ou sub-rogatórias necessárias para assegurar o cumprimento de ordem judicial, inclusive nas ações que tenham por objeto prestação pecuniária; V – promover, a qualquer tempo, a autocomposição, preferencialmente com auxílio de conciliadores e mediadores judiciais[7]; VI – dilatar os prazos processuais e alterar a ordem de produção dos meios de prova, adequando-os às necessidades do conflito de modo a conferir maior efetividade à tutela do direito; VII – exercer o poder de polícia, requisitando, quando necessário, força policial, além da segurança interna dos fóruns e tribunais; VIII – determinar, a qualquer tempo, o compareci-

---

7 Urge que a doutrina reflita sobre a forma como tais preceitos devem ser integrados ao Processo do Trabalho, a fim de oferecer subsídios ao TST quanto à regulamentação desses equivalentes jurisdicionais no âmbito da Justiça do Trabalho, antes que a praxe forense permita práticas menos ortodoxas.

mento pessoal das partes, para inquiri-las sobre os fatos da causa, hipótese em que não incidirá a pena de confesso; IX – determinar o suprimento de pressupostos processuais e o saneamento de outros vícios processuais; X – quando se deparar com diversas demandas individuais repetitivas, oficiar o Ministério Público do Trabalho e, na medida do possível, outros legitimados para, se for o caso, promover a propositura da ação coletiva respectiva.

O Novo Código confere mais liberdade às partes quanto a práticas de atos processuais, contudo, sob a chancela judicial. Destarte, versando o processo sobre direitos que admitam autocomposição, é lícito às partes plenamente capazes estipular mudanças no procedimento para ajustá-lo às especificidades da causa e convencionar sobre os seus ônus, poderes, faculdades e deveres processuais, antes ou durante o processo. Em sendo assim, de ofício ou a requerimento, o juiz controlará a validade das convenções previstas neste artigo, recusando-lhes aplicação somente nos casos de nulidade ou de inserção abusiva em contrato de adesão ou em que alguma parte se encontre em manifesta situação de vulnerabilidade.

De comum acordo, o juiz e as partes podem fixar calendário para a prática dos atos processuais, quando for o caso. O calendário vincula as partes e o juiz, e os prazos nele previstos somente serão modificados em casos excepcionais, devidamente justificados.

Os atos dos juízes estão legalmente definidos. Diz o NCPC que os pronunciamentos dos magistrados consistirão em sentenças, decisões interlocutórias e despachos.

A sentença, ressalvados os casos de extinção *in limine*, é o pronunciamento por meio do qual o juiz põe fim à fase cognitiva do procedimento comum, bem como extingue a execução.

É considerada decisão interlocutória todo pronunciamento judicial de natureza decisória que não seja sentença. E são despachos todos os demais pronunciamentos do juiz praticados no processo, de ofício ou a requerimento da parte.

Os atos meramente ordinatórios, como a juntada e a vista obrigatória, independem de despacho, devendo ser praticados de ofício pelo servidor e revistos pelo juiz quando necessário.

Acórdão é o julgamento colegiado proferido pelos tribunais.

Os despachos, as decisões, as sentenças e os acórdãos serão redigidos, datados e assinados pelos juízes. Quando os pronunciamentos forem proferidos oralmente, o servidor os documentará, submetendo-os aos juízes para revisão e assinatura, podendo esta ser eletrônica. Os despachos, as decisões interlocutórias, o dispositivo das sentenças e a ementa dos acórdãos serão publicados no *DEJT*.

O NCPC fixa prazos para a prática dos referidos atos processuais judiciais, entretanto quer nos parecer que tal norma não se acomoda bem no Processo do Trabalho, eis que nossos prazos são menores, o que milita em proveito da celeridade.

Muito elucidativo o julgamento imediato nos casos de improcedência liminar do pedido. Segundo a nova norma, este ocorrerá nas causas que dispensem a fase instrutória, como nos pedidos *contra legem*.

Há expressa autorização para que o juiz, independentemente da citação do réu, julgue liminarmente improcedente o pedido que contrariar: I – enunciado de súmula do Supremo Tribunal Federal ou do Superior Tribunal de Justiça[8]; II – acórdão proferido pelo Supremo Tribunal Federal ou pelo Superior Tribunal de Justiça em julgamento de recursos repetitivos; III – entendimento firmado em incidente de resolução de demandas repetitivas ou de assunção de competência.

O NCPC também afirma que o juiz poderá julgar liminarmente improcedente o pedido se verificar, desde logo, a ocorrência de decadência ou de prescrição. Há quem veja óbice no conhecimento de ofício de tais motivos no campo do Direito Processual do Trabalho, o que não é o caso, pois os direitos trabalhistas são indisponíveis, mas não imprescritíveis. Ademais, o interesse público da duração razoável do processo se sobrepõe ao interesse individual.

Há uma salvaguarda para a revisão imediata. Afirma o Novo Código que, interposta a apelação (*rectius* recurso ordinário), o juiz poderá retratar-se em 5 (cinco) dias. Se houver retratação, ele determinará o prosse-

---

8   Opinamos no sentido de que o mesmo possa ocorrer em relação ao TST.

guimento do processo, com a citação do réu, e, se não houver retratação, determinará a citação do réu para apresentar contrarrazões.

O NCPC fixa um só rol para as matérias que impedem o conhecimento do mérito, reservando ao réu o dever de apontá-las. Afirma que a ele incumbe, antes de discutir o mérito, alegar: I – inexistência ou nulidade da citação (no processo trabalhista em sede de RO); II – incompetência absoluta e relativa; III – incorreção do valor da causa (conferência de procedimento, ressalvada a possibilidade de conversão de rito, a critério do juiz); IV – inépcia da petição inicial; V – perempção; VI – litispendência; VII – coisa julgada; VIII – conexão; IX – incapacidade da parte, defeito de representação ou falta de autorização; X – convenção de arbitragem (em caso de chancela perante a Justiça do Trabalho); XI – ausência de legitimidade ou de interesse processual.

Todas essas matérias, excetuadas a convenção de arbitragem e a incompetência relativa, o juiz conhecerá de ofício. É o adeus definitivo à passividade judicial do regime ancião.

O julgamento *antecipado parcial do mérito* deve ser urgentemente incorporado ao regime trabalhista, por sua total compatibilidade. Ele permite que o juiz decida parcialmente o mérito quando um ou mais dos pedidos formulados ou parcela deles: I – mostrar-se incontroverso; II – estiver em condições de imediato julgamento.

Como entre nós o recurso é recebido apenas no efeito devolutivo, a execução poderá ser imediata, evitando o retardamento indevido. Segundo o NCPC, a decisão que julgar parcialmente o mérito poderá reconhecer a existência de obrigação líquida ou ilíquida. E a parte poderá liquidar ou executar, desde logo, a obrigação reconhecida na decisão que julgar parcialmente o mérito, independentemente de caução, ainda que haja recurso contra essa interposto.

A sentença é o mais notável ato judicial. O diploma sob investigação afiança serem elementos essenciais da sentença: I – o relatório, que conterá os nomes das partes, a identificação do caso, com a suma do pedido e da contestação, e o registro das principais ocorrências havidas no andamento do processo; II – os fundamentos, em que o juiz analisará as questões de fato e de direito; III – o dispositivo, em que o juiz resolverá as questões principais que as partes lhe submeterem.

Afirma ainda que não se considera fundamentada qualquer decisão judicial, seja ela interlocutória, sentença ou acórdão, que: I – se limitar à indicação, à reprodução ou à paráfrase de ato normativo, sem explicar sua relação com a causa ou a questão decidida; II – empregar conceitos jurídicos indeterminados, sem explicar o motivo concreto de sua incidência no caso; III – invocar motivos que se prestariam a justificar qualquer outra decisão; IV – não enfrentar todos os argumentos deduzidos no processo capazes de, em tese, infirmar a conclusão adotada pelo julgador; V – se limitar a invocar precedente ou enunciado de súmula, sem identificar seus fundamentos determinantes nem demonstrar que o caso sob julgamento se ajusta àqueles fundamentos; VI – deixar de seguir enunciado de súmula, jurisprudência ou precedente invocado pela parte, sem demonstrar a existência de distinção no caso em julgamento ou a superação do entendimento.

A ausência de fundamentação, sob tais ângulos, representa, decididamente, inovação legislativa a ensejar profunda reflexão doutrinária e apurado senso jurisprudencial. E ainda que a CLT não estabeleça para o julgador as mesmas exigências, este preceito irradiará os seus efeitos em seara trabalhista inexoravelmente.

Diante de sua importância, e por ser ato exclusivo do juiz, este tema merecerá um tópico exclusivo, que será adiante apresentado.

De qualquer modo, ainda que a CLT não seja tão exigente quanto ao dever de fundamentação, jamais podemos olvidar que está assente que no caso de colisão entre normas (e esta pode se dar no campo processual), o juiz deve justificar o objeto e os critérios gerais da ponderação efetuada, enunciando as razões que autorizam a interferência na norma afastada e as premissas fáticas que fundamentam a conclusão.

4. SUPLETIVIDADE E SUBSIDIARIEDADE

A normatividade do NCPC agrega ao cenário jusprocessual um traço muito bem delineado. Pela primeira vez um código de processo brasileiro faz expressa menção à sua incidência em sede trabalhista.

O seu art. 15 assevera que na ausência de normas que regulem processos eleitorais, *trabalhistas* ou administrativos, suas disposições serão aplicadas supletiva e subsidiariamente.

Deixou a impressão de uma norma arrogante, que tenta sobrepor-se à outra de igual hierarquia. Ademais, desnecessária, pois o art. 769/CLT já dispõe sobre o tema. E em boa hermenêutica é a lei especial que pode dizer se e quando convém que se atice o direito comum, vez que o estabelecimento de hipóteses de incidência pressupõe amplo domínio sistêmico.

Cabe se considerar que as legislações em geral têm mesmo tido dificuldade de acompanhar as transformações sociojurídicas. O homem está mudando rápido. A evolução é incessante. Os diplomas legislativos esgotam os seus papéis históricos em curto espaço de tempo, exigindo dos intérpretes grandes esforços hermenêuticos[9].

Considerando-se que a aplicação, ou melhor, a escolha de quando se valer do código que ora analisamos cabe com exclusividade ao magistrado, confiamos que os julgadores trabalhistas hão de manter a integridade do sistema trabalhista.

Convém pontuar que supletivo é o que se adiciona, no sentido de complementariedade, enquanto subsidiário é o que reforça ou apoia algo. O Direito Processual do Trabalho mantém o seu conjunto normativo e ainda conta com eficientes métodos de autointegração[10].

Destarte, não se altera no particular, e o manejo do NCPC somente deve ser feito em situações pontuais, para eventual suporte nos casos de omissão celetista, total ou parcial, e ainda assim quando houver afinidade sistêmica.

---

9   Nesse sentido a percuciente observação de Luciano Atayde Chaves, para quem as normas da CLT e a legislação específica extravagante não dão conta de regular os institutos processuais necessários à adequada prestação da tutela jurisdicional, máxime quando, ao longo do tempo, essa função do Estado-Juiz foi ganhando mais relevo e envolvendo um número maior de procedimentos, para os quais a arquitetura normativa da CLT não oferece ao aplicador o instrumental suficiente (CHAVES, 2009, p. 43).

10 Há certa tendência entre os jusprocessualistas nacionais, no sentido de se ampliar a busca de aplicação subsidiária do processo comum, de modo a agasalhar, além das omissões normativas, também as hipóteses de omissões ontológicas e axiológicas, com o que não concordamos. Quanto mais formos buscar inspiração fora, mais o sistema processual do trabalho se descaracteriza. Urge que venha à luz um modelo orgânico, ou seja, um Código de Processo do Trabalho, mas enquanto ele não chega que a doutrina se encarregue de atualizar a interpretação da CLT, bem como que a Justiça do Trabalho siga com sua vocação de vanguarda na atuação concreta do Direito Processual do Trabalho.

Sendo a omissão total, a busca da norma processual comum é *supletiva*. Contudo, havendo norma jusprocessual que não contemple a questão posta em julgamento integralmente, teríamos a aplicação *subsidiária*.

Interessante constatarmos o trabalho precedente de Eduardo Adamovich, que antes de o NCPC vir à luz, e sendo certo que a CLT apenas se refere à subsidiariedade, já fazia esta importante distinção. Ao comentar o art. 769/CLT, em profética doutrina, afirma que "aplicação supletiva ou subsidiária, se não são termos equivalentes ao menos na praxe do foro trabalhista, poderiam ser distinguidos para dizer-se que a primeira se dá quando o *aplicador* da lei supre lacunas invocando fontes de outros ramos jurídicos e a outra quando emprega essas fontes não propriamente para preencher um vazio, mas só para acrescentar, completar, melhorar o sentido das normas de Processo do Trabalho"[11].

A conclusão é que vamos atiçar o NCPC em casos de omissões, sejam elas totais ou parciais. Antes não era diferente. O essencial é guardar sempre a unidade sistêmica do Direito Processual do Trabalho. E, sob outra angulação, urge que tratemos de envidar esforços para a urgente criação de um Código de Processo do Trabalho, em que tenhamos mecanismos genuínos suficientes para a solução dos problemas inerentes a esta parte da ciência jurídica. Sendo assim, o Direito Processual do Trabalho pode se organizar melhor e ensejar que a Justiça do Trabalho preste jurisdição cada vez mais eficiente.

5. CENTRALIDADE PROCESSUAL E O COOPERATIVISMO

O Brasil fez uma opção política estabelecendo-se como um Estado Democrático de Direito, razão pela qual todo direito que vier a ser construído precisa ser legitimamente concebido e direcionar-se para promoção da dignidade da pessoa, por meio de afirmação dos direitos sociais, o que se perfaz através da igualdade de oportunidades.

O processo precisa ser um ambiente em que as partes possam, proveitosamente, encontrar a solução para os seus litígios. Cabe ao Poder Judiciário criar as situações favoráveis para isso, e especificamente ao juiz o ambien-

---

11   Eduardo Henrique Adamovich. *Comentários à CLT*. Rio de Janeiro: Forense, 2009. p. 423.

te receptivo, ameno e pacificador para superação de dificuldades sistêmicas. O NCPC marca o início de um novo signo processual, em que todos têm de se esforçar para que haja satisfação comunitária, ou seja, cada um desempenhando o seu papel tem de encontrar, ao fim do processo, a realização naquilo em que é sua função se ativar na construção do provimento[12].

---

12   Algumas passagens do NCPC ilustram bem isso e ainda firmam o compromisso plural na solução dos processos. Convém destacar as seguintes normas: "Art. 369. As partes têm o direito de empregar todos os meios legais, bem como os moralmente legítimos, ainda que não especificados neste Código, para provar a verdade dos fatos em que se funda o pedido ou a defesa e influir eficazmente na convicção do juiz. Art. 370. Caberá ao juiz, de ofício ou a requerimento da parte, determinar as provas necessárias ao julgamento do mérito. Parágrafo único. O juiz indeferirá, em decisão fundamentada, as diligências inúteis ou meramente protelatórias. Art. 371. O juiz apreciará a prova constante dos autos, independentemente do sujeito que a tiver promovido, e indicará na decisão as razões da formação de seu convencimento. Art. 372. O juiz poderá admitir a utilização de prova produzida em outro processo, atribuindo-lhe o valor que considerar adequado, observado o contraditório. Art. 373. O ônus da prova incumbe: I – ao autor, quanto ao fato constitutivo de seu direito; II – ao réu, quanto à existência de fato impeditivo, modificativo ou extintivo do direito do autor. § 1º Nos casos previstos em lei ou diante de peculiaridades da causa relacionadas à impossibilidade ou à excessiva dificuldade de cumprir o encargo nos termos do *caput* ou a maior facilidade de obtenção da prova do fato contrário, poderá o juiz atribuir o ônus da prova de modo diverso, desde que o faça por decisão fundamentada, caso em que deverá dar à parte a oportunidade de se desincumbir do ônus que lhe foi atribuído. § 2º A decisão prevista no § 1º deste artigo não pode gerar situação em que a desincumbência do encargo pela parte seja impossível ou excessivamente difícil. § 3º A distribuição diversa do ônus da prova também pode ocorrer por convenção das partes, salvo quando: I – recair sobre direito indisponível da parte; II – tornar excessivamente difícil a uma parte o exercício do direito. § 4º A convenção de que trata o § 3º pode ser celebrada antes ou durante o processo. [...] Art. 375. O juiz aplicará as regras de experiência comum subministradas pela observação do que ordinariamente acontece e, ainda, as regras de experiência técnica, ressalvado, quanto a estas, o exame pericial. [...] Art. 378. Ninguém se exime do dever de colaborar com o Poder Judiciário para o descobrimento da verdade. Art. 379. Preservado o direito de não produzir prova contra si própria, incumbe à parte: I – comparecer em juízo, respondendo ao que lhe for interrogado; II – colaborar com o juízo na realização de inspeção judicial que for considerada necessária; III – praticar o ato que lhe for determinado. Art. 380. Incumbe ao terceiro, em relação a qualquer causa: I – informar ao juiz os fatos e as circunstâncias de que tenha conhecimento; II – exibir coisa ou documento que esteja em seu poder. Parágrafo único. Poderá o juiz, em caso de descumprimento, determinar, além da imposição de multa, outras medidas indutivas, coercitivas, mandamentais ou sub-rogatórias".

O espaço do processo é, naturalmente, um ambiente de antagonismo, pois os interesses das partes se contrapõem. O juiz, por sua vez, apesar de não ter interesse direto no objeto do litígio, pode também ter a intenção de solucionar o feito de determinado modo, segundo a forma pela qual tem o seu entendimento consubstanciado no padrão jurisprudencial. Outros atores processuais têm, igualmente, em justa medida os seus interesses processuais, razão pela qual acaba elastecida pelos mais diversos fatores.

Talvez seja um exagero querer que as partes se auxiliem mutuamente, ou mesmo que se solidarizem com o juiz, mas é absolutamente racional que todos tenham um só sentido, um só compromisso, que é a solução mais adequada do litígio, da maneira mais célere e menos custosa, seja no aspecto econômico ou de pacificação social.

O processo tem sido visto como um jogo de estratégias nem sempre muito ortodoxas e, às vezes, até mesmo pouco éticas. Isso vai desde a resistência injustificada à pretensão do oponente até o esgotamento das chances processuais, ainda que sem qualquer possibilidade de êxito ao fim da contenda.

Os deveres de lealdade e boa-fé são ancestrais, porém o Novo Código os coloca em acentuada evidência, compromissando todos os atores processuais verdadeiramente. A repressão aos comportamentos inúteis ou meramente protelatórios há de merecer a maior atenção, não apenas do juiz, portanto o comprometimento plural exige a fiscalidade por parte de todos os envolvidos. E também enérgica censura em todas as fases do processo.

Nesta ordem de ideias, a boa-fé ganha outra dimensão. Ela passa a interessar não apenas ao que tem legítimo interesse na pretensão deduzida – autor que supostamente tem o melhor direito, mas igualmente envolve a todos os que participam direta ou indiretamente da situação processual. E, a contrário senso, há de punir severamente também o autor que formula pedidos desconexos com o direito ou a realidade fática.

O NCPC instaura, na ciência processual, o dever da ética. Este tema suplanta o processo comum. É um tema que se circunscreve na própria Teoria do Processo e, destarte, se irradia em todas as direções; portanto, também exercerá seus efeitos no campo do Direito Processual do Trabalho.

O papel reservado ao juiz ganha tônus revigorado também aqui. Urge reforçar a crescente participação das Escolas Judiciais na formação inicial e continuada de magistrados, porquanto o olhar para além do aspecto processual torna-se real. A compreensão metajurídica é exigência das partes, mas também do próprio sistema processual. O magistrado daqui em diante precisará estar capacitado para a solução de questões periféricas, porém intimamente entrelaçadas com o direito posto em juízo, tais como a percepção do aspecto econômico, social e político de suas decisões.

Diante disso, a formação amplamente humanística se insere no espaço de todos aqueles que se ocupam da aplicação do direito democrático. A ética plasmada na filosofia, a compreensão sociológica e antropológica ao homem inserido em determinada sociedade, com verificação de tempo e espaço, ensejarão a entrega de prestação jurisdicional sistemicamente coerente e democraticamente inserida nos valores sociais.

Engana-se quem pensa que esse comprometimento está reservado apenas aos juízes. As partes, seus advogados e ainda os servidores judiciários terão de buscar constante atualização no tocante aos valores metajurídicos, a fim de poderem contribuir efetivamente para a atuação democratizada e participativa na entrega da prestação jurisdicional contemporânea.

A filosofia e os valores democraticamente assentados hão de fazer parte da formação das pessoas. O ensino fundamental, o médio e o superior precisarão reprogramar os conteúdos apresentados aos alunos. As faculdades de direito, o exame da OAB e o concurso para a seleção de servidores judiciários também vão precisar de reorientação, bem como constante atualização.

O novo perfil democrático do processo, com o envolvimento de todos participantes, trará um ganho substancial. Não mais haverá espaço para estratégias nem sempre ortodoxas para a aceleração ou o retardamento de determinado processo. Todos terão o dever e a oportunidade de contribuir com a fiscalidade permanente, de modo que as soluções sejam boas e adequadas para todos os participantes. É a socialização do direito e do processo, construído com colaboração plural.

6. PODERES INSTRUTÓRIOS DO JUIZ

O sistema processual positivado, tanto comum quanto trabalhista, vinha consagrando o *princípio dispositivo*, segundo o qual o magistrado aguarda inerte o posicionamento das partes, as quais têm o ônus de provar.

Diante do processo constitucionalizado e democraticamente garantido, caberá ao juiz aplicar o direito segundo a Constituição, e/ou ainda criar norma diante de eventual declaração de insubsistência da norma positivada.

As partes devem expor com clareza e lealdade os fatos que ensejam a postulação. Ao juiz caberá recepcioná-los, e sempre que o processo ostentar os requisitos de desenvolvimento válido e regular, permitir o seu desdobramento probatório, com vistas à construção do provimento, de forma compartilhada.

A percepção da real necessidade do provimento individualizado segue no rol de atribuições do juiz, mas para aplicar a norma regente do procedimento, bem como para conferir o provimento, precisará sopesar se o arcabouço legislativo disponível acomoda-se à Constituição da República, mediante o controle de constitucionalidade em sentido estrito e a ponderação dos direitos fundamentais. Destarte, só aplicará direito válido, isto é, concebido segundo a orientação constitucional.

Em idêntico eixo e em posição vanguardista, Marinoni, antes mesmo do diploma em comento, já assinalava que,

> se nas teorias clássicas o juiz apenas declarava a lei ou criava a norma individual a partir da norma geral, agora ele constrói a norma jurídica a partir da interpretação de acordo com a Constituição, do controle da constitucionalidade e da adoção da regra de balanceamento (ou da regra da proporcionalidade em sentido estrito) dos demais direitos fundamentais no caso concreto[13].

O sistema processual brasileiro, tanto no processo comum quanto no Processo do Trabalho, vem chancelando a harmonização entre a dispositividade e a inquisitoriedade, com uma tendência entre nós a se privilegiar

---

13 Luiz Guilherme Marinoni. *Curso de processo civil*: teoria geral do processo. São Paulo: Revista dos Tribunais, 2011. v. 1, p. 99.

este último modelo, com a reserva ao Juiz do Trabalho de uma atuação mais marcante, a fim de aplicar com maior eficiência o princípio da verdade real, com lastro no art. 765/CLT.

O antigo CPC também contemplava as faculdades instrutórias do juiz em boa medida, em seu art. 130. E na nova regra a possibilidade de manejo judicial da instrução está preconizada no art. 139/NCPC.

O cooperativismo no campo processual indica uma nova concepção, segundo a qual, sem desmerecer os poderes instrutórios do juiz, permite que outros atores processuais atuem como seus coadjuvantes. É a socialização do processo. Este método eclético de investigação transfere parte da responsabilidade às partes, seus advogados, e, às vezes, até mesmo a terceiros, assentindo que estes outros interessados colaborem na construção do provimento judicial.

As partes aduzem os seus argumentos e indicam os meios com os quais pretendem produzir prova, sempre tendo como objetivo o convencimento do magistrado. Todavia, a cooperação somente é necessária no sentido de suplementar a condução judicial, especialmente porque o art. 765/CLT segue hígido, inclusive com constitucionalidade reafirmada por inúmeras decisões das cortes superiores.

A norma jusprocessual se acomoda muito bem mesmo no Estado Democrático de Direito, em especial porque na Justiça do Trabalho as contendas se estruturam em direitos indisponíveis, em que a atuação mais contundente do magistrado se afirma até no direito comum e no processo constitucionalizado. Ademais, o mundo do trabalho é riquíssimo em fatos e comporta grande multiplicidade de situações operacionais, em que o contato direto com as partes, a vivência profissional e a formação técnica forjam a sensibilidade do julgador e redundam em proveitoso espaço probatório.

Pontue-se que o sistema inquisitorial segue orientando diversos sistemas processuais estrangeiros[14], tanto no processo comum quanto no especializado, e isso não lhe suprime legitimidade, porquanto as leis que assim

---

14 Sobre os sistemas estrangeiros recomendamos ao leitor acessar os livros: *Direito Processual do Trabalho Comparado* e *Direito Processual do Trabalho globalizado*, ambos de nossa coordenação, sendo o primeiro editado pela Del Rey e o segundo, pela LTr.

dispõem já são previamente conhecidas e suas aplicações lastram farta jurisprudência, razão pela qual se elimina por completo o fator surpresa, que poderia fragilizar o processo.

Note-se ainda que remanesce uma importante questão de fundo em torno da possibilidade probatória. É que, independentemente do modelo que se adote, caberá em última análise ao juiz proferir a decisão do processo, e este somente pode julgar com segurança quando tiver pleno conhecimento dos fatos da causa. Sendo assim, o seu protagonismo é preponderante e se assenta em bases constitucionais, por aplicação do princípio constitucionais processual, do devido processo legal, consubstanciado pela técnica da fundamentação das decisões judiciais.

A valoração da prova, contudo, deve atender aos critérios legalmente estabelecidos, sendo certo que pela ancilosidade vamos deixar de comentar o critério legal e o do livre convencimento.

A persuasão racional ou o convencimento motivado alicerçam as decisões contemporâneas. É um método complexo que impõe ao julgador apreciar os fatos articulados, consoante as provas legalmente reconhecidas e produzidas no processo em questão, subministrando as máximas de experiência, a fim de motivar sua decisão com argumentação racional, isto é, lastrada em argumentos técnicos e processualmente aceitos.

7. A DIMENSÃO ATUAL DO CONTRADITÓRIO

A Constituição da República, assim como vários ordenamentos estrangeiros, já afirmava o princípio do contraditório, mas carecíamos de disciplina normativa em sede processual. O art. 7º/NCPC veio suprir tal lacuna. E convém que se observe que ele se situa justamente no capítulo das normas fundamentais do processo. Um requinte!

Segundo a norma em comento, é assegurada às partes paridade de tratamento em relação ao exercício de direitos e faculdades processuais, aos meios de defesa, aos ônus, aos deveres e à aplicação de sanções processuais, competindo ao juiz zelar pelo efetivo contraditório.

Isso significa que a ausência de contraditório compromete irremediavelmente o processo. Torna-o nulo.

A fundamentalidade do contraditório se materializa no campo probatório. Cabe ao juiz assegurar que a parte possa produzir prova de sua alegação[15], se manifestar quanto ao demonstrado pelo *ex adverso*, e ainda ver a matéria objeto de prova devidamente analisada em sentença.

No mesmo sentido o magistério de Fredie Didier Jr. *et alli*, os quais, convindo conosco, afirmam que "o direito à prova é conteúdo do direito fundamental ao contraditório". E prosseguem para formatar a ideia, com a seguinte assertiva: "a dimensão substancial do princípio do contraditório o garante"[16].

Note-se que o contraditório não é apenas a possibilidade de se contradizer a assertiva lançada. Ele consiste na possibilidade de as partes lançarem manifestações que podem contribuir na estruturação do provimento. E mais ainda, na perspectiva do novo Código, o juiz é não só garantidor do contraditório, mas nele se insere, promovendo amplo espaço de debates processuais.

Buscando simplificar a compreensão, é como se o processo fosse o local onde a história das partes deve ser recontada. Assim, a possibilidade de ter acesso ao informado ao juiz, a chance de se rebater o quanto afirmado, a possibilidade de se provar o que se aduziu e que o magistrado a tudo isso considere na prolação da sentença é o objetivo da norma.

O NCPC não apresenta algo inédito, pois diplomas estrangeiros já indicavam esse caminho, assim como a melhor doutrina. No campo legislativo indicamos a revisão promovida em 2001, no art. 16, do Nouveau Code de Procédure Civile francês, que centrou no juiz a tarefa de zelar permanentemente pelo contraditório, afirmando que o juiz deve, em todas as circunstâncias, fazer observar e observar ele próprio o princípio do contraditório. Diz que ele não pode reter, na sua decisão, os meios, as explicações e os documentos invocados ou produzidos pelas partes, que elas

---

15 Quando se fala em direito à prova, o que devemos considerar é a possibilidade de se justificar a pretensão deduzida, mas é certo que ele é condicionado aos prazos e condições do procedimento, bem como se contrapõe a outros valores igualmente assegurados, como o direito à intimidade, conduzindo-nos, mais uma vez, à ponderação dos interesses para a solução de casos específicos.

16 Fredie Didier Jr. et alli. *Curso de direito processual civil*. 9. ed. Salvador: JusPodivm, 2014. v. 2, p. 17.

próprias não tenham posto em debate contraditoriamente. Ele (juiz) não poderá ainda fundamentar sua decisão em questões conhecidas de ofício, sem que as partes tenham apresentado suas observações – *passim*.

A boa doutrina também já se alinhava na compreensão contemporânea de contraditório. Nesse sentido o magistério de Carlos Henrique Bezerra Leite, para quem "o princípio do contraditório é, também, garantia constitucional, estabelecido entre nós pelo art. 5º, LV, da Carta de 1988. Esse princípio é de mão dupla, isto é, implica a bilateralidade da ação e a bilateralidade do processo, aproveitando, portanto, o autor e o réu". E vai além, diz que "o princípio em tela também é útil para estabelecer o moderno conceito de parte no processo". Afirma que "vale dizer, parte é quem participa, efetiva ou potencialmente, do contraditório na relação jurídico-processual"[17].

Trata-se de todo um conjunto de possibilidades processuais que se insere num sistema lógico, garantido constitucionalmente, para que a parte possa se pronunciar. Naturalmente que esta pode, a contrário senso, optar por se calar, arcando, neste caso, com as consequências advindas de sua inércia.

Assentando a nova norma, podemos dizer que contraditória é a garantia conferida pela Constituição, atuada pelo magistrado, para que a parte possa se contrapor aos argumentos lançados no processo pelo seu adversário, nele estando implícito o direito de produzir prova de suas assertivas.

8. CONCEITO CONTEMPORÂNEO DE FUNDAMENTAÇÃO

A fundamentação das decisões judiciais se insere há muito no conjunto das garantias dos cidadãos, com assentimento constitucional, por meio do inciso IX, do art. 93, de nossa Carta Magna, para o qual todos os julgamentos dos órgãos do Poder Judiciário serão públicos, e *fundamentadas* todas as decisões, sob pena de nulidade.

---

17 Carlos Henrique Bezerra Leite. *Curso de direito processual do trabalho*. 12. ed. São Paulo: LTr, 2014. p. 60.

A doutrina se esmerou em formular afirmações explicativas, mas nos encanta particularmente a construção teórica de Andolina e Vignera, que ao discorrerem sobre os valores do direito constitucional processual conferem *status* de expansividade, variabilidade e perfectibilidade ao processo, situações agora definitivamente incorporadas ao acervo brasileiro. Explicam os festejados doutrinadores italianos que sob a primeira angulação cabe ao julgador, ao aplicar a norma, considerar a grandeza das garantias constitucionais; na segunda, que os procedimentos devem ser adequados à situação de aplicação concreta de direitos (adaptados a cada litígio ou espécie de litigiosidade); e na terceira e última, a contundente afirmação de que o modelo pode ser aprimorado pelo legislador ordinário (tal como ocorre agora com o Novo Código). Com ampliação – nunca diminuição – das garantias processuais ofertadas na Constituição[18].

A doutrina nacional também oferece considerável contribuição para o atual entendimento do significado constitucional-processual da fundamentação. Assevera Carlos Henrique Bezerra Leite com a costumeira precisão que

> a fundamentação ou motivação constitui a base intelectual da sentença ou as razões de decidir do magistrado. Nela, o juiz revela todo o raciocínio desenvolvido acerca da apreciação das questões processuais, das provas produzidas e das alegações das partes, que são os dados que formarão o alicerce da decisão[19].

O Novo Código indica em diversas passagens qual a sua compreensão de fundamentação da decisão judicial, seja por meio de suas opções legislativas, seja pela consagração de preceitos. Entretanto, apesar de não conceituar fundamentação (não era mesmo ser papel), assinala, com clareza, no § 1º, do art. 489, em ordem inversa, ao indicar quando uma decisão não está suficientemente fundamentada, o real significado e alcance da fundamentação.

---

18 Ítalo Andolina; Giuseppe Vignera. *Il modelo constituzionale del processo civile italiano*. Torino: Giappichelli, 1990. p. 14-15.

19 Carlos Henrique Bezerra Leite. Op. cit., p. 749.

Segundo a norma indicada, não se considera fundamentada qualquer decisão judicial, seja ela interlocutória, sentença ou acórdão, que: I – se limitar à indicação, à reprodução ou à paráfrase de ato normativo, sem explicar sua relação com a causa ou a questão decidida; II – empregar conceitos jurídicos indeterminados, sem explicar o motivo concreto de sua incidência no caso; III – invocar motivos que se prestariam a justificar qualquer outra decisão; IV – não enfrentar todos os argumentos deduzidos no processo capazes de, em tese, infirmar a conclusão adotada pelo julgador; V – se limitar a invocar precedente ou enunciado de súmula, sem identificar seus fundamentos determinantes nem demonstrar que o caso sob julgamento se ajusta àqueles fundamentos; VI – deixar de seguir enunciado de súmula, jurisprudência ou precedente invocado pela parte, sem demonstrar a existência de distinção no caso em julgamento ou a superação do entendimento.

É uma norma exigente. Não nos acordamos de outra, em ordenamentos estrangeiros, comuns ou especiais, tão apurada. Entretanto, não é excessiva nem torna exageradamente penosa a atividade judicial. Ao contrário disso, está adequada ao nível de maturidade político-institucional que vivemos no Brasil e, certamente, servirá de excelente referência para os diplomas legislativos vindouros.

O exercício avaliativo do juiz começa, em verdade, muito antes da sentença. Diríamos que começa quando da leitura da própria petição inicial e se desenvolve no curso da instrução processual. O magistrado que quiser facilitar o seu trabalho precisará apenas ir anotando, paulatinamente, suas impressões ao longo do caminho processual, para que tenha bem nítido, ao final, que o moveu e motivou cada passo processual. O provimento judicial se constrói aos poucos. Basta que o juiz seja mais organizado e pouco restará na hora de formatar o provimento final.

Quanto ao mais, é pura técnica processual. Há necessidade de prova? A prova que se quer produzir tem a ver com a matéria articulada? O meio é lícito? A testemunha mostrou-se séria e convincente? Narra fatos que se coadunam com o conjunto probatório? E aí por diante.

Convém lembrar que o provimento doravante será compartilhado. Assim, todas as demais pessoas que intervêm no processo também precisam zelar pela demonstração de suas motivações, ou a razão pela qual fez esta ou aquela opção. Um dos mais exigidos será o perito, o qual, assim como o juiz, não poderá simplesmente expressar sua opinião ou escolher sem a devida explicação a tese que entende plausível. O louvado também precisará motivar o seu laudo, consoante a argumentação das partes. Nisso o NCPC mostra-se mais arrojado.

Não é por que as decisões, ou melhor, praticamente cada passo processual exigirá justificação que o NCPC menoscaba a inteligência ou retira sutileza do julgador. Nesta ordem de ideias, alguém pode indagar se os indícios, por exemplo, desaparecem como meio de prova. Definitivamente não, apenas a sua aplicação deverá ser explicada de maneira mais detida, com a indicação clara das razões de convencimento, as quais, por certo, precisarão encontrar marcante amparo no conjunto probatório.

Poderá o juiz ainda decidir de ofício? Certamente que sim, apenas precisará dar vista à parte para que se manifeste, ativando o contraditório. O que lhe parece ser um vício pode não ser. Uma prescrição pode ter sido interrompida, e a parte ou seu advogado conhecer e indicar tal fato. Não é limitação. A intenção do código é apenas que todos colaborem na construção do provimento. Se todos os atores processuais forem éticos, sairemos todos ganhando. E se não forem, que se construa um rígido sistema normativo e jurisprudencial de repressão.

O juiz atento, criterioso, zeloso com o seu ofício estará sempre apto a contribuir com a construção de um provimento adequado aos anseios das partes. A lealdade e boa-fé deverão estar cada vez mais presentes, e com o auxílio dos demais interessados podemos ter esperança numa justiça mais ágil e aperfeiçoada.

9. CONCLUSÃO

A doutrina e a jurisprudência hão de assinalar a melhor interpretação para o NCPC, mas em realidade ele foi concebido para ser um instrumento democrático de aplicação do direito. A matriz constitucional mais do que inspira, alerta legisladores, julgadores e demais intérpretes de que o direito processual é garantia do cidadão, e que assim deve ser aplicado.

O Estado Democrático de Direito não pode significar apenas um ideal, e tampouco ter enunciação sem a correspondente atuação em concreto. A propalada democracia deve estar representada em todos os aspectos: na eleição dos legisladores que vão elaborar a norma, na seleção dos magistrados que vão aplicar a norma, mas especialmente na consciência de todos que irão dela dispor e com a qual devem pautar suas relações interpessoais.

Não é demasiado relembrar que a Constituição da República não consagra apenas garantias processuais. As regras de direito material do trabalho estão também nela estampadas e exigindo aplicação afirmadora dos direitos trabalhistas, vez que a nossa república se assenta sobre o valor social do trabalho.

Considerando-se que doravante todos os atores processuais precisam se imbuir de seu destacado papel no espaço democrático representado no processo, sob a marcante gestão processual do magistrado, os fatos da vida trabalhista dos cidadãos precisam vir para o mundo da Justiça do Trabalho de modo bem circunstanciado, a fim de ensejar um retrato fiel de determinada passagem do trabalhador. E ali chegando, o julgador envidará o seu maior esforço para permitir a mais intensa dialeticidade, com amplo e exauriente contraditório, para que possa aplicar o direito democrático.

O problema é que o desejado direito democrático não se viabiliza apenas por meio da atuação do Poder Judiciário. Exige solução plural e com o comprometimento da sociedade. A fim de tornar efetivamente aplicável o NCPC, temos de elaborar uma política judiciária capaz de atender às expectativas que o plano concreto está a reclamar. A compatibilização do extraordinário número de demandas judiciais do Brasil, decorrentes de inércia legislativa e executiva, aliada à amplitude de acesso à justiça conduziu a um gigantesco volume processual.

O Poder Judiciário, para fazer frente a isso, optou por métodos de gestão judiciária, no qual a eficiência é o maior referencial, e a estatística, o principal meio de quantificação. Em sendo assim, a solução encontrada foi a construção de teses prevalentes, condutoras dos julgamentos em bloco, em que os precedentes têm função preponderante na condução dos julgamentos. O problema é que, paradoxalmente, o NCPC busca uma atuação individualizada do magistrado, ampliando as chances de investigação, com a contemplação dos pormenores indicados pelas partes.

Será um enorme desafio conceber teorias para amalgamar posições tão antagônicas. À doutrina está reservado o protagonismo inspirador. À cúpula judiciária e ao CNJ, a geração de políticas eficazes, mas, como de costume, aos juízes de primeiro grau, os verdadeiros guardiões da Constituição, cabe o compromisso de aplicar o direito democraticamente, e ainda olhar no olho as pessoas desejosas de justiça ágil, eficiente e com o mais profundo respeito às garantias constitucionais processualizadas.

REFERÊNCIAS

ADAMOVICH, Eduardo Henrique. *Comentários à CLT*. Rio de Janeiro: Forense, 2009.

ALEXY, Robert. *Teoría de la argumentación jurídica*: la teoría del discurso racional como teoría de la fundamentación jurídica. Madrid: CEC, 1989.

ANDOLINA, Ítalo; VIGNERA, Giuseppe. *Il modelo constituzionale del processo civile italiano*. Torino: Giappichelli, 1990.

CHAVES, Luciano Athayde (Org.). Interpretação, aplicação e integração do direito processual do trabalho. In: *Curso de processo do trabalho*. São Paulo: LTr, 2009.

DIDIER Jr., Fredie et alli. *Curso de direito processual civil*. 9. ed. Salvador: JusPodivm, 2014. v. 2.

EÇA, Vitor Salino de Moura; MAGALHÃES, Aline Carneiro (Coord.). *Atuação principiológica no processo do trabalho*: estudos em homenagem ao Professor Carlos Henrique Bezerra Leite. Belo Horizonte: RTM, 2012.

GONÇALVES, Aroldo Plínio. *Técnica processual e teoria do processo*. Rio de Janeiro: Aide, 1992.

LEITE, Carlos Henrique Bezerra. *Curso de direito processual do trabalho*. 12. ed. São Paulo: LTr, 2014.

MARINONI, Luiz Guilherme. *Curso de processo civil*: teoria geral do processo. São Paulo: Revista dos Tribunais, 2011. v. 1.

O princípio da identidade física do juiz no Novo CPC e seus reflexos no Processo do Trabalho

Sergio Pinto Martins
Desembargador do TRT da 2ª Região. Professor titular de Direito do Trabalho da Faculdade de Direito da USP.

1. INTRODUÇÃO

Neste estudo vou analisar se a identidade física do juiz foi mantida após a extinção dos juízes classistas na Justiça do Trabalho e verificar o Novo CPC.

2. HISTÓRICO

Dispunha o art. 120 do CPC de 1939 que:

> O juiz transferido, promovido ou aposentado concluirá o julgamento dos processos cuja instrução houver iniciado em audiência, salvo se o fundamento da aposentadoria houver sido a absoluta incapacidade física ou moral para o exercício do cargo. O juiz substituto, que houver funcionado na instrução da causa em audiência, será o competente para julgá-lo, ainda quando o efeito tenha reassumido o exercício. Parágrafo único. Se iniciada a instrução, o juiz falecer ou ficar, por moléstia, impossibilitado de julgar a causa, o substituto mandará repetir as provas produzidas oralmente, quando necessário.

Na primeira parte do artigo, se o juiz fosse aposentado, perdia a jurisdição, não poderia instruir ou julgar o processo. Mesmo que o juiz fosse transferido, promovido ou aposentado deveria completar o julgamento.

A Súmula 222 do STF interpretava a matéria, esclarecendo que "o princípio da identidade física do juiz não é aplicável às Juntas de Conciliação e Julgamento da Justiça do Trabalho" (*DJU*, 7-5-1964, p. 218). Os dispositivos utilizados para a edição da súmula foram o art. 120 do CPC de 1939 e o parágrafo único do art. 8º da CLT. O fundamento para a não aplicação da identidade física do juiz era o fato de que a Justiça do Trabalho de primeira instância era um órgão colegiado, composto pelo juiz presidente e pelos antigos vogais e depois juízes classistas.

A Súmula 136 do TST é proveniente do antigo Prejulgado n. 7, de 31-8-1964. Foi estabelecida como enunciado pela Resolução Administrativa n. 102/82 (*DJU*, 11-10-1982), quando ainda existiam as Juntas de Conciliação e Julgamento. Sua redação era a seguinte: "não se aplica às Juntas de Conciliação e Julgamento o princípio da identidade física do juiz". Não se aplicava a identidade física do juiz no Processo do Trabalho, em razão de que a Junta de Conciliação e Julgamento era um órgão colegiado.

Dispunha a redação original do art. 132 do CPC de 1973 que "o juiz, titular ou substituto, que iniciar a audiência, concluirá a instrução, julgando a lide, salvo se for transferido, promovido ou aposentado; casos em que passará os autos ao seu sucessor. Ao recebê-lo, o sucessor prosseguirá na audiência, mandando repetir, se entender necessário, as provas já produzidas". O juiz substituto só não teria de julgar o processo se não fosse transferido, promovido ou aposentado. Caso o juiz não iniciasse a audiência e esta fosse marcada para outro dia, o juiz não ficaria vinculado ao processo.

O fundamento da identidade física do juiz é que o magistrado que presenciou a prova tem melhores condições de interpretá-la do que outro julgador que não teve contato com ela.

A Lei n. 8.637, de 31 de março de 1993, deu nova redação ao art. 132 do CPC: "o juiz, titular ou substituto, que concluir a audiência julgará a lide, salvo se estiver convocado, licenciado, afastado por qualquer motivo, promovido ou aposentado, casos em que passará os autos ao seu sucessor". A redação é melhor do que o dispositivo anterior. A questão relativa à repetição da prova passou a ser o parágrafo único. Houve a inclusão da hipótese de o juiz estar convocado no tribunal, que não existia na redação original do CPC de 1973 e que também é hipótese de o juiz não ficar vinculado ao processo.

O fato de o juiz estar aposentado implica que não pode julgar o processo, pois não tem mais jurisdição. Parece supérflua a referência da hipótese na lei.

A Súmula 217 do TFR dizia que, "no âmbito da Justiça Federal, aplica-se aos feitos trabalhistas o princípio da identidade física do Juiz". O fundamento seria que o juiz federal atuava sozinho e não sob a forma de colegiado. Na época, na vigência da Constituição de 1967 e da Emenda Constitucional n. 1/69, o juiz federal julgava questões trabalhistas de empregados da União, suas autarquias, fundações, empresas públicas que explorassem atividade econômica e sociedades de economia mista.

A Emenda Constitucional n. 24/99 extinguiu os juízes classistas e deu ao primeiro grau da Justiça do Trabalho o nome de Vara do Trabalho.

A Resolução Administrativa n. 123/2003 (*DJU*, 19-11-2003) fez a correção do texto do Enunciado 136 do TST trocando a expressão Junta de Conciliação e Julgamento por Varas do Trabalho.

A Resolução n. 185/2012 cancelou a Súmula 136 do TST, o que poderia dar a entender que seria aplicável o princípio da identidade física do juiz no Processo do Trabalho.

O projeto do Novo CPC previa proposta de manutenção do princípio no art. 112:

> O juiz que concluir a audiência de instrução e julgamento resolverá a lide, salvo se estiver convocado, licenciado, afastado por qualquer motivo, promovido ou aposentado, casos em que passará os autos ao seu sucessor.
>
> Parágrafo único. Em qualquer hipótese, o juiz que tiver que proferir a sentença poderá mandar repetir as provas já produzidas, se entender necessário.

No Novo CPC, Lei n. 13.105, de 16 de março de 2015, entre os arts. 139 a 143, no Título IV, Do Juiz e dos auxiliares da justiça, Capítulo I, Dos poderes, dos deveres e das responsabilidades do juiz, não existe um artigo tratando da mesma forma da identidade física do juiz. Isso pode indicar que não existe mais identidade física do juiz no Processo Civil e também no Processo do Trabalho.

3. MANUTENÇÃO DA ORIENTAÇÃO DA SÚMULA

Com a extinção dos classistas, em decorrência da Emenda Constitucional n. 24/99, entendo que não vige no Processo do Trabalho a identidade física do juiz. Essa regra vale para juízes que ficam fixos nas Varas, como na Justiça Estadual, em que há o juiz auxiliar. No Processo do Trabalho, isso não ocorre. Se o juiz substituto julgar os processos que instruiu, ficará vinculado a muitos processos, além dos novos para a Vara para a qual foi designado.

Não se pode falar em nulidade se o juiz que presidiu a instrução não julgar o feito, pois não se sabe qual seria o prejuízo de natureza processual da parte (art. 794 da CLT).

Nem sempre o juiz que instrui o processo profere a melhor sentença. Isso é relativo.

O juiz presidente, promovido, aposentado ou afastado também não ficaria vinculado ao feito, como se verificava do próprio art. 132 do CPC de 1973.

Nos dissídios de alçada da Vara (até dois salários mínimos), o juiz que presenciou a instrução deveria estar vinculado ao julgamento, pois se foi dispensado o resumo dos depoimentos (§ 1º do art. 851 da CLT), outra pessoa não teria condições de julgar o processo, por não haver ata. Esse seria o fundamento para a identidade física do juiz no Processo do Trabalho.

Nos embargos de declaração, o ideal é que o juiz que presidiu o julgamento ficasse vinculado à prolação da sentença de embargos, pois é o relator. Se no Processo do Trabalho não vige a orientação da identidade física do juiz, nada impede que outro juiz julgue os embargos de declaração, embora isso não seja recomendável, pois só quem redigiu a sentença estaria apto a verificar omissão, contradição ou obscuridade na decisão. No TRT da 2ª Região, existe orientação administrativa de que o juiz substituto que proferiu a sentença deve julgar os embargos de declaração eventualmente opostos. A portaria do juiz presidente do tribunal que o indica para atuar na Vara do Trabalho faz expressa remissão nesse sentido.

A CLT não exige expressamente a identidade física do juiz de primeiro grau.

Já julguei casos no mesmo sentido:

> Identidade física do juiz. Aplicação no Processo do Trabalho. O art. 132 do CPC não se aplica no Processo do Trabalho, pois o juiz do trabalho substituto não fica vinculado a cada Vara do Trabalho por onde passa. Do contrário, não teria condições físicas de proferir tantas decisões em razão dos processos que instruiu. Não existe no Processo do Trabalho a figura do juiz auxiliar nas Varas do Trabalho, mas do juiz substituto. Este não fica fixo em cada Vara do Trabalho. Não há omissão na CLT para se aplicar o CPC (art. 769 da CLT). (TRT 2ª R., 3ª T., RO 00173.2001.064.02.00-5, Ac. 20040031254, j. 3.2.2004, Rel. Sergio Pinto Martins).

Em outro julgado da 3ª Turma, em que fui relator, o resultado foi o mesmo (TRT 2ª R. 3ª T., RO 50142.2002.902.02.00.3, DO ESP 20.5.2003).

No TRT da 2ª Região há outros julgados no mesmo sentido:

> Princípio da identidade física do juiz. Inaplicabilidade na Justiça do Trabalho mesmo após a extinção da representação classista. A inobservância, no âmbito do Judiciário Trabalhista, do princípio da identidade física do juiz que, aliás, tem sido paulatinamente mitigado, não fere os princípios da economia e de concentração processual. Inolvidável a intepretação das regras de proteção ao trabalho, nas suas diretrizes basilares, em que a informalidade, revestida de absoluta cautela, assume posição de relevância. A característica essencialmente pragmática, permite, por exemplo, que a constatação da inexistência de prejuízo às partes em decorrência da alteração da presidência da Vara, inviabilize a decretação da nulidade da sentença, de conformidade com o art. 794 da CLT, que insculpe o princípio da transcendência norteador das lides trabalhistas (TRT 2ª R., 2ª T., RO 20010262746, Ac. 20030123164, j. 20.3.2003, rel. juíza Mariângela de Campos Argento Muraro, DO ESP 8.4.2003).

> Princípio da identidade física do juiz. Inaplicabilidade na Justiça do Trabalho. Desde os anos sessenta superou-se a tese que transportava para o Processo do Trabalho o princípio da identidade física do juiz. Na Justiça do Trabalho prevalece a par da oralidade, antes de tudo o propósito de solução pronta e eficaz dos litígios (TRT 2ª R., 8ª T., RO 20010392534Ac. 20020315877, j. 13.5.2002, Rel. juiz José Carlos da Silva Arouca).

> Princípio da identidade física do juiz – Aplicabilidade. Em sede trabalhista não há que se falar na aplicação desse princípio em virtude da

celeridade e informalidade que informa esse processo (TRT 2ª R., 8ª T., RO 20000438906, Ac. 20020032794, j. 28.1.2002, Rel. juíza Wilma Nogueira de Araújo Vaz da Silva).

No TST há julgados no mesmo sentido:

> Com a reforma textual introduzida pela Lei n. 8.637/93, o art. 136 do CPC foi significativamente elastecido, passando a permitir a passagem dos autos ao substituto na eventualidade de um simples afastamento do titular, por qualquer motivo. Não há, pois, razão para o retrocesso representado pela tese de que o princípio da identidade física do juiz passou a ser aplicável às Varas do Trabalho após a entrada em vigência da Emenda Constitucional n. 24/99, que extinguiu a representação classista. Consequentemente, há de se manter o entendimento consubstanciado no Enunciado 136 do TST e na Súmula 222 do STF, em virtude do que tem-se como perfeitamente admissível que a audiência de julgamento, em Vara Trabalhista, seja presidida por juiz que não procedeu à instrução do feito (TST, 3ª T., RR 32134/2002-90008-00.0, j. 7.5.2003, Rel. juíza Wilma Nogueira de Araújo Vaz da Silva, DJU 30.5.2003).
>
> AGRAVO DE INSTRUMENTO. QUESTÃO PRELIMINAR. NULIDADE DA SENTENÇA. PRINCÍPIO DA IDENTIDADE FÍSICA DO JUIZ. INOBSERVÂNCIA. AUSÊNCIA DE PREJUÍZO. A inobservância do princípio da identidade física do juiz, por não se revestir de caráter absoluto, gera nulidade relativa, sendo tal efeito produzido somente se demonstrado efetivo prejuízo para a parte que a invocar, o que não é o caso dos autos. Além do mais, considerando os princípios da instrumentalidade das formas e da duração razoável do processo, não se admite retrocesso na marcha processual apenas para cumprir formalidade procedimental manifestamente inútil, visto que não houve nenhum prejuízo para as partes ou para o processo (precedentes do Supremo Tribunal Federal e do Superior Tribunal de Justiça). Agravo de instrumento improvido. (AIRR – 147600-57.2008.5.15.0016, j. 4/12/2013, Relator Desembargador Convocado: José Maria Quadros de Alencar, 1ª Turma, Data de Publicação: DEJT 6/12/2013).
>
> AGRAVO. AGRAVO DE INSTRUMENTO. RECURSO DE REVISTA. PRELIMINAR DE NULIDADE POR INOBSERVÂNCIA DO PRINCÍPIO DA IDENTIDADE FÍSICA DO JUIZ. ART.132 DO CPC. Não obstante o Tribunal Pleno tenha decidido cancelar a Súmula 136 do TST, continua incompatível com o Processo do Trabalho, regra geral, o vetusto princípio da identidade física do Juiz, brandido pelo art. 132

do CPC. É que a simplicidade, a celeridade e a efetividade da prestação jurisdicional, hoje expressamente determinadas pela Constituição, na qualidade de princípio cardeal (art. 5º, LXXVIII, CF) – e que são características clássicas do processo trabalhista – ficariam gravemente comprometidas pela importação de critério tão burocrático, artificial, subjetivista e ineficiente quanto o derivado do rigor da identidade física judicial (art. 132, CPC). O Magistrado é autoridade pública com significativo e profundo preparo técnico e seriedade profissional, podendo – e devendo – conduzir o processo com esmero, objetividade e eficiência, carreando-lhe as provas colhidas durante a instrução, que ficam objetivamente disponíveis no processo, aptas a serem avaliadas e sopesadas pelo Julgador – mesmo que outro Magistrado. Ainda que se possa, por absoluta exceção, considerar válido o princípio no processo penal, ele é dispensável e inadequado no Processo do Trabalho, em vista da pletora de desvantagens e prejuízos que acarreta, em contraponto com a isolada e suposta vantagem que, em tese, propicia. Se a ausência da identidade física do Juiz gera disfunções estatísticas e correicionais, estas têm de ser enfrentadas no campo próprio, sem comprometimento e piora na exemplar prestação jurisdicional que tanto caracteriza a Justiça do Trabalho. Não quer a Constituição que se importem mecanismos de retardo e burocratização do processo, em detrimento de sua celeridade e da melhor efetividade na prestação jurisdicional. Incidência dos princípios constitucionais da efetividade da jurisdição (art. 5º, LXXVIII, CF) e da eficiência na prestação do serviço público (art. 37, *caput*, CF). Mantida, pois, a decisão agravada proferida em estrita observância aos arts. 896, § 5º, da CLT e 557, *caput*, do CPC, razão pela qual é insuscetível de reforma ou reconsideração. Agravo desprovido (3ª Turma, Ag-AIRR – 322-81.2011.5.06.0021, j. 18/12/2013, Relator Ministro: Mauricio Godinho Delgado, DEJT 31/1/2014).

4. CONCLUSÃO

O princípio da identidade física do juiz não se aplica ao Processo do Trabalho. O Novo CPC de 2015 não trata expressamente da identidade física do juiz para o Processo Civil, portanto, nem mesmo para o Processo do Trabalho.

O incidente de desconsideração da personalidade jurídica e suas repercussões no Processo do Trabalho

Bruno Klippel

Doutor em Direito do Trabalho pela PUC/SP, Mestre em Direito pela FDV/ES, Professor de Direito do Trabalho e Processo do Trabalho da FDV/ES e Universidade de Vila Velha (UVV/ES). Professor do Estratégia Concursos e Educação Avançada (DF), Aprova Concursos (PR), IOB/Marcato (SP), Passe na OAB (CE). Autor de diversos livros jurídicos, destacando-se *Direito Sumular TST Esquematizado*, pela Editora Saraiva. Advogado.

1. INTRODUÇÃO

O presente estudo tem por finalidade analisar as repercussões do incidente de desconsideração da personalidade jurídica, previsto nos arts. 133 a 137 da Lei n. 13.105/15, mais conhecida como o Novo Código de Processo Civil, na seara trabalhista, ou seja, a sua compatibilidade ou não com o Processo do Trabalho, de forma que se conclua pela possibilidade ou não de sua adoção na Justiça do Trabalho, já que atualmente não há qualquer norma que preveja o procedimento adequado para tal desconsideração, tão comum nos domínios da Justiça do Trabalho.

A ausência de regulamentação de instituto tão importante por vezes é recebida com muitas críticas, haja vista que, na visão dos sócios "descobertos", não há garantia de contraditório, princípio ínsito ao direito processual, preconizado como fundamento da ciência processual no art. 5º, LV, da Constituição Federal de 1988.

O estudo passará, obrigatoriamente, pela análise do art. 769 da CLT, que prevê a utilização subsidiária das normas do processo comum ao Processo do Trabalho, quando houver lacuna e a norma do primeiro não for incompatível com o segundo.

De forma a concluir pelas repercussões do novo procedimento, serão revistadas as teorias acerca do instituto da desconsideração da personalidade jurídica, para que seja também verificada a necessidade ou não no procedimento celetista, bem como os impactos negativos em relação à celeridade do Processo do Trabalho, já que o contraditório previsto no NCPC faz com que seja necessária a prática de diversos atos de comunicação, bem como a concessão de prazo para manifestação dos sócios.

2. OBEDIÊNCIA DO PRINCÍPIO DO CONTRADITÓRIO E INSTITUIÇÃO DO INCIDENTE DE DESCONSIDERAÇÃO DA PERSONALIDADE JURÍDICA NO NCPC

Atualmente (até a entrada em vigor da Lei n. 13.105/15) não há qualquer procedimento disciplinando a desconsideração da personalidade jurídica, o que faz com que os sócios sejam surpreendidos com a decisão de redirecionamento da tutela executiva, já que não se adota como praxe a intimação prévia para manifestação do mesmo. A aparente violação ao princípio do contraditório já era notada e criticada pela doutrina processual civil, que via naquela situação a ausência de comunicação e possibilidade de reação, típicos do princípio do contraditório.

O princípio tão caro e respeitado na órbita processual é definido e explicado didaticamente pelo Prof. Marcus Vinicius Rios Gonçalves[1] como as exigências de se:

> (...) dar ciência aos réus da existência do processo, e aos litigantes de tudo o que nele se passa; e a de permitir-lhes que se manifestem, que apresentem suas razões, que se oponham à pretensão do adversário. O juiz tem de ouvir aquilo que os participantes do processo têm a dizer, e, para tanto, é preciso dar-lhes oportunidade de se manifestar, e ciên-

---

1 Marcus Vinicius Rios Gonçalves. *Direito processual civil esquematizado*. 3. ed. São Paulo: Saraiva, 2013. p. 62.

cia do que se passa, pois que sem tal conhecimento, não terão condições adequadas para se manifestar.

Especificamente em relação ao contraditório na desconsideração da personalidade jurídica, percebe-se que o sócio, que não era parte na demanda, passa a ser parte abruptamente, sem lhe ser garantido o direito de discutir os fatos que levaram o Juiz a desconsiderar a personalidade jurídica naquela situação. Sem qualquer comunicação prévia, o sócio era lançado ao processo, passando a integrá-lo por dizer o Magistrado estarem presentes as hipóteses do art. 50 do CPC. Registre-se que as situações previstas no dispositivo legal – desvio de finalidade e confusão patrimonial –, que caracterizam o abuso de personalidade da pessoa jurídica, eram imputadas ao sócio sem qualquer possibilidade de defesa.

Essa afirmação unilateral, sem possibilidade de defesa do sócio, que na visão do NCPC viola o contraditório, já era criticada pela doutrina processual civil, a exemplo dos Professores Rodrigo Klippel e Antônio Adonias Bastos[2], que se manifestaram da seguinte forma:

> Parece-nos, então, que se deve desenvolver um incidente cognitivo, cujo objeto é a averiguação de atos que supostamente ensejam a mencionada desconsideração, para o qual deve o sócio ser citado.

Verifica-se claramente que o NCPC levou em consideração a necessidade de garantir a incidência dos princípios processuais constitucionais, em especial o contraditório, na medida em que na exposição de motivos é encontrada a seguinte passagem:

> Por outro lado, muitas regras foram concebidas, dando concreção a princípios constitucionais, como, por exemplo, as que preveem um procedimento, com contraditório e produção de provas, prévio à decisão que desconsidera da pessoa jurídica, em sua versão tradicional, ou "às avessas".

Mas percebe-se que a necessidade de contraditório está intimamente ligada à necessidade de discussão das situações previstas no art. 50 do Código Civil, que caracterizam, como já dito, o abuso da personalidade jurídica.

---

2   Rodrigo Klippel; Antônio Adonias Bastos. *Manual de direito processual civil*. 3. ed. Salvador: Juspodivm, 2013. p. 1317.

A ideia também é aplicada mesmo que se prefira adotar o art. 28 do Código de Defesa do Consumidor (Lei n. 8.078/90), na medida em que o contraditório seria necessário à verificação das seguintes hipóteses: abuso do direito, excesso de poder, infração da lei, fato ou ato ilícito ou violação dos estatutos ou contrato social.

Carlos Henrique Bezerra Leite[3], antes de mencionar a aplicação dos dispositivos citados pelo TST, afirma, ao introduzir o tema da *disregard of legal entity*, que:

> É comum os juízes do trabalho determinarem a constrição de bens particulares dos sócios da empresa executada, desde que esta não possua ou não ofereça à penhora bens suficientes para garantir a execução.

O festejado Professor capixaba deixa claro, portanto, que o ato executado, que visa atingir os bens dos sócios da empresa executada, é realizado *ex officio* pelo Magistrado, que simplesmente redireciona os atos de constrição patrimonial àquele que pode possuir bens passíveis de penhora. Também Gustavo Filipe Barbosa Garcia[4] destaca a não incidência dos arts. 50 do CC e 28 do CDC, que deixam a cargo das partes e do Ministério Público a formulação do pedido de desconsideração, haja vista que o Juiz do Trabalho tem por hábito decidir de ofício sobre a matéria, até mesmo pela incidência do princípio inquisitivo na seara processual trabalhista, que permite até mesmo o início do processo de execução – art. 878 da CLT –, tornando ilógica qualquer ilação acerca da necessidade de requerimento.

Acerca da garantia do contraditório, sempre defendida pela doutrina processual civil, não é vista como uma necessidade inata ao Processo do Trabalho, pois, conforme aduz Mauro Schiavi[5], poderá o sócio valer-se do

---

3   Carlos Henrique Bezerra Leite. *Curso de direito processual do trabalho.* 12. ed. São Paulo: LTr, 2014. p. 1147.
4   Gustavo Filipe Barbosa Garcia. *Curso de direito processual do trabalho.* Rio de Janeiro: Forense, 2012. p. 654.
5   Mauro Schiavi. *Manual de direito processual do trabalho.* 4. ed. São Paulo: LTr, 2011. p. 908-909.

benefício de ordem previsto no art. 586 do CPC/73, bem como das defesas típicas que podem ser oportunamente apresentadas, postergando o contraditório, já que naquele momento a prévia notificação do sócio pode frustrar os atos executivos. Vejamos as lições do autor mencionado:

> Ao contrário do que sustenta parte da doutrina e jurisprudência, o sócio não precisa ser citado ou intimado da desconsideração da personalidade jurídica e para a apresentação de bens no prazo de 48 horas (art. 880 da CLT)(...).

No momento adequado será analisada a necessidade ou não de garantir o contraditório antes de desconsiderar a personalidade jurídica, tendo por base as teorias existentes sobre o tema e a jurisprudência dos tribunais trabalhistas sobre a matéria.

3. PROCEDIMENTO PREVISTO NOS ARTS. 133 A 137 DO NCPC

O NCPC decidiu criar um incidente de desconsideração da personalidade jurídica para efetivar o princípio do contraditório, tendo por finalidade precípua verificar a presença ou ausência dos pressupostos previstos em lei – arts. 50 do CC e 28 do CDC –, possibilitando ao sócio a demonstração de que não houve abuso da personalidade jurídica, desvio de finalidade, confusão patrimonial etc.

Aduz o art. 133 do NCPC que o incidente será instaurado a pedido das partes ou do Ministério Público, trazendo implícita vedação à desconsideração realizada de oficio, o que já se mostra incompatível com o procedimento hoje adotado na Justiça do Trabalho, como já visto.

Sobre os pressupostos autorizadores da desconsideração, os dispositivos do novel Código mencionam em duas oportunidades a necessidade de preenchimento dos requisitos legais, já que na seara processual civil se adota a teoria maior, diferentemente do processo trabalho, já que na visão de José Cairo Jr.[6]:

---

6   José Cairo Jr. *Curso de direito processual do trabalho*. 6. ed. Salvador: Juspodivm, 2013. p. 826.

A jurisprudência trabalhista imprimiu interpretação extensiva aos dispositivos legais acima mencionados, relativizando a necessidade de atender aos requisitos estabelecidos pela ordem jurídica para determinar a penhora dos bens do sócio.

No procedimento idealizado pelo legislador e inserido nos arts. 133 a 137 da Lei n. 13.105/15, o sócio será citado para manifestar-se e requerer provas no prazo de 15 (quinze) dias sobre o pedido de desconsideração, ocasião em que poderá opor-se à pretensão da parte adversa ou do Ministério Público, por demonstrar a inexistência dos requisitos legais.

Como não há qualquer restrição aos meios de prova no art. 136 do NCPC, poderá ser requerida prova testemunhal e depoimento pessoal, com necessidade de designação de audiência para sua produção, e até mesmo prova pericial, que demanda, não raras vezes, meses para ser produzida. Todo esse tempo poderá ser utilizado para que o sócio se valha de subterfúgios para desviar os bens, o que não será sempre resolvido pela aplicação do art. 137 do NCPC, que diz ser ineficaz em relação ao requerente a alienação ou oneração de bens em fraude de execução.

Pensando em celeridade e, principalmente, efetividade da desconsideração da personalidade jurídica, melhor seria manter o contraditório postergado para o momento de apresentação dos embargos – à execução ou terceiros –, a depender da corrente doutrinária a ser utilizada, já que o fator surpresa quando da desconsideração é um dos motivos do sucesso de grande parte das incursões no patrimônio dos sócios de empresas executadas.

4. DO CABIMENTO DO INCIDENTE NO PROCESSO DO TRABALHO: TEORIA ADOTADA NO PROCESSO DO TRABALHO PARA A DESCONSIDERAÇÃO DA PERSONALIDADE JURÍDICA

Um dos mecanismos mais importantes para a efetivação do processo de execução trabalhista, a desconsideração da personalidade jurídica passa a ter o seu procedimento regulamentado pela primeira vez no NCPC. Até a edição da Lei n. 13.105/15, apenas os pressupostos autorizadores da medida é que estavam dispostos nos arts. 50 do Código Civil e 28, § 5º, do Código de Defesa do Consumidor, nos seguintes termos:

> CC, art. 50. Em caso de abuso da personalidade jurídica, caracterizado pelo desvio de finalidade, ou pela confusão patrimonial, pode o juiz decidir, a requerimento da parte, ou do Ministério Público quando lhe couber intervir no processo, que os efeitos de certas e determinadas relações de obrigações sejam estendidos aos bens particulares dos administradores ou sócios da pessoa jurídica.
>
> CDC, art. 28. O juiz poderá desconsiderar a personalidade jurídica da sociedade quando, em detrimento do consumidor, houver abuso de direito, excesso de poder, infração da lei, fato ou ato ilícito ou violação dos estatutos ou contrato social. A desconsideração também será efetivada quando houver falência, estado de insolvência, encerramento ou inatividade da pessoa jurídica provocados por má administração.
>
> (...)
>
> § 5º Também poderá ser desconsiderada a pessoa jurídica sempre que sua personalidade for, de alguma forma, obstáculo ao ressarcimento de prejuízos causados aos consumidores.

Vislumbra-se que os dispositivos legais trazem situações específicas que levariam à desconsideração da personalidade jurídica e a consequente afetação dos bens dos sócios, como *desvio de finalidade, confusão patrimonial, abuso de direito, excesso de poder, infração da lei*, entre outras situações.

Tais situações, pela doutrina e jurisprudência majoritárias, não precisam ser comprovadas para que o Juiz do Trabalho determine a desconsideração, já que na seara laboral é adotada a *teoria menor* ou *objetiva*, em que basta a inexistência de patrimônio da pessoa jurídica para determinar a inclusão dos sócios como responsáveis patrimoniais. Caso evidenciada no curso do processo de execução a inexistência de patrimônio, já poderá ser desconsiderada a personalidade, segundo entendimento de Mauro Schiavi[7]:

> Atualmente, a moderna doutrina e a jurisprudência trabalhista encampam a chamada teoria objetiva da desconsideração da personalidade jurídica que disciplina a possibilidade de execução dos bens do sócio, independentemente de os atos destes terem violado ou não o contrato,

---

[7] Mauro Schiavi. *Manual de direito processual do trabalho*. 4. ed. São Paulo: LTr, 2011. p. 905.

ou de haver abuso de poder. Basta a pessoa jurídica não possuir bens para ter início a execução aos bens do sócio.

Justifica-se a aplicação da teoria *menor* ou *objetiva* pela incidência do princípio da proteção no âmbito processual trabalhista, já que a hipossuficiência do trabalhador faz com que medidas de efetivação da tutela jurisdicional sejam aplicadas pelo Magistrado, como o início da execução de ofício, previsto no art. 878 da CLT, e demais reflexos do princípio inquisitivo.

Pode-se até mesmo afirmar, na esteira do ensinamento de Bezerra Leite[8], que não há necessidade de verificar a ausência de bens da pessoa jurídica, pois haveria uma presunção de inexistência deles quando a executada não oferecesse bens à penhora. Tal interpretação pode ser realizada no Processo do Trabalho, haja vista que o princípio da duração razoável (art. 5º, LXXXV, da CF/88) é um dos pilares do processo e sua busca em âmbito laboral é indispensável para a efetivação do ideal de justiça. Vejamos o ensinamento do Professor referido:

> É comum os juízes do trabalho determinarem a constrição de bens particulares dos sócios da empresa executada, desde que esta não possua ou não ofereça à penhora bens suficientes para garantir a execução.

A aplicação da teoria *menor* ou *objetiva* no Processo do Trabalho faz com que seja desnecessária qualquer cognição acerca das hipóteses prescritas nos arts. 50 do CC e 28 do CDC, já que a única situação processual que justifica a constrição de bens dos sócios já está demonstrada ou presumida nos autos, o que fez com que a doutrina defendesse a desnecessidade de intimação ou citação do sócio para exercer as alternativas previstas no art. 880 da CLT, que seriam o pagamento da dívida, o depósito de quantia ou a nomeação de bens à penhora, já que:

a) não é parte no processo, e sim responsável patrimonial pela dívida;

b) com a comunicação prévia o sócio poderia ocultar, desviar ou se desfazer de bens a fim de não adimplir a dívida, protegendo o seu patrimônio em desfavor do reclamante hipossuficiente.

---

8   Carlos Henrique Bezerra Leite. *Curso de direito processual do trabalho*. 12. ed. São Paulo: LTr, 2014. p. 1147.

Assim, o "efeito surpresa", típico da desconsideração praticada pela Justiça do Trabalho, ao mesmo tempo efetiva a proteção conferida ao empregado na medida em que permite o adimplemento da dívida, como não acarreta a violação ao contraditório, visto que não são discutidos os pressupostos dos arts. 50 do CC e 28 do CDC, sendo que o sócio ainda poderá valer-se do benefício de ordem, indicando os bens da pessoa jurídica, bem como apresentando, posteriormente, os embargos. Sobre o tema são lúcidas as palavras de Mauro Schiavi[9] quando afirma que:

> Por isso, ele (o sócio) não é incluído no polo passivo, tampouco citado ou intimado. Fracassada a execução em face da pessoa jurídica, o Juiz do Trabalho poderá expedir mandado de penhora em face dos bens do sócio ou até mesmo determinar o bloqueio de ativos financeiros deste.

Analisada a teoria aplicada no Processo do Trabalho para permitir a desconsideração da personalidade jurídica, é chegada a hora de verificar a compatibilidade entre o procedimento criado pelo NCPC e o direito processual do trabalho.

5. (IN)COMPATIBILIDADE COM O PROCESSO DO TRABALHO?

Os próximos anos serão, indubitavelmente, de amplas discussões acerca da aplicação subsidiária de dispositivos do Novo Código de Processo Civil, com vigência a partir de março de 2016, principalmente no campo da execução trabalhista, tendo em vista o pequeno número de dispositivos celetistas sobre o tema e a grande dependência das normas processuais civis.

Toda a análise acerca da compatibilidade do NCPC ao processo trabalhista passará pela verificação dos pressupostos contidos no art. 769 da CLT, assim redigido:

> Art. 769. Nos casos omissos, o direito processual comum será fonte subsidiária do direito processual do trabalho, exceto naquilo em que for incompatível com as normas deste Título.

---

9   Mauro Schiavi. *Manual de direito processual do trabalho*. 4. ed. São Paulo: LTr, 2011. p. 909.

Um dos temas que devem permear tais discussões certamente será o que ora se analisa, já que em grande parte dos processos executivos é necessário atacar os bens dos sócios como única forma de recebimento dos créditos dos trabalhadores, uma vez que a ausência de patrimônio é uma situação comum entre pequenas e médias empresas.

No tocante aos requisitos previstos no supracitado dispositivo – lacuna e compatibilidade –, o cerne da questão estará restrito ao segundo, pois a norma celetista nada trata do tema *desconsideração da personalidade jurídica*, o que, em tese, atrairia a incidência das normas do NCPC que regulamentam o tema, não fosse a clara incompatibilidade entre o que pensou o legislador e o que é necessário no Processo do Trabalho.

Explico. Quando da elaboração da norma, entendeu o legislador pela necessidade de efetivação do contraditório prévio à desconsideração da personalidade jurídica, criando um procedimento próprio em que seria permitido ao sócio demonstrar a ausência dos pressupostos legais, evitando assim o atingimento dos seus bens, inclusive com a possibilidade de instrução processual (art. 135 do NCPC).

O requerimento, a produção de provas e o julgamento da matéria seriam realizados a fim de demonstrar, unicamente, a presença dos pressupostos autorizadores da medida, tanto que o art. 134, § 4º, da Lei n. 13.105/15 trouxe a seguinte redação:

> O requerimento deve demonstrar o preenchimento dos pressupostos legais específicos para desconsideração da personalidade jurídica.

Mas qual é a incompatibilidade existente entre o contraditório previsto no NCPC para a análise dos pressupostos autorizadores da desconsideração e o Processo do Trabalho?

A resposta é "aparentemente" simples: a incompatibilidade decorre da desnecessidade do procedimento, pois a adoção da teoria *menor* ou *objetiva* retira do Juiz do Trabalho a preocupação com os "pressupostos legais específicos" a que alude o dispositivo do Novo Código, já que o único requisito apto a determinar a medida aqui estudada é a ausência de patrimônio, que não precisa ser aferida em contraditório, visto que:

a) provada ante as tentativas frustradas de penhora de ativos financeiros, veículos, bens imóveis, entre outros da pessoa jurídica;

b) presumida pela ausência de depósito ou nomeação de bens em valor suficiente ao pagamento da dívida.

Além das justificativas expostas, outra se mostra muito forte para demonstrar a incompatibilidade entre o instituto do NCPC e o Processo do Trabalho: a suspensão do processo determinada para Novo Código até o julgamento do incidente. Sobre o tema, Cléber Lúcio de Almeida[10] é enfático, ao dizer que:

> Destarte, não é compatível com o direito processual do trabalho a previsão de que, requerida a desconsideração da personalidade jurídica, deverá ser instaurado incidente, com suspensão do processo, medida que se mostra, inclusive, injustificável, na medida em que faz depender do reconhecimento do crédito (objeto da demanda) a fixação da responsabilidade pela sua satisfação (objeto do incidente).

Por todos os ângulos que se analise o cabimento do incidente, conclui-se pela incompatibilidade, seja pela desnecessidade de cognição acerca de requisitos legais não aplicáveis ao Processo do Trabalho ou pelo ferimento ao princípio da celeridade, decorrente da previsão de suspensão do processo pela apresentação do incidente, que dificultariam

> a persecução do patrimônio empresarial ou societário a fim de garantir o pagamento da dívida trabalhista. Não se admite a transposição dos recursos do empreendimento ao empregado, que os assumirá se a inexistência de patrimônio empresarial pudesse tornar inefetiva a execução trabalhista[11].

REFERÊNCIAS

ALMEIDA, Cléber Lúcio de. Incidente de desconsideração da personalidade jurídica. In: *O Novo Código de Processo Civil e seus reflexos no processo do trabalho*. Salvador: Juspodivm, p. 283-294.

---

10   Cléber Lúcio de Almeida. Incidente de desconsideração da personalidade jurídica. In: *O Novo Código de Processo Civil e seus reflexos no processo do trabalho*. Salvador: Juspodivm. p. 294.
11   Eliana dos Santos Alves Nogueira; José Gonçalves Bento. Incidente de desconsideração da personalidade jurídica. In: *O Novo Código de Processo Civil e seus reflexos no processo do trabalho*. Salvador: Juspodivm. p. 307.

CAIRO JR., José. *Curso de direito processual do trabalho*. 6. ed. Salvador: Juspodivm, 2013.

GARCIA, Gustavo Filipe Barbosa. *Curso de direito processual do trabalho*. Rio de Janeiro: Forense, 2012.

GONÇALVES, Marcus Vinicius Rios. *Direito processual civil esquematizado*. 3. ed. São Paulo: Saraiva, 2013.

KLIPPEL, Rodrigo; BASTOS, Antônio Adonias. *Manual de direito processual civil*. 3. ed. Salvador: Juspodivm, 2013.

LEITE, Carlos Henrique Bezerra. *Curso de direito processual do trabalho*. 12. ed. São Paulo: LTr, 2014.

NOGUEIRA, Eliana dos Santos Alves; BENTO, José Gonçalves. Incidente de desconsideração da personalidade jurídica. In: *O Novo Código de Processo Civil e seus reflexos no processo do trabalho*. Salvador: Juspodivm. p. 295-308.

SCHIAVI, Mauro. *Manual de direito processual do trabalho*. 4. ed. São Paulo: LTr, 2011.

Os pressupostos processuais e as condições da ação no Novo CPC e suas repercussões no Processo do Trabalho

Mauro Schiavi
Juiz titular da 19ª Vara do trabalho de São Paulo.
Doutor e mestre em direito pela PUCSP. Professor universitário.

1. INTRODUÇÃO

O Código de Processo Civil é a lei fundamental que rege os processos de natureza civil, aplicando-se para a solução de todos os conflitos de interesse dessa natureza, e de forma subsidiária e supletiva às demandas trabalhistas.

Depois de quase cinco anos de tramitação no Congresso Nacional, a partir da apresentação do Anteprojeto por uma comissão de juristas nomeada pelo Senado Federal, o Projeto do Código de Processo Civil foi aprovado e sancionado, tornando-se a Lei n. 13.105, de 16-3-2015, publicada em 17-3-2015, com vigência inicial para 17 de março de 2016 (art. 1.045 do CPC[1]).

---

1 Art. 1.045 do CPC/15: "Este Código entra em vigor após decorrido 1 (um) ano da data de sua publicação oficial".

Além disso, a nova codificação passou por amplo debate tanto na Câmara dos Deputados como no Senado Federal, com participação de diversos segmentos da sociedade, e sua tramitação se deu, integralmente, em regime democrático.

O Código de Processo Civil de 1973, elaborado com refinada técnica processual, vigeu por mais de 40 anos, tendo sofrido muitas reformas ao longo dos anos para que fosse adaptado às mudanças sociais e pudesse dar respostas adequadas aos milhares de processos que tramitam no Judiciário Brasileiro. Diante dessas reformas, o Legislativo e segmentos de respeito da doutrina passaram a entender que havia necessidade de um Novo Código de Processo, pois o Código de 1973 parecia uma "colcha de retalhos", tendo perdido sua identidade e, em muitos aspectos, havia necessidade de mudanças mais contundentes, o que somente seria possível com uma nova codificação.

Valem ser mencionadas as premissas básicas que foram consideradas pelos juristas que elaboraram o Anteprojeto do Novo Código de Processo Civil, destacando-se a seguinte passagem da Exposição de Motivos da nova codificação, *in verbis*:

> Um sistema processual civil que não proporcione à sociedade o reconhecimento e a realização dos direitos, ameaçados ou violados, que têm cada um dos jurisdicionados, não se harmoniza com as garantias constitucionais de um Estado Democrático de Direito. Sendo ineficiente o sistema processual, todo o ordenamento jurídico passa a carecer de real efetividade. De fato, as normas de direito material se transformam em pura ilusão, sem a garantia de sua correlata realização, no mundo empírico, por meio do processo. Não há fórmulas mágicas. O Código vigente, de 1973, operou satisfatoriamente durante duas décadas. A partir dos anos noventa, entretanto, sucessivas reformas, a grande maioria delas lideradas pelos Ministros Athos Gusmão Carneiro e Sálvio de Figueiredo Teixeira, introduziram no Código revogado significativas alterações, com o objetivo de adaptar as normas processuais a mudanças na sociedade e ao funcionamento das instituições. A expressiva maioria dessas alterações, como, por exemplo, em 1994, a inclusão no sistema do instituto da antecipação de tutela; em 1995, a alteração do regime do agravo; e, mais recentemente, as leis que alteraram a execução, foram bem recebidas pela comunidade jurídica e geraram resultados positivos, no plano da operatividade do sistema. O

enfraquecimento da coesão entre as normas processuais foi uma consequência natural do método consistente em se incluírem, aos poucos, alterações no CPC, comprometendo a sua forma sistemática. A complexidade resultante desse processo confunde-se, até certo ponto, com essa desorganização, comprometendo a celeridade e gerando questões evitáveis (= pontos que geram polêmica e atraem atenção dos magistrados) que subtraem indevidamente a atenção do operador do direito. Nessa dimensão, a preocupação em se preservar a forma sistemática das normas processuais, longe de ser meramente acadêmica, atende, sobretudo, a uma necessidade de caráter pragmático: obter-se um grau mais intenso de funcionalidade. Sem prejuízo da manutenção e do aperfeiçoamento dos institutos introduzidos no sistema pelas reformas ocorridas nos anos de 1992 até hoje, criou-se um Código novo, que não significa, todavia, uma ruptura com o passado, mas um passo à frente. Assim, além de conservados os institutos cujos resultados foram positivos, incluíram-se no sistema outros tantos que visam a atribuir-lhe alto grau de eficiência. Há mudanças necessárias, porque reclamadas pela comunidade jurídica, e correspondentes a queixas recorrentes dos jurisdicionados e dos operadores do Direito, ouvidas em todo país. Na elaboração deste Anteprojeto de Código de Processo Civil, essa foi uma das linhas principais de trabalho: resolver problemas. Deixar de ver o processo como teoria descomprometida de sua natureza fundamental de método de resolução de conflitos, por meio do qual se realizam valores constitucionais. Assim, e por isso, um dos métodos de trabalho da Comissão foi o de resolver problemas, sobre cuja existência há praticamente unanimidade na comunidade jurídica. Isso ocorreu, por exemplo, no que diz respeito à complexidade do sistema recursal existente na lei revogada. Se o sistema recursal, que havia no Código revogado em sua versão originária, era consideravelmente mais simples que o anterior, depois das sucessivas reformas pontuais que ocorreram, se tornou, inegavelmente, muito mais complexo. Não se deixou de lado, é claro, a necessidade de se construir um Código coerente e harmônico *interna corporis*, mas não se cultivou a obsessão em elaborar uma obra magistral, estética e tecnicamente perfeita, em detrimento de sua funcionalidade. De fato, essa é uma preocupação presente, mas que já não ocupa o primeiro lugar na postura intelectual do processualista contemporâneo. A coerência substancial há de ser vista como objetivo fundamental, todavia, e mantida em termos absolutos, no que tange à Constituição Federal da República. Afinal, é na lei ordinária e em outras normas de escalão inferior que se explicita a promessa de realização dos valores encampados pelos princípios constitucionais. O Novo Código de Processo Civil tem o potencial de gerar um processo mais célere, mais justo, porque mais rente às necessidades sociais e muito menos complexo. A simplificação do sistema, além de proporcionar-lhe coesão mais visível, permite ao juiz centrar sua atenção, de modo mais intenso, no mérito da causa. Com evidente redução da complexidade inerente ao processo de criação de um Novo Código de Processo Civil, poder-se-ia dizer que os trabalhos da Comissão se orientaram precipuamente por cinco objetivos: 1) estabelecer expressa e implicitamente verdadeira sintonia fina com a Constituição Federal; 2) criar condições para que o juiz possa proferir decisão de forma mais rente à realidade fática subjacente à causa; 3) simplificar, resolvendo problemas e reduzindo a complexidade de subsistemas, como, por exemplo, o recursal; 4) dar todo o rendimento possível a cada processo em si mesmo considerado; e, 5) finalmente, sendo talvez este último objetivo parcialmente alcançado pela realização daqueles mencionados antes, imprimir maior grau de organicidade ao sistema, dando-lhe, assim, mais coesão (...).

Muitos dos institutos fundamentais do Processo Civil, disciplinados no Código de 1973, foram aproveitados na nova codificação, bem como foram incorporados ao texto a moderna visão da doutrina e muitos entendimentos consagrados na jurisprudência dos Tribunais. Há, também, institutos novos que serão mais bem esculpidos pela jurisprudência dos Tribunais e visão crítica da doutrina.

A chegada do Novo Código de Processo Civil provoca, mesmo de forma inconsciente, um desconforto nos aplicadores do Processo Trabalhista, uma vez que há muitos impactos da nova legislação nos sítios desse processo, o que exigirá um esforço intenso da doutrina e da jurisprudência para revisitar todos os institutos do Processo do Trabalho e analisar a compatibilidade, ou não, das novas regras processuais civis. De outro lado, há um estimulante desafio, pois os operadores do Direito Processual do Trabalho podem transportar as melhores regras do Novo Código para o processo trabalhista, frear as regras incompatíveis e, com isso, melhorar a prestação jurisdicional trabalhista e tornar o Processo do Trabalho mais justo e efetivo.

Na seara do Processo do Trabalho, o Novo Código provocará, necessariamente, um novo estudo das normas e da doutrina do processo trabalhista. Institutos já sedimentados serão, necessariamente, revisados, pois haverá necessidade de se verificar se as mudanças são compatíveis com a sistemática do processo trabalhista e se, efetivamente, trarão melhoria dos institutos processuais trabalhistas. Será um trabalho árduo, de paciência e coragem. Uma pergunta terá que ser respondida, qual seja: As regras do Processo do Trabalho ainda são de vanguarda, ou já superadas pelo novel diploma processual civil?

O fato de o Novo Código se aplicar *subsidiária* e *supletivamente* (art. 15 do CPC) ao Processo Trabalhista não significa que seus dispositivos sejam aplicados, simplesmente, nas omissões da lei processual do trabalho, ou incompletude de suas disposições, mas somente quando forem compatíveis com o sistema trabalhista e também propiciarem melhores resultados à jurisdição trabalhista. Por isso, o art. 15 do CPC deve ser lido e interpretado em conjunto com o art. 769 da CLT.

Nesse sentido, também defende Carlos Henrique Bezerra Leite[2]:

> O art. 15 do Novo CPC, evidentemente, deve ser interpretado sistematicamente com o art. 769 da CLT, que dispõe: "Nos casos omissos, o direito processual comum será fonte subsidiária do direito processual do trabalho, exceto naquilo em que for incompatível com as normas deste Título". Mas ambos os dispositivos – art. 769 da CLT e art. 15 do Novo CPC – devem estar em harmonia com os princípios e valores que fundamentam o Estado Democrático de Direito.

2. AS CONDIÇÕES DA AÇÃO E OS PRESSUPOSTOS PROCESSUAIS NO NOVO CPC

Processo significa "marcha avante", caminhada, do latim *procedere* – seguir adiante.

O processo é indispensável à função jurisdicional. É definido pela doutrina como o instrumento por meio do qual a jurisdição opera (instrumento de positivação do poder). Por outras palavras, é o instrumento pelo qual o Estado exerce a jurisdição. Trata-se de um método ou um meio de solução dos conflitos e o instrumento público, previsto em lei, por meio do qual o Estado exerce a jurisdição, dirimindo o conflito de interesses,

---

2 *Curso de direito processual do trabalho*. 13. ed. São Paulo: Saraiva, 2015. p. 1.696.

aplicando o direito ao caso concreto, dando a cada um o que é seu por direito e impondo coercitivamente o cumprimento da decisão.

Já o procedimento é o aspecto extrínseco (exterior) do processo pelo qual se instaura, desenvolve-se e termina. É o caminho percorrido pelo processo (conjunto de atos sucessivos), a forma pela qual o processo se exterioriza.

Para que o processo exista e possa tramitar validamente, há necessidade de observar os chamados *pressupostos processuais*.

Os pressupostos processuais, segundo a doutrina já consolidada, são requisitos de existência e validade da relação jurídica processual. Enquanto as condições da ação são requisitos para viabilidade do julgamento de mérito, os pressupostos processuais estão atrelados à validade da relação jurídica processual. Por isso, a avaliação dos pressupostos processuais, em nossa visão, deve anteceder às condições da ação.

Não há consenso na doutrina sobre a classificação dos pressupostos processuais. Cada doutrinador acaba adotando um critério diferente.

Em nossa visão, com suporte em doutrina já consolidada, são pressupostos processuais de existência da relação processual:

a) *investidura do juiz:* O juiz que irá julgar o processo tem de estar previamente investido na jurisdição, vale dizer: a pessoa que preenche os requisitos previstos na lei constitucional e infraconstitucional para o exercício da magistratura;

b) *demanda regularmente formulada:* A demanda está regularmente formulada quando contém: partes, o pedido, causa de pedir e quando é apresentada em juízo atendendo aos requisitos legais (art. 319 do CPC/15 e art. 840 da CLT).

São pressupostos de validade:

a) *competência material:* Somente poderá julgar o processo o órgão jurisdicional que seja competente em razão da matéria. Se o juiz não tiver competência material para atuar no processo, ele será nulo;

b) *imparcialidade do juiz:* A imparcialidade do juiz é um pressuposto processual de validade do processo. Por isso, caso um juiz impedido atue no processo, ele será nulo. Se o juiz for suspeito, o processo será anulável;

c) *capacidades das partes:* As partes devem ter capacidade para ser parte e para estar em juízo. A capacidade de ser parte é adquirida com o nascimento com vida (capacidade de direito); já a capacidade para estar em juízo (capacidade de fato), somente os absolutamente capazes a possuem nos termos da lei civil, podendo estar em juízo por si sós. Os absolutamente incapazes serão representados em juízo por seus pais, tutores ou curadores. Os relativamente incapazes serão assistidos em juízo. A capacidade de postular em juízo (*jus postulandi*) é atribuída aos advogados regularmente habilitados na Ordem dos Advogados do Brasil (art. 133 da CF em cotejo com a Lei n. 8.906/94). A lei admite que a parte possa postular em juízo sem a necessidade de advogado se ela for advogado, no juizado especial civil, para as causas de até 20 salários mínimos (Lei n. 9.099/95), e na Justiça do Trabalho, quando a controvérsia envolver empregados e empregadores (art. 791 da CLT);

d) *inexistência de fatos extintivos da relação jurídica processual:* Os fatos extintivos provocam a extinção prematura da relação jurídica processual. A doutrina também os denomina *pressupostos processuais negativos*, quais sejam: a inexistência de perempção, a litispendência, a convenção de arbitragem etc.;

e) *respeito às formalidades do processo:* Os atos processuais devem ser praticados em consonância com os requisitos previstos em lei, sob consequência de nulidade.

Segundo Liebman, se a ação se refere a uma situação determinada e individualizada, deve o direito de agir estar condicionado a alguns requisitos que precisam ser examinados, como preliminares do julgamento da pretensão.

Para Chiovenda, as condições da ação são necessárias para se obter um pronunciamento favorável.

No nosso sentir, as condições da ação são requisitos que a ação deve conter para que o juiz possa proferir uma decisão de mérito, julgando a pretensão trazida a juízo.

Na primeira teoria de Liebman, as condições da ação eram: legitimidade, interesse e possibilidade jurídica.

Posteriormente, Liebman alterou sua teoria quanto às condições da ação, para reduzi-la a duas, quais sejam: o interesse de agir e a legitimidade, retirando a possibilidade jurídica do pedido como integrante das condições da ação. A possibilidade jurídica do pedido, segundo ele, integra o interesse processual, pois, se o pedido é juridicamente impossível, a parte não tem interesse processual em obtê-lo judicialmente.

O Código de Processo Civil brasileiro de 1973 adotou a primeira teoria de Liebman quanto às condições da ação. Desse modo, no Direito Processual Civil brasileiro, as condições da ação são: legitimidade, interesse de agir e possibilidade jurídica do pedido.

Nesse sentido, dispõe o art. 267, VI, do CPC/73: "Extingue-se o processo, sem resolução de mérito: (...) VI – quando não concorrer qualquer das condições da ação, como a possibilidade jurídica, a legitimidade das partes e o interesse processual".

Dispõe o art. 17 do CPC/15: "Para postular em juízo é necessário ter interesse e legitimidade".

Somente quem postular uma pretensão em juízo deve preencher os requisitos da legitimidade e interesse, vale dizer, o autor, já que o réu não necessita, necessariamente, de legitimidade e interesse para apresentar contestação.

Como bem advertiu Costa Machado[3]:

> O direito de defesa, que se expressa precipuamente pelo direito de oferecer contestação, não se subordina a nenhuma das condições da ação, mas apenas à circunstância de o réu ter sido citado. As condições da ação são os requisitos de existência do direito a uma sentença de mérito e que se traduzem na titularidade ativa e passiva, em tese, da relação jurídica afirmada em juízo.

Seguindo a tendência da moderna doutrina, o Código de Processo Civil restringiu as condições da ação a apenas duas, quais sejam: o interesse e a legitimidade. A possibilidade jurídica do pedido deixou de ser condição da ação.

---

3 *Código de Processo Civil interpretado*: artigo por artigo, parágrafo por parágrafo. 14. ed. São Paulo: Manole, 2015. p. 5.

Alguns doutrinadores, diante do referido dispositivo legal, chegam até mesmo a defender a extinção do instituto das *condições da ação* do Código atual, pois este não faz mais referência a elas como o fazia o CPC/73 (art. 267, VI), incluindo o interesse e a legitimidade nos pressupostos processuais, ou na categoria de questões preliminares.

Desse modo, as condições da ação estariam dentro da categoria dos pressupostos processuais, sendo ambos – tantos os pressupostos processuais como as condições da ação – *pressupostos necessários para julgamento de mérito*.

Nesse sentido defende Fredie Didier Jr.[4]:

> Não há mais razão para o uso, pela ciência do processo brasileira, do conceito "condições da ação". A legitimidade *ad causam* e o interesse de agir passarão a ser explicados com suporte no repertório teórico dos pressupostos processuais. A legitimidade e o interesse passarão, então, a constar da exposição sistemática dos pressupostos processuais de validade: o interesse, como pressuposto de validade objetivo extrínseco; legitimidade, como pressuposto de validade subjetivo relativo às partes.

Ainda é cedo para uma posição definitiva se, efetivamente, a categoria das condições da ação foram extintas, não obstante, a sistemática de aferição concreta do interesse processual e da legitimidade continua a mesma.

De nossa parte, o Novo CPC não extinguiu a categoria *das condições da ação*, já que não o fez expressamente. Apenas fez adequação do texto legal às modernas doutrina e jurisprudência. Além disso, o interesse e a legitimidade estão diretamente relacionados à viabilidade da pretensão posta em juízo. A interpretação sistêmica dos arts. 17 e 485 do CPC/15[5] não sinaliza nesse sentido.

Nesse sentido, defendem Teresa Arruda Alvim Wambier, Maria Lúcia Lins Conceição, Leonardo Ferres da Silva Ribeiro e Rogério Licastro Torres de Mello[6]:

---

4   *Curso de direito processual civil*. 17. ed. Salvador: Editora Juspodivm, 2015. p. 306.
5   Art. 485 do CPC: "O juiz não resolverá o mérito quando: (...) IV – verificar a ausência de pressupostos de constituição e de desenvolvimento válido e regular do processo; (...) VI – verificar ausência de legitimidade ou de interesse processual".
6   *Primeiros comentários ao Novo Código de Processo Civil*. São Paulo: Revista dos Tribunais, 2015. p. 80.

Não há por que deixar de considerar interesse e legitimidade como condições da ação. O dispositivo ora comentado diz que o preenchimento destes requisitos é necessário para que se possa postular em juízo – expressão, aliás, mais ampla do que propor a ação (ou contestá-la).

Como conceito geral, interesse é utilidade. Consiste numa relação de complementaridade entre a pessoa e o bem, tendo aquela necessidade deste para a satisfação de uma necessidade da pessoa (Carnelutti). Há o interesse de agir quando o provimento jurisdicional postulado for capaz de efetivamente ser útil ao demandante, operando uma melhora em sua situação na vida comum – ou seja, quando for capaz de trazer-lhe uma verdadeira tutela, a tutela jurisdicional[7].

Ensina Liebman[8]:

> Legitimação para agir (*legitimatio ad causam*) é a titularidade ativa e passiva da ação. O problema da legitimação consiste em individualizar a pessoa a quem pertence o interesse de agir (e, pois, a ação) e a pessoa com referência à qual (*nei cui confronti*) ele existe; em outras palavras, é um problema que decorre da distinção entre a existência objetiva do interesse de agir e a sua pertinência subjetiva.

É a legitimidade, conforme a doutrina, a pertinência subjetiva da ação, ou seja, quais pessoas têm uma qualidade especial para postular em juízo, pois têm ligação direta com a pretensão posta em juízo. No processo de conhecimento a legitimidade deve ser aferida no plano abstrato. Desse modo, está legitimado aquele que se afirma titular do direito e em face de quem o direito é postulado.

Conforme classificação da doutrina, a legitimidade pode ser:

a) *exclusiva:* uma só pessoa tem legitimidade para atuar em determinada causa;

b) *concorrente:* caracteriza-se quando a lei faculta a mais de uma pessoa defender o mesmo direito;

---

[7] Cândido Rangel Dinamarco. *Instituições de direito processual civil.* São Paulo: Malheiros, 2001. v. 1, p. 300.

[8] *Manual de direito processual civil.* 3. ed. São Paulo: Malheiros, 2005. v. 1, p. 208.

c) *extraordinária:* caracteriza-se quando alguém, autorizado por lei, pode vir a juízo postular, em nome próprio, direito alheio (art. 18 do CPC/15[9]).

Conforme nos traz a doutrina, o pedido é juridicamente possível quando, em tese, é tutelado pelo ordenamento jurídico, não havendo vedação para que o judiciário aprecie a pretensão posta em juízo.

Diante do CPC/15, a possibilidade jurídica do pedido não é mais uma condição da ação. Desse modo, duas interpretações são possíveis:

a) se o pedido é juridicamente impossível, a parte não terá interesse processual, devendo o Juiz extinguir o processo sem resolução do mérito;

b) o pedido juridicamente impossível deve ser julgado improcedente, pois não é tutelado pelo direito.

De nossa parte, se o pedido for juridicamente impossível, deverá ser julgado improcedente, pois não resguardado pelo direito, sendo a decisão de mérito, qual seja declaratória negativa.

Para Dinamarco, o objeto do processo é a pretensão a um bem da vida, quando apresentada ao Estado juiz em busca de reconhecimento ou satisfação. Mérito é a pretensão ajuizada que em relação ao processo é seu objeto.

Alguns autores falam em lide como sinônimo de mérito. No nosso sentir, a lide preexiste ao processo, pois é o conflito de interesse qualificado por uma pretensão resistida. Para Liebman, o objeto do processo é somente a porção da lide trazida ao juiz.

Na fase de conhecimento, o mérito consiste na pretensão posta em juízo, consistente em impor uma obrigação ao réu de pagar, dar, fazer ou não fazer. Na execução, o mérito consiste na pretensão de obrigar o devedor a satisfazer a obrigação consagrada no título que detém força executiva.

---

9   Art. 18 do CPC/15: "Ninguém poderá pleitear direito alheio em nome próprio, salvo quando autorizado pelo ordenamento jurídico. Parágrafo único. Havendo substituição processual, o substituído poderá intervir como assistente litisconsorcial".

3. PRIMAZIA DO JULGAMENTO DE MÉRITO E A TEORIA DA ASSERÇÃO NA AFERIÇÃO DAS CONDIÇÕES DA AÇÃO

Dispõe o art. 4º do CPC/15: "As partes têm o direito de obter em prazo razoável a solução integral do mérito, incluída a atividade satisfativa".

Diante do referido dispositivo legal, o Novo CPC prioriza o julgamento de mérito como forma eficaz de resolução dos conflitos de interesse e pacificação social, uma vez que a extinção prematura do processo sem resolução de mérito, quando for possível julgá-lo, é frustrante para o jurisdicionado, consome precioso tempo do Judiciário, custa caro ao Estado e não resolve o conflito.

Nesse sentido, também dispõe o art. 488 do CPC/15, *in verbis*: "Desde que possível, o juiz resolverá o mérito sempre que a decisão for favorável à parte a quem aproveitaria eventual pronunciamento nos termos do art. 485".

Em razão dos princípios do acesso à justiça, da inafastabilidade da jurisdição e do caráter instrumental do processo, a moderna doutrina criou a chamada *teoria da asserção* de avaliação das condições da ação, também chamada de aferição *in statu assertionis*. Segundo essa teoria, a avaliação das condições da ação deve ser realizada mediante a simples indicação da inicial, independentemente das razões da contestação e também de prova do processo. Se, pela indicação da inicial, estiverem presentes a legitimidade e o interesse de agir, deve o juiz proferir decisão de mérito.

Nesse sentido, ensina Kazuo Watanabe[10]:

> O juízo preliminar de admissibilidade do exame do mérito se faz mediante o simples confronto entre a afirmativa feita na inicial pelo autor, considerada *in statu assertionis*, e as condições da ação, que são possibilidade jurídica, interesse de agir e legitimidade para agir. Positivo que seja o resultado dessa aferição, a ação estará em condições de prosseguir e receber o julgamento do mérito.

---

10   *Da cognição no processo civil.* 2. ed. Campinas: Bookseller, 2000. p. 62.

No mesmo diapasão, é a visão de Jorge Pinheiro Castelo[11]:

> [...] é errônea a noção de que as condições da ação devam ser aferidas segundo o que vier a ser concretamente comprovado no processo, após o exame das provas, em vez de aferidas tendo em conta a afirmativa feita pelo autor na exordial, com abstração da situação de direito material efetivamente existente. As condições da ação como requisitos para o julgamento do mérito, consoante ensina a reelaborada teoria do direito abstrato de agir, devem ser aferidas *in statu assertionis*, ou seja, à vista do que se afirmou na exordial. Positivo que seja este exame, a decisão jurisdicional estará pronta para julgar o mérito da ação.

Dinamarco[12] critica a teoria da asserção dizendo que não basta que o demandante descreva formalmente uma situação em que estejam presentes as condições da ação. É preciso que elas existam. Assevera que só advogados despreparados iriam incorrer em carência da ação.

Ainda há entendimentos na doutrina e na jurisprudência no sentido de que as condições da ação, no Processo do Trabalho, devem ser avaliadas em concreto, segundo a prova dos autos.

Nesse sentido a seguinte ementa:

> Vínculo de emprego – Carência de ação. Se a prova produzida aponta no sentido de que a relação havida entre as partes era outra que não a de emprego, nos moldes do art. 3º da CLT, o reclamante deve ser considerado carecedor de ação trabalhista, por impossibilidade jurídica dos pedidos formulados contra o pretenso empregador. Se não existe contrato de emprego regido pela CLT, os direitos trabalhistas são juridicamente inexistentes. (TRT 3ª R. – 3ª T. – RO n. 73/2005.152.03.00-5 – rel. Bolívar Viegas Peixoto – DJMG 4.2.06 – p. 3) (RDT n. 03 – março de 2006)

Entretanto, tal posicionamento não é o dominante na doutrina e jurisprudência atuais. A prática na Justiça do Trabalho nos tem mostrado que foi adotada, no processo trabalhista, a teoria da asserção para aferição das condições da ação.

---

11 *O direito processual do trabalho na moderna teoria geral do processo*. 2. ed. São Paulo: LTr, 1996. p. 161.
12 Op. cit., p. 313-315.

Desse modo, desde que, pela indicação da inicial, o juiz possa avaliar se há a legitimidade, o interesse e a possibilidade jurídica do pedido, independentemente da prova do processo e das alegações de defesa, deve enfrentar as questões de mérito.

Ao valorar a prova e se convencer de que não estão presentes os requisitos do vínculo de emprego, no nosso sentir, deverá o Juiz do Trabalho julgar improcedentes os pedidos que têm suporte na pretendida declaração do vínculo de emprego e não decretar a carência da ação, pois esta decisão é extintiva do processo sem resolução de mérito, provocando insegurança jurídica. Considerando-se que ainda há acirradas discussões na doutrina e jurisprudência se a decisão que extingue o processo sem resolução de mérito por carência da ação, mas após a análise do quadro probatório do processo, terá, ou não, a qualidade da coisa julgada material, é mais seguro, efetivo e ainda prestigia a jurisdição o juiz decretar a improcedência.

O Novo CPC, ao priorizar o julgamento de mérito, de nossa parte, consagra a teoria da asserção na aferição das condições da ação.

Temos observado, na prática, muitas ocasiões nas quais o Juiz do Trabalho se convenceu de que não havia vínculo de emprego, mas, em vez de julgar improcedente o pedido, decretou a carência, o reclamante renovar o processo em outra Vara e obter sucesso em sua pretensão, o que desprestigia a Justiça, pois haverá, na verdade, dois pronunciamentos de mérito sobre a mesma questão.

No nosso sentir, a teoria da asserção (*in statu assertionis*) é a que melhor se adapta ao processo trabalhista, considerando-se os princípios da celeridade, efetividade, simplicidade, acesso do trabalhador à justiça, duração razoável do processo e efetividade. Além disso, sempre que possível, deve o Juiz do Trabalho apreciar o mérito do pedido. Não há decisão mais frustrante para o jurisdicionado que buscar a tutela de sua pretensão, e também, para a parte que resiste à pretensão do autor, receber como resposta jurisdicional uma decisão sem apreciação do mérito quando for possível ao juiz apreciá-lo. Somente a decisão de mérito é potencialmente apta a pacificar o conflito. Como adverte Calamandrei: "Pacificar o conflito é muito mais que aplicar a lei".

Como bem assevera Kazuo Watanabe[13]:

> As "condições da ação" são aferidas no plano lógico e da mera asserção do direito, a cognição a que o juiz procede consiste em simplesmente confrontar a afirmativa do autor com o esquema abstrato da lei. Não se procede, ainda, ao acertamento do direito afirmado. [...] São razões de economia processual que determinam a criação de técnicas processuais que permitam o julgamento antecipado, sem a prática de atos processuais inteiramente inúteis ao julgamento da causa. As "condições da ação" nada mais constituem que técnica processual instituída para a consecução desse objetivo.

Nesse sentido, é a visão de Carlos Henrique Bezerra Leite[14]:

> Pensamos, assim, que a questão da legitimação deve ser aferida, em princípio, *in abstracto*. Se o autor alega que era empregado da ré, o caso é de se rejeitar a preliminar de ilegitimidade ativa ou passiva, devendo o juiz enfrentar, através da instrução probatória, se a referida alegação era ou não verdadeira. Se as provas revelarem inexistência de relação empregatícia, o caso é de improcedência do pedido e não de carência do direito de ação.

No aspecto, cumpre destacar a seguinte ementa:

> ILEGITIMIDADE DE PARTE. TEORIA DA ASSERÇÃO. Não se cuida de ilegitimidade de parte o quanto se refere à legitimidade passiva como se aduz em relação à segunda reclamada porque pertinente sua figuração no polo passivo, tendo em vista que aquele que o reclamante considera ser o responsável (principal, solidário ou subsidiário) pelo pagamento dos créditos postulados, detém legitimidade para figurar no polo passivo da ação. Adota-se a teoria da asserção. (TRT/SP – 02756004520085020046 – RO – Ac. 17ª T. – 20120791158 – rel. Álvaro Alves Nôga – DOE 13.7.2012)

4. A QUESTÃO DA CORREÇÃO DOS PRESSUPOSTOS PROCESSUAIS – CONTRADITÓRIO PRÉVIO

Os princípios do acesso real à justiça, contraditório efeito, duração razoável do processo e primazia do julgamento de mérito que norteiam o

---

13   Op. cit., p. 94.
14   Op. cit., p. 379.

Novo Código de Processo Civil, buscando a solução integral ao conflito, impõe ao magistrado o dever de determinar, sempre que possível, o saneamento de nulidade e o suprimento de pressuposto processual.

Esses princípios já são considerados, no cotidiano forense, pelos Juízes do Trabalho, uma vez que buscam, sempre que possível, corrigir eventuais defeitos processuais, principalmente os que envolvem a petição inicial e a tramitação do procedimento, a fim de propiciar o julgamento de mérito.

O Novo Código de Processo Civil exige prévio diálogo entre juiz e partes para a extinção do processo por falta de pressuposto processual, mesmo nas questões que possa conhecer de ofício. Nesse sentido, é expressivo o art. 10 do CPC/15, de aplicação subsidiária ao processo trabalhista:

> O juiz não pode decidir, em grau algum de jurisdição, com base em fundamento a respeito do qual não se tenha dado às partes oportunidade de se manifestar, ainda que se trate de matéria sobre a qual deva decidir de ofício.

O presente dispositivo prestigia o chamado *contraditório real*, sob o aspecto do direito de influência da parte no convencimento judicial, e proporciona ao magistrado maior segurança no momento de decidir, principalmente em matéria relacionada a pressuposto processual.

Expressivo também o disposto no art. 139, IX, do CPC/15, que possibilita ao magistrado determinar, sempre que possível, o saneamento de nulidades no processo. Com efeito, dispõe o referido dispositivo legal, também de perfeita sintonia com o Processo do Trabalho:

> O juiz dirigirá o processo conforme as disposições deste Código, incumbindo-lhe:
>
> (...) IX – determinar o suprimento de pressupostos processuais e o saneamento de outros vícios processuais.

Outra providência importante nessa principiologia da instrumentalidade, aplicável subsidiariamente ao Processo do Trabalho, é a possibilidade do magistrado, uma vez interposto o recurso em face da decisão que extingue o processo sem resolução de mérito nas hipóteses dos incisos do art. 485 do CPC[15], de se retratar (efeito regressivo do recurso) e determinar o prosseguimento do feito, buscando a decisão de mérito.

5. CONCLUSÕES

a) O Novo Código de Processo Civil aplica-se de forma supletiva e subsidiária ao Processo do Trabalho, nas omissões da legislação processual trabalhista, desde que compatível com a principiologia deste.

b) O Novo Código de Processo Civil não extinguiu a categoria das condições da ação.

c) Não estando presente a possibilidade jurídica do pedido, a pretensão deve ser julgada improcedente.

d) Sempre que possível, devem ser supridos os pressupostos processuais, buscando o julgamento de mérito.

---

15   Art. 485 do CPC/15: O juiz não resolverá o mérito quando: I – indeferir a petição inicial; II – o processo ficar parado durante mais de 1 (um) ano por negligência das partes; III – por não promover os atos e as diligências que lhe incumbir, o autor abandonar a causa por mais de 30 (trinta) dias; IV – verificar a ausência de pressupostos de constituição e de desenvolvimento válido e regular do processo; V – reconhecer a existência de perempção, de litispendência ou de coisa julgada; VI – verificar ausência de legitimidade ou de interesse processual; VII – acolher a alegação de existência de convenção de arbitragem ou quando o juízo arbitral reconhecer sua competência; VIII – homologar a desistência da ação; IX – em caso de morte da parte, a ação for considerada intransmissível por disposição legal; e X – nos demais casos prescritos neste Código. § 1º Nas hipóteses descritas nos incisos II e III, a parte será intimada pessoalmente para suprir a falta no prazo de 5 (cinco) dias. § 2º No caso do § 1º, quanto ao inciso II, as partes pagarão proporcionalmente as custas, e, quanto ao inciso III, o autor será condenado ao pagamento das despesas e dos honorários de advogado. § 3º O juiz conhecerá de ofício da matéria constante dos incisos IV, V, VI e IX, em qualquer tempo e grau de jurisdição, enquanto não ocorrer o trânsito em julgado. § 4º Oferecida a contestação, o autor não poderá, sem o consentimento do réu, desistir da ação. § 5º A desistência da ação pode ser apresentada até a sentença. § 6º Oferecida a contestação, a extinção do processo por abandono da causa pelo autor depende de requerimento do réu. § 7º Interposta a apelação em qualquer dos casos de que tratam os incisos deste artigo, o juiz terá 5 (cinco) dias para retratar-se.

REFERÊNCIAS

BEZERRA LEITE, Carlos Henrique. *Curso de direito processual do trabalho.* 13. ed. São Paulo: Saraiva, 2015.

BUENO, Cassio Scarpinella. *Novo Código de Processo Civil anotado.* São Paulo: Saraiva, 2015.

CASTELO, Jorge Pinheiro. *O direito processual do trabalho na moderna teoria geral do processo.* 2. ed. São Paulo: LTr, 1996.

COSTA MACHADO. *Código de Processo Civil interpretado*: artigo por artigo, parágrafo por parágrafo. 14. ed. São Paulo: Manole, 2015.

DIDIER JÚNIOR, Fredie. *Curso de direito processual civil.* 17. ed. Salvador: Editora Juspodivm, 2015. v. 1.

DINAMARCO, Cândido Rangel. *Instituições de direito processual civil.* São Paulo: Malheiros, 2001. v. 1.

FUX, Luiz; NEVES, Daniel Amorim Assumpção. *Novo CPC comparado.* São Paulo: Método, 2015.

LIEBMAN, Enrico Túlio. *Manual de direito processual civil.* 3. ed. São Paulo: Malheiros, 2005. v. 1.

SCHIAVI, Mauro. *Manual de direito processual do trabalho.* 8. ed. São Paulo: LTr, 2015.

WAMBIER, Teresa Arruda Alvim; CONCEIÇÃO, Maria Lúcia Lins; RIBEIRO, Leonardo Ferres da Silva; MELLO, Rogério Licastro Torres de. *Primeiros comentários ao Novo Código de Processo Civil.* São Paulo: Revista dos Tribunais, 2015.

WATANABE, Kazuo. *Da cognição no processo civil.* 2. ed. Campinas: Bookseller, 2000.

A defesa do réu no Novo CPC e suas repercussões no Processo do Trabalho

Gustavo Filipe Barbosa Garcia

Livre-Docente pela Faculdade de Direito da Universidade de São Paulo. Doutor em Direito pela Faculdade de Direito da Universidade de São Paulo. Especialista em Direito pela Universidad de Sevilla. Pós-Doutorado em Direito pela Universidad de Sevilla. Professor Universitário em Cursos de Graduação e Pós-Graduação em Direito. Advogado e Consultor Jurídico. Ex-Procurador do Trabalho do Ministério Público da União. Ex-Juiz do Trabalho das 2ª, 8ª e 24ª Regiões. Ex-Auditor Fiscal do Trabalho. Membro da Academia Brasileira de Direito do Trabalho, titular da Cadeira n. 27. Membro Pesquisador do IBDSCJ. Membro de Conselhos Editoriais de diversas Revistas e Periódicos especializados na área do Direito. Autor de vários livros, estudos e artigos jurídicos.

1. INTRODUÇÃO

O *Novo Código de Processo Civil* estabelece profundas alterações no sistema processual[1], diversas delas com efeitos no âmbito trabalhista.

A Constituição da República, no art. 5º, inciso LV, assegura aos litigantes, em processo judicial ou administrativo, o contraditório e a ampla defesa, com os meios e recursos a ela inerentes.

Sendo assim, um dos temas de nítida relevância é voltado à defesa do réu, cabendo examinar a previsão no CPC de 2015 e os possíveis reflexos no Processo do Trabalho.

O art. 15 do Novo Código de Processo Civil é expresso ao prever que, *nos casos de ausência de normas que regulem o processo trabalhista*, as suas disposições devem ser aplicadas *supletiva e subsidiariamente*.

---

1 Cf. Gustavo Filipe Barbosa Garcia. *Novo Código de Processo Civil*: Lei n. 13.105/2015 – principais modificações. Rio de Janeiro: Forense, 2015.

Portanto, as disposições do referido Código devem ser aplicadas não apenas de forma subsidiária, ou seja, quando há *omissão total* da lei processual trabalhista a respeito de certa matéria, mas também supletivamente, vale dizer, como *complementação normativa*, quando o instituto não é disciplinado de forma integral pela lei de Direito Processual do Trabalho.

Evidentemente, essa aplicação subsidiária e supletiva das normas do Novo CPC, para que possa ser feita, também exige a *compatibilidade* com o sistema processual trabalhista, mantendo-se, nesse aspecto, o critério já previsto no art. 769 da Consolidação das Leis do Trabalho.

Cabe, assim, examinar as principais disposições a respeito da *defesa do réu*, bem como as possíveis repercussões no Processo do Trabalho.

2. CONTRADITÓRIO

O *princípio do contraditório*, assegurado pelo art. 5º, inciso LV, da Constituição Federal de 1988, significa a necessidade de cientificar as partes dos atos e decisões processuais, permitindo que elas participem do processo e impugnem as decisões contrárias aos seus interesses.

Quanto ao tema, o art. 7º do Novo Código de Processo Civil estabelece ser "assegurada às partes paridade de tratamento em relação ao exercício de direitos e faculdades processuais, aos meios de defesa, aos ônus, aos deveres e à aplicação de sanções processuais, *competindo ao juiz zelar pelo efetivo contraditório*".

Em sua manifestação extrínseca, o processo é visto justamente como o *procedimento*, entendido como o conjunto de atos coordenados que se sucedem, o qual se realiza *em contraditório*[2].

Isso significa a necessidade de dar ciência às partes dos diversos atos processuais e permitir a sua participação no processo[3], como forma de

---

2 Cf. Antonio Carlos de Araújo Cintra; Ada Pellegrini Grinover; Cândido Rangel Dinamarco. *Teoria geral do processo*. 11. ed. São Paulo: Malheiros, 1995. p. 284-286.
3 Cf. Antonio Carlos de Araújo Cintra; Ada Pellegrini Grinover; Cândido Rangel Dinamarco. *Teoria geral do processo*, cit., p. 57: "Em síntese, o contraditório é constituído por dois elementos: a) informação; b) reação (esta, meramente possibilitada nos casos de direitos disponíveis)".

assegurar as garantias constitucionais da ampla defesa e do *devido processo legal*[4].

As partes, assim, têm direito de apresentar as suas alegações, participar da produção das provas e influenciar, de forma legítima, na formação do convencimento do juiz.

O contraditório, na linha da constitucionalização das garantias processuais, não se restringe à oitiva formal das partes quanto aos diversos atos processuais, mas passa a exigir, de modo dinâmico e dialético, efetivo diálogo e participação, possibilitando que a tutela jurisdicional a ser proferida alcance os objetivos da efetividade, celeridade e justiça. Ou seja, deve-se garantir o debate e o direito de "influenciar na formação da decisão", isto é, no resultado do processo, em consonância com a "democratização" do sistema jurisdicional. Logo, cabe ao juiz provocar o debate das diversas questões envolvidas, evitando os chamados "julgamentos surpresa"[5].

Nesse contexto, o art. 9º do Código de Processo Civil de 2015 dispõe que "não se proferirá decisão contra uma das partes sem que ela seja previamente ouvida", salvo no caso de tutela provisória de urgência, nas hipóteses de tutela da evidência previstas no art. 311, incisos II e III[6], e na hi-

---

4   Cf. José Roberto dos Santos Bedaque. *Poderes instrutórios do juiz*. 3. ed. São Paulo: Revista dos Tribunais, 2001. p. 67: "o processo é uma entidade complexa, que pode ser vista por dois ângulos: o externo, representado pelos atos que lhe dão corpo e a relação entre eles (procedimento), e o interno, que são as relações entre os sujeitos processuais (relação processual). A moderna doutrina processual vem desenvolvendo a ideia de que o processo é todo procedimento realizado em contraditório. A legitimidade do provimento resultante do processo depende da efetiva participação das partes na sua formação, ou seja, depende da efetividade do contraditório".

5   Cf. Humberto Theodoro Júnior. Processo justo e contraditório dinâmico. *Revista Magister de Direito Civil e Processual Civil*, Porto Alegre, Magister, ano 6, n. 33, p. 6-18, nov.-dez. 2009.

6   "Art. 311. A tutela da evidência será concedida, independentemente da demonstração de perigo de dano ou de risco ao resultado útil do processo, quando: [...] II – *as alegações de fato puderem ser comprovadas apenas documentalmente e houver tese firmada em julgamento de casos repetitivos ou em súmula vinculante*; III – *se tratar de pedido reipersecutório fundado em prova documental adequada do contrato de depósito, caso em que será decretada a ordem de entrega do objeto custodiado, sob comina-*

pótese da decisão contida no art. 701, que trata de tutela da evidência na ação monitória[7].

Na mesma linha, procurando concretizar ao máximo o contraditório, o art. 10 do Novo Código de Processo Civil determina que o "juiz não pode decidir, em grau algum de jurisdição, com base em fundamento a respeito do qual não se tenha dado às partes oportunidade de se manifestar, ainda que se trate de matéria sobre a qual deva decidir de ofício".

Em harmonia com o que já foi exposto, o art. 487, parágrafo único, do CPC de 2015 determina que, ressalvada a hipótese do § 1º do art. 332 do mesmo diploma legal (que versa sobre a improcedência liminar do pedido)[8], a prescrição e a decadência não devem ser reconhecidas sem que antes seja dada às partes oportunidade de se manifestarem.

Com isso, fica consagrada a *vedação dos julgamentos surpresa*, em consonância com a efetiva garantia constitucional do contraditório, o que é plenamente compatível com o Processo do Trabalho.

3. CLASSIFICAÇÃO

De forma ampla, pode-se dizer que as *respostas* que o réu pode apresentar englobam, essencialmente, a contestação, a exceção e a reconvenção[9].

A *contestação* e a *exceção* têm o caráter de defesa apresentada pelo réu, como forma de se contrapor à pretensão formulada pelo autor.

A defesa é um direito e um ônus do réu, decorrente da cláusula do devido processo legal e do sistema do contraditório (art. 5º, incisos LIV e LV, da Constituição Federal de 1988).

ção de multa. [...] Parágrafo único. Nas hipóteses dos incisos II e III, o juiz poderá decidir liminarmente".

7 "Art. 701. Sendo evidente o direito do autor, o juiz deferirá a expedição de mandado de pagamento, de entrega de coisa ou para execução de obrigação de fazer ou de não fazer, concedendo ao réu prazo de 15 (quinze) dias para o cumprimento e o pagamento de honorários advocatícios de cinco por cento do valor atribuído à causa".

8 "§ 1º O juiz também poderá julgar liminarmente improcedente o pedido se verificar, desde logo, a ocorrência de decadência ou de prescrição".

9 Cf. Gustavo Filipe Barbosa Garcia. *Curso de direito processual do trabalho*. 3. ed. Rio de Janeiro: Forense, 2014. p. 425.

A *reconvenção*, por sua vez, tem natureza de ação, sendo considerada uma forma de "ataque do réu contra o autor", e não de defesa propriamente[10].

4. EXCEÇÕES

As *exceções* são defesas indiretas de natureza processual.

Elas não têm natureza de ação, mas sim de incidente processual, sendo decididas por meio de decisão interlocutória[11].

Na atualidade, são admitidas as exceções de impedimento, suspeição e incompetência[12].

O art. 799, § 1º, da CLT prevê que as demais exceções devem ser alegadas como matéria de defesa. Isso significa que as demais questões preliminares, e mesmo defesas indiretas de mérito, devem ser alegadas na contestação.

O momento para a apresentação da exceção, em regra, é na audiência, antes mesmo da contestação. A exceção gera a suspensão do processo, até que ela seja decidida (art. 799, *caput*, da CLT).

Se o fato que fundamenta a exceção ocorrer posteriormente, ou mesmo se a ciência a respeito desse fato acontecer depois da audiência, cabe à parte apresentar a exceção na primeira oportunidade em que tiver de falar nos autos, na forma do art. 795 da CLT.

No Processo Civil, diversamente, o art. 146 do Novo CPC prevê que, no prazo de 15 dias, a contar do conhecimento do fato, a parte deve alegar o impedimento ou a suspeição, *em petição específica dirigida ao juiz da causa*, na qual deve indicar o fundamento da recusa, podendo instruí-la com documentos em que se fundar a alegação e com rol de testemunhas.

---

10   Cf. Sergio Pinto Martins. *Direito processual do trabalho*. 30. ed. São Paulo: Atlas, 2010. p. 280.
11   Cf. Vicente Greco Filho. *Direito processual civil brasileiro*. 20. ed. São Paulo: Saraiva, 2009. v. 2, p. 132.
12   Cf. Carlos Henrique Bezerra Leite. *Curso de direito processual do trabalho*. 13. ed. São Paulo: Saraiva, 2015. p. 645.

Ainda no Processo Civil, a incompetência, absoluta ou relativa, será alegada como *questão preliminar de contestação* (art. 64 do CPC de 2015).

Entretanto, no Processo do Trabalho, como visto, a incompetência relativa, a suspeição e o impedimento devem ser alegados por meio de exceção.

Efetivamente, a CLT continua prevendo, de forma expressa, no art. 799, que nas causas de competência da Justiça do Trabalho "somente podem ser opostas, com suspensão do feito, as exceções de suspeição (devendo-se incluir, por razões lógicas, as hipóteses de impedimento) ou incompetência".

5. CONTESTAÇÃO

A *contestação* é considerada a principal modalidade de defesa do réu.

Trata-se de direito, bem como de ônus, uma vez que o réu, se não apresentar a contestação, pode sofrer consequências negativas em razão de sua inércia.

Concretiza-se, com isso, a garantia constitucional da ampla defesa e do contraditório.

Na contestação, incumbe ao réu alegar toda a matéria de defesa, expondo as razões de fato e de direito com que impugna o pedido do autor (art. 336 do Novo CPC).

Incide, assim, o chamado *princípio da eventualidade*. Mesmo que o réu esteja seguro quanto a certa preliminar, deve alegar toda a matéria de defesa na contestação, sob pena de preclusão, não podendo mais mencioná-la, assim, posteriormente.

Nesse sentido, depois da contestação, só é lícito ao réu deduzir novas alegações quando (art. 342 do Novo CPC):

I – relativas a direito ou a fato superveniente;

II – competir ao juiz conhecer delas de ofício;

III – por expressa autorização legal, puderem ser formuladas em qualquer tempo e grau de jurisdição.

Embora a parte final do art. 335 do CPC de 2015 disponha que cabe ao réu, na contestação, especificar as provas que pretende produzir, essa previsão não é obrigatória no Processo do Trabalho, pois as partes apresentam as suas provas em audiência (art. 845 da CLT). Ainda assim, as contestações costumam fazer menção às provas que o réu pretende produzir. Especificamente quanto à prova documental, incumbe à parte instruir a petição inicial ou a contestação com os documentos destinados a provar-lhe as alegações (art. 434 do CPC).

Cabe ao réu, no entanto, antes de discutir o mérito, ou seja, de forma preliminar, alegar as seguintes questões processuais (art. 337 do Novo CPC):

I – inexistência ou nulidade da citação;

II – incompetência absoluta e relativa;

III – incorreção do valor da causa;

IV – inépcia da petição inicial;

V – perempção;

VI – litispendência;

VII – coisa julgada;

VIII – conexão;

IX – incapacidade da parte, defeito de representação ou falta de autorização;

X – convenção de arbitragem;

XI – ausência de legitimidade ou de interesse processual;

XII – falta de caução ou de outra prestação que a lei exige como preliminar;

XIII – indevida concessão do benefício de gratuidade de justiça.

Excetuada a convenção de arbitragem, o juiz deve conhecer de ofício da matéria acima arrolada (art. 337, § 5º, do CPC).

Por se tratar de matérias de defesa que o juiz deve conhecer de ofício, podem ser chamadas de *objeções*.

No Processo do Trabalho, tendo em vista a concentração dos atos processuais na audiência, pode-se dizer que a convenção de arbitragem pode ser alegada, pelo réu, como preliminar, na contestação, a ser apresentada em audiência (art. 847 da CLT).

A convenção de arbitragem, embora possa ser alegada pelo réu, nem sempre produzirá efeitos no âmbito das relações individuais de emprego, pois a arbitragem, de acordo com o entendimento majoritário, em regra, não é admitida nesse campo, mas apenas nas relações coletivas de trabalho (art. 114, §§ 1º e 2º, da Constituição da República).

A falta de caução ou de outra prestação, que a lei exige ser alegada como preliminar, por sua vez, é hipótese de difícil visualização concreta no Processo do Trabalho, principalmente se o autor for trabalhador com direito aos benefícios da justiça gratuita.

Verifica-se a *litispendência* ou a *coisa julgada* quando se reproduz ação anteriormente ajuizada (art. 337, § 1º, do CPC/15).

Uma ação é idêntica à outra quando tem as mesmas partes, a mesma causa de pedir e o mesmo pedido (art. 337, § 2º, do CPC/15).

Há litispendência quando se repete ação, que está em curso (art. 337, § 3º, do CPC/15).

Há coisa julgada quando se repete ação que já foi decidida por decisão transitada em julgado (art. 337, § 4º, do Novo CPC).

6. INTEGRAÇÃO À LIDE

No âmbito do processo trabalhista, é possível, e mesmo frequente, o réu, em contestação, requerer a citação de um terceiro para *integrar a lide* como litisconsorte passivo, visando o primeiro, muitas vezes, a ser excluído da relação processual.

As razões do requerimento são as mais diversas, podendo-se mencionar, por exemplo, a alegação de que a relação jurídica do autor existiu, na realidade, somente com o terceiro apontado, o que é comum em processos envolvendo questões ligadas à terceirização de serviços, sucessão trabalhista, grupos econômicos e vínculos de emprego não devidamente formalizados ou controvertidos. Em princípio, após a formação desse litisconsórcio ulterior e a instrução processual, a questão da responsabilidade de cada réu fica apta a ser solucionada na sentença.

Em audiências e processos correndo na Justiça do Trabalho, comumente se verifica essa situação, de certa forma inusitada, em que um terceiro passa a figurar como litisconsorte passivo, mas por indicação do réu originário, e não do autor, sem se tratar propriamente de denunciação da lide, ou do chamamento ao processo previsto na legislação processual civil. Prosseguindo a ação com pluralidade passiva de partes, realiza-se a instrução. No entanto, na fase decisória, observa o magistrado a ausência de pedido específico quanto àquele que passou a integrar a lide. A situação se torna ainda mais delicada quando, ao decidir, verifica-se, pela análise dos autos, que o chamado é o efetivo devedor, embora a sua citação não tenha sido precedida de qualquer inclusão, no pedido, de condenação deste réu em particular.

Levando em conta esses aspectos, o estudo da *integração à lide no Processo do Trabalho* tem por objetivo demonstrar os contornos dessa figura, não regulada expressamente na legislação, mas presente na doutrina e na jurisprudência, bem como a sua utilidade para a efetividade do processo e para o acesso à justiça, contribuindo para a devida aplicação do Direito do Trabalho, por meio da jurisdição.

Embora se diferencie das hipóteses de intervenção de terceiros, previstas no Código de Processo Civil, em razão da integração à lide ocorre a formação de litisconsórcio passivo, ulterior e facultativo. Possibilita-se, com isso, que o efetivo devedor seja condenado na sentença, embora a ação tenha sido ajuizada, originalmente, em face de outro réu.

Amauri Mascaro Nascimento, em artigo doutrinário, já destacava que as figuras de intervenção de terceiros, previstas no Código de Processo Civil de 1973, "não resolvem uma necessidade do processo trabalhista: a integração de terceiro apontado pelo reclamado na defesa como empregador". Frisa esse autor, portanto, que o Direito Processual do Trabalho precisa de uma figura própria, para a superação de uma dificuldade que lhe é específica, qual seja, a de aproveitar o mesmo processo, em que a ação tenha sido ajuizada em face de certa pessoa, para solucionar conflito cuja pretensão deveria ter sido postulada contra outrem, assim concluindo: "A prática da integração ao processo ordenada pelo Juiz do Trabalho atende ao princípio da economia e celeridade processuais nele encontrando o seu fundamento"[13].

---

13 Alterações no processo trabalhista. *Revista Forense*, Rio de Janeiro, ano 72, v. 254, p. 451, abr./jun. 1976.

Na jurisprudência, destaca-se decisão no seguinte sentido:

> Terceirização. Integração de terceiro à lide. O processo trabalhista necessita de uma figura própria para a superação de uma dificuldade que lhe é específica: a de aproveitar o mesmo processo, embora movido eventualmente contra parte ilegítima, para solucionar a questão trabalhista que deveria ser postulada contra o verdadeiro empregador. Ao Juiz do Trabalho cabe, afastando-se do rigorismo que é peculiar ao Processo Civil, solucionar a questão ordenando a integração da empresa apontada pela reclamada ao processo, como é cediço na prática, atendendo assim ao princípio da economia e celeridade processuais, nele encontrando o seu fundamento, além de prevenir eventuais prejuízos insuperáveis ao autor (Processo 02970003940/1997, acórdão 02970654444 da 8ª Turma do TRT/SP, Rel. Juíza Wilma Nogueira de Araújo Vaz da Silva, j. 17.11.1997).

Efetivamente, como mencionado, há casos de requerimento do réu, em ação trabalhista, de citação de terceiro, em razão de se tratar, por exemplo, do verdadeiro empregador. Por não se verificar regulamentação que excepcione, ao caso, a incidência do princípio da correlação entre a sentença e a demanda, a integração de terceiro no polo passivo da relação processual, para ser deferida, deve contar com a anuência do autor, com a correspondente adequação de sua petição inicial.

Após essa integração à lide, o processo prossegue normalmente, permitindo que a sentença decida o conflito com justiça, de forma que eventual condenação recaia sobre quem é o verdadeiro devedor ou responsável.

A ausência de regulamentação expressa da integração à lide não impede sua aplicação. No entanto, sugere-se acréscimo de disposição, versando sobre o tema, na Consolidação das Leis do Trabalho, de forma a ampliar a sua correta utilização.

A referida figura, se utilizada de acordo com a técnica processual, apresenta nítidas vantagens às partes, em benefício da própria jurisdição. Efetivamente, a integração à lide evita o ajuizamento de ação diversa, dessa vez em face daquele que se apresenta como o devedor ou responsável, permitindo que o conflito social (no caso, trabalhista) seja solucionado na própria ação em curso, de forma plena e célere, com a devida aplicação do direito material.

O Novo Código de Processo Civil, de forma semelhante, dispõe que se o réu alegar, na contestação, que é parte ilegítima ou que não é o responsável pelo prejuízo invocado, o juiz deve facultar ao autor, em quinze dias, a *alteração da petição inicial para substituição do réu* (art. 338).

Se for realizada essa substituição, o autor deve reembolsar as despesas e pagar honorários ao procurador do réu excluído (art. 338, parágrafo único).

Ademais, ainda de acordo com o Novo CPC, quando alegar a sua ilegitimidade, incumbe ao réu indicar o sujeito passivo da relação jurídica discutida sempre que tiver conhecimento, sob pena de arcar com as despesas processuais e de indenizar o autor pelos prejuízos decorrentes da falta da indicação (art. 339).

Aceita essa indicação pelo autor, este, no prazo de quinze dias, deve proceder à *alteração da petição inicial para a substituição do réu*, observando, ainda, o parágrafo único do art. 338 do CPC de 2015. No prazo de quinze dias, o autor pode optar por *alterar a petição inicial para incluir, como litisconsorte passivo, o sujeito indicado pelo réu*.

Como se pode notar, trata-se de previsão em consonância com a chamada *integração à lide*, a qual já era reconhecida pela doutrina, inclusive com sugestão de sua previsão expressa na legislação processual[14].

Observa-se, com isso, que a integração à lide está de acordo com os escopos da jurisdição, inserindo-se como figura processual diferenciada e comprometida com o acesso à justiça e a instrumentalidade do processo.

7. IMPUGNAÇÃO ESPECÍFICA

Além do princípio da eventualidade, também se aplica à contestação o ônus da impugnação específica dos fatos.

Portanto, incumbe também ao réu manifestar-se precisamente sobre as alegações de fato constantes da petição inicial (art. 341 do Novo CPC).

---

14 Cf. Gustavo Filipe Barbosa Garcia. *Intervenção de terceiros, litisconsórcio e integração à lide no processo do trabalho*. São Paulo: Método, 2008.

Presumem-se verdadeiras as alegações de fato não impugnadas. Trata-se de presunção relativa, a qual pode ser elidida por prova em contrário, constante dos autos.

Essa presunção de veracidade das alegações de fato não impugnadas, entretanto, não se aplica se: I – não for admissível, a seu respeito, a confissão; II – a petição inicial não estiver acompanhada de instrumento que a lei considerar da substância do ato; III – estiverem em contradição com a defesa, considerada em seu conjunto.

Esse ônus da impugnação especificada dos fatos não se aplica ao defensor público, ao advogado dativo e ao curador especial (art. 341, parágrafo único, do Novo CPC).

Sendo assim, interpretando o art. 793 da CLT de forma extensiva, ou seja, também quanto ao polo passivo, se o menor de 18 anos é réu na ação trabalhista (ou em ação de consignação em pagamento), não tendo representantes legais, o ônus de impugnação especificada dos fatos não se aplicaria ao Ministério Público do Trabalho, ao Ministério Público estadual, nem ao curador nomeado em juízo.

8. RECONVENÇÃO

A *reconvenção*, embora seja uma das possíveis respostas do réu (art. 343 do CPC de 2015), tem natureza de ação por este ajuizada em face do autor originário da demanda.

Por meio da reconvenção o réu passa a ser autor nessa nova ação (réu reconvinte), formulando pedido em face do autor original, o qual passa a ser réu na reconvenção (autor reconvindo).

Embora a reconvenção seja ação judicial, é ajuizada de forma incidental no processo já existente.

Na atualidade, entende-se cabível a reconvenção no Processo do Trabalho, pois a CLT é omissa a respeito do tema, havendo compatibilidade com os preceitos daquele.

A reconvenção está em harmonia com o princípio da economia processual, permitindo a solução do conflito de forma mais célere e eficaz, isto é, no mesmo processo, o que evita a necessidade de instauração de nova relação processual.

A reconvenção deve ser apresentada na contestação. Anteriormente, quando em vigor o Código de Processo Civil de 1973, a reconvenção era apresentada em peça autônoma (art. 299 do CPC de 1973). Com o Novo CPC, a reconvenção passou a ser apresentada na (petição de) contestação (art. 343 do CPC).

Desse modo, no Processo do Trabalho, a reconvenção deve ser oferecida na audiência, na própria contestação (art. 847 da CLT).

A reconvenção pode ser apresentada até mesmo de forma oral, em audiência, dentro do mesmo prazo de 20 minutos de defesa, previsto no art. 847 da CLT. Entretanto, normalmente a reconvenção é apresentada por escrito. Por se tratar de ação, a reconvenção deve observar os requisitos da petição inicial.

Admite-se que o réu, embora seja revel, por não ter contestado, apresente reconvenção, quando existente conexão com a ação principal. Vale dizer, não é imprescindível à reconvenção a existência de contestação.

Nesse sentido, o art. 343, § 6º, do CPC de 2015 dispõe que o réu pode propor reconvenção independentemente de oferecer contestação.

Para que a reconvenção seja admitida, é necessário que o juiz seja competente, de forma absoluta, para o seu julgamento.

Entretanto, mesmo que o juiz da ação principal seja relativamente incompetente para a reconvenção (em especial na competência em razão do lugar), prorroga-se, no caso, a competência.

Nesse sentido, segundo o art. 61 do Novo CPC, a ação acessória deve ser proposta no juízo competente para a ação principal.

Sendo a Justiça do Trabalho competente para decidir o conflito, a reconvenção pode ser proposta contra o autor e terceiro (art. 343, § 3º, do CPC de 2015).

Do mesmo modo, a reconvenção também pode ser proposta pelo réu em litisconsórcio com terceiro (art. 343, § 4º, do Novo CPC).

Na contestação, é lícito ao réu propor reconvenção para manifestar pretensão própria, *conexa com a ação principal ou com o fundamento da defesa* (art. 343 do Novo CPC).

Portanto, para que a reconvenção seja cabível, deve haver conexão com a ação principal ou mesmo com a defesa.

Segundo o art. 55 do CPC de 2015, reputam-se conexas duas ou mais ações quando lhes for comum o pedido ou a causa de pedir (fatos e fundamentos jurídicos).

Especificamente quanto à reconvenção, admite-se a conexão não apenas em face da ação principal, mas também com o fundamento da defesa, vale dizer, quando a matéria da reconvenção estiver relacionada com o alegado na defesa.

O art. 343, § 5º, do Novo CPC prevê que, se o autor for substituto processual, o reconvinte deve afirmar ser titular de direito em face do substituído, e a reconvenção deve ser proposta em face do autor, também na qualidade de substituto processual.

Na esfera do Processo Civil, de acordo com o art. 343, § 1º, do CPC de 2015, proposta a reconvenção, o autor deve ser intimado, na pessoa de seu advogado, para apresentar resposta no prazo de 15 dias.

Entretanto, no Processo do Trabalho, sendo a reconvenção apresentada na audiência, na própria contestação, deve-se designar nova audiência, para que o autor reconvindo possa oferecer resposta à reconvenção na próxima audiência. A instrução processual será comum, tanto para a ação como para a reconvenção. Se o autor reconvindo não apresentar contestação à reconvenção, será considerado revel e confesso quanto à matéria de fato alegada na reconvenção.

Observa-se certa autonomia da reconvenção em face da ação principal. Isso se confirma pela regra de que a desistência da ação principal ou a ocorrência de causa extintiva que impeça o exame de seu mérito não obsta ao prosseguimento do processo quanto à reconvenção (art. 343, § 2º, do CPC de 2015).

É possível, por meio de decisão interlocutória, o indeferimento liminar da reconvenção, quando esta não seja cabível, e mesmo o julgamento liminar de improcedência do pedido nela formulado (art. 332 do Novo CPC).

Não ocorrendo o indeferimento liminar da reconvenção ou a improcedência liminar do pedido formulado na reconvenção, com o objetivo de evitar decisões contraditórias, entende-se que devem ser julgadas na mesma sentença a ação e a reconvenção.

O recurso cabível da sentença que julga a ação principal e a reconvenção é o ordinário.

Se a reconvenção for indeferida liminarmente, ou o seu pedido for julgado improcedente de forma liminar, por se tratar de decisão interlocutória, não é cabível recurso de imediato no Processo do Trabalho (art. 893, § 1º, da CLT), podendo a questão ser objeto de recurso quando da decisão final.

9. CONCLUSÃO

Como se pode observar, o novo diploma processual civil dispõe sobre a defesa do réu de forma mais simplificada e sistemática.

Não obstante, no processo trabalhista, tendo em vista a existência de dispositivos específicos, nem todas as previsões legais do Novo CPC são aplicáveis.

Com isso, exemplificando, continuam existindo no Processo do Trabalho as exceções de incompetência, de impedimento e de suspeição, tendo em vista a previsão expressa na CLT.

Cabe, assim, acompanhar a evolução da doutrina e da jurisprudência a respeito da aplicabilidade dos dispositivos do Novo CPC a respeito do tema.

REFERÊNCIAS

BEDAQUE, José Roberto dos Santos. *Poderes instrutórios do juiz*. 3. ed. São Paulo: Revista dos Tribunais, 2001.

BEZERRA LEITE, Carlos Henrique. *Curso de direito processual do trabalho*. 13. ed. São Paulo: Saraiva, 2015.

CINTRA, Antonio Carlos de Araújo; GRINOVER, Ada Pellegrini; DINAMARCO, Cândido Rangel. *Teoria geral do processo*. 11. ed. São Paulo: Malheiros, 1995.

GARCIA, Gustavo Filipe Barbosa. *Curso de direito processual do trabalho*. 3. ed. Rio de Janeiro: Forense, 2014.

_____. *Intervenção de terceiros, litisconsórcio e integração à lide no processo do trabalho*. São Paulo: Método, 2008.

_____. *Novo Código de Processo Civil*: Lei 13.105/2015 – principais modificações. Rio de Janeiro: Forense, 2015.

GRECO FILHO, Vicente. *Direito processual civil brasileiro*. 20. ed. São Paulo: Saraiva, 2009. v. 2.

MARTINS, Sergio Pinto. *Direito processual do trabalho*. 30. ed. São Paulo: Atlas, 2010.

NASCIMENTO, Amauri Mascaro. Alterações no processo trabalhista. *Revista Forense*, Rio de Janeiro, ano 72, v. 254, p. 451, abr./jun. 1976.

THEODORO JÚNIOR, Humberto. Processo justo e contraditório dinâmico. *Revista Magister de Direito Civil e Processual Civil*, Porto Alegre, Magister, ano 6, n. 33, p. 6-18, nov.-dez. 2009.

O ônus da prova no Novo CPC e suas repercussões no Processo do Trabalho

Renato Saraiva
Procurador do Trabalho na Procuradoria Regional do Trabalho – 6ª Região (PRT 6). Fundador do Complexo de Ensino Renato Saraiva. Diretor Pedagógico e Professor do CERS Cursos Online. Escritor, palestrante, conferencista e autor de diversas obras e artigos científicos referentes ao Direito do Trabalho.

Aryanna Manfredini
Graduada em Ciências Jurídicas e Sociais pela PUCPR. Especialista em Direito Processual do Trabalho e em Direito Processual Civil. Advogada Trabalhista. Professora de Direito Processual do Trabalho do Complexo de Ensino Renato Saraiva e da pós-graduação da Faculdade Baiana de Direito. Palestrante de diversos seminários e congressos. Autora de obras jurídicas.

1. CONCEITO DE ÔNUS DA PROVA E SUAS DIMENSÕES OBJETIVA E SUBJETIVA

Conforme destaca Fredie Didier Junior[1]:

> *Ônus* é o encargo cuja inobservância pode colocar o sujeito numa posição de desvantagem. Não é um dever e, por isso, não se pode exigir o seu cumprimento. Normalmente, o sujeito a quem se impõe o ônus tem interesse em observá-lo, justamente para evitar essa situação de desvantagem que pode advir de sua inobservância.

---

1 Fredie Didier Junior; Paula Sarna Braga; Rafael Alexandria de Oliveira. *Curso de direito processual civil*: teoria da prova, direito probatório, ações probatórias, decisão, precedente, coisa julgada e antecipação dos efeitos da tutela. 10. ed. Salvador: JusPodivm, 2015. v. 2, p. 106-107.

O *ônus da prova* é, portanto, um encargo atribuído a um sujeito para demonstrar determinadas alegações de fato, sob pena de arcar com a situação de desvantagem advinda da não demonstração do fato.

São *destinatários* de tais regras: *as partes* (ônus subjetivo ou formal) e *o juiz* (ônus objetivo ou material). Às partes, na medida em que as orienta sobre o que lhes cabe comprovar, pois arcarão com as consequências da ausência ou insuficiência da demonstração dos fatos cuja prova lhes cabia. Trata-se, então, de *regra de conduta das partes*. Por sua vez, também dirige-se ao juiz, pois o instituto é igualmente visto como uma *regra de julgamento* a ser aplicado pelo juiz no momento de proferir a sentença, quando a prova se mostre insuficiente ou inexistente[2].

Pelo princípio da aquisição processual, as provas pertencem ao processo independentemente de quem as tenha produzido, de modo que, no instante do julgamento, o juiz analisará as provas constantes dos autos em busca dos fatos que restaram comprovados. Caso não esteja convencido quanto à ocorrência de determinados fatos, julgará de acordo com as regras de distribuição do ônus da prova, uma vez que não se admite que não seja proferida a sentença quando há um *non liquet* (do latim, *non liquere*: "não está claro") em matéria de fato. Assim, se o ônus da prova cabia ao autor e ele não se desincumbiu deste, o pedido será julgado improcedente, ou seja, o autor arcará com as consequências negativas advindas da ausência ou insuficiência de prova. Da mesma forma, se o ônus cabia ao réu e dele este não se desincumbiu, o pedido será julgado procedente.

As regras de distribuição do ônus da prova, por isso, são aplicadas no momento do julgamento, entretanto, não se deve diminuir a importância de sua função subjetiva, visto que orientam a atividade probatória e a demonstração da verdade.

Segundo Barbosa Moreira[3]:

---

2   Daniel Amorim Assumpção. *Manual de direito processual civil*. 5. ed. Rio de Janeiro: Forense; São Paulo: Método, 2013. p. 420.

3   José Carlos Moreira. *Julgamento e ônus da prova*. Temas de Direito Processual Civil – segunda série. São Paulo: Saraiva, 1998. p. 74-75.

O desejo de obter a vitória cria para os litigantes a necessidade, antes de mais nada, de pesar os meios de que se poderá valer no trabalho de persuasão e, de esforçar-se, depois, para que tais meios sejam efetivamente utilizados na instrução da causa. Fala-se ao propósito de ônus da prova, num primeiro sentido (ônus subjetivo ou formal).

No mesmo sentido posiciona-se Luiz Guilherme Marinoni[4]:

> Como regra de instrução o ônus da prova visa estimular as partes a bem desempenharem os seus encargos probatórios e adverti-las dos riscos inerentes à ausência de provas de suas alegações. Serve para a boa formação do material probatório da causa, condição para que se possa chegar a uma solução justa para o litígio.

A *distribuição do encargo probatório pode ser realizada* pelo *legislador* (distribuição estática do ônus da prova), pelas *partes* e pelo *juiz* (distribuição dinâmica do ônus da prova).

2. DISTRIBUIÇÃO DO ÔNUS DA PROVA NO PROCESSO DO TRABALHO SOB A ÉGIDE DO CÓDIGO DE PROCESSO CIVIL DE 1973

Consoante mencionado, a distribuição do ônus da prova pode ser realizada pelo legislador, pelas partes (distribuição convencional) e pelo juiz.

Passemos à análise da distribuição do ônus da prova no Processo do Trabalho sob a égide do Código de Processo Civil de 1973.

A distribuição do ônus da prova realizada pelo *legislador* dá-se de forma estática e abstrata, sem levar em consideração as particularidades da causa. O art. 818 da CLT contempla, de forma excessivamente simples, a distribuição do ônus da prova pelo legislador, estabelecendo que "a prova das alegações incumbe à parte que as fizer". A regra é de tamanha simplicidade que não ressoam na doutrina e na jurisprudência dúvidas quanto à aplicação concomitante dos arts. 818 da CLT e 333 do CPC/73.

---

4 Luiz Guilherme Marinoni; Daniel Mitidiero. *Código de Processo Civil:* comentado artigo por artigo. 6. ed. São Paulo: Revista dos Tribunais, 2014. p. 336.

Observa-se que é nesse contexto o entendimento do TST consagrado na Súmula 6, VIII: "É do empregador o ônus da prova do fato impeditivo, modificativo ou extintivo da equiparação salarial".

O art. 333 do CPC/73 define o ônus da prova considerando *três fatores*: a) a posição das partes na causa (se autor; se réu); b) a natureza dos fatos em que se funda a pretensão (se modificativos, impeditivos ou extintivos do direito do autor); e c) o interesse em provar o fato[5].

Dessa forma, cabe ao reclamante o ônus da prova dos fatos constitutivos de seu direito, e ao reclamado, o ônus da prova dos fatos modificativos, impeditivos ou extintivos do direito do autor.

Fato constitutivo é aquele que gera o direito afirmado pelo autor. Por exemplo: quando o demandante postula as diferenças salariais decorrentes da equiparação salarial, tem o ônus de comprovar o exercício da mesma função que o paradigma apontado.

O reclamado pode simplesmente negar o fato constitutivo (defesa direta de mérito), caso em que o ônus da prova do fato permanece com o autor. Porém, o réu também pode opor outros fatos, com o propósito de impedir, extinguir ou modificar o direito do autor (defesa indireta de mérito), hipóteses em que atrai para si o ônus da prova.

Reputam-se *fatos impeditivos* do direito do autor os que provocam a ineficácia dos fatos alegados pelo demandante. A título de exemplo, podemos mencionar a hipótese em que o reclamante na inicial requeira o pagamento da multa compensatória de 40% do FGTS não honrada pelo empregador em face da dispensa imotivada do obreiro. Caso o reclamado, na contestação, alegue que a dispensa ocorreu por justa causa, em função da falta grave cometida pelo trabalhador, sendo a indenização indevida, estará alegando um fato impeditivo do direito do autor.

Já o *fato modificativo* provoca a alteração dos fatos alegados pelo demandante. Exemplificadamente, imaginemos que o reclamante postule ação trabalhista requerendo o depósito relativo a todo o período trabalha-

---

[5] Fredie Didier Junior; Paula Sarna Braga; Rafael Alexandria de Oliveira. Op. cit., v. 2, p. 111.

do dos valores atinentes ao FGTS. Nessa hipótese, caso o reclamado demonstre que houve recolhimento parcial estará arguindo um fato modificativo do direito do autor.

Por último, o *fato extintivo* extingue a obrigação assumida pelo demandado, não podendo mais esta ser exigida do réu. A renúncia, a transação e a decadência são exemplos típicos de fatos extintivos do direito do autor alegados pelo réu.

Em síntese, a regra quanto à distribuição estática do ônus da prova (realizada pelo legislador) está, no Processo do Trabalho, prevista nos arts. 818 da CLT e 333 do CPC/73.

Ressalte-se, contudo, que há situações em que o próprio legislador altera a regra geral de distribuição do ônus da prova prevista nos artigos referidos (inversão *ope legis*). Não há inversão do ônus da prova, mas apenas exceção à regra genérica de distribuição do encargo probatório realizada pelo próprio legislador. Alude, em regra, ao julgamento, de modo que, ao proferir a sentença, quanto aos fatos não comprovados, o juiz aplicará o dispositivo legal específico para julgar o pedido procedente ou improcedente, atribuindo decisão desfavorável à parte a quem cabia o ônus da prova e dele não se desincumbiu.

Como exemplo, podemos citar os seguintes casos em que é ônus do fornecedor provar:

a) que não colocou o produto no mercado, que ele não é defeituoso ou que houve culpa exclusiva do consumidor ou de terceiros pelos danos gerados (art. 12, § 3º, do CDC);

b) que o serviço não é defeituoso ou que há culpa exclusiva do consumidor ou de terceiro nos danos gerados (art. 14, § 3º, do CDC);

c) a veracidade e a correção da informação ou comunicação publicitária que patrocina (art. 38 do CDC).

O Código de Processo Civil de 1973 já previa a *distribuição do ônus da prova por convenção das partes*, no parágrafo único do art. 333, ao determinar as hipóteses em que ela não podia ser realizada. Logo, *a contrario sensu*, em regra, as partes podem convencionar a distribuição do ônus da prova diversamente das hipóteses previstas em lei, salvo quando se tratar de direito indisponível ou tornar excessivamente difícil a uma parte o exercício do direito. Observe:

Art. 333. O ônus da prova incumbe:

(...)

Parágrafo único. É nula a convenção que distribui de maneira diversa o ônus da prova quando:

I – recair sobre direito indisponível da parte;

II – tornar excessivamente difícil a uma parte o exercício do direito.

Sob a ótica de Mauro Schiavi[6]:

> A inversão convencional consiste na alteração das regras de distribuição do ônus da prova a cargo das partes. Essa regra praticamente não tem aplicação no Processo do Trabalho, em razão das peculiaridades deste e da dificuldade probatória que apresenta o reclamante.

Mesmo no Processo Civil é rara a aplicabilidade do instituto. Schiavi, citando Costa Machado[7], afirma que:

> A regra jurídica sob enfoque, de origem italiana, tem quase ou nenhuma aplicação prática entre nós. Trata-se de disposição que faculta às partes a prática de ato dispositivo bilateral sobre distribuição do ônus da prova, mas que acabou não se incorporando à mentalidade jurídico-processual de nossos advogados.

Por fim, a *distribuição diversa do ônus da prova pelo juiz* (distribuição dinâmica do ônus da prova), considerando as particularidades da causa, não estão previstas no Código de Processo Civil de 1973, todavia, ela vem sendo realizada com fundamento no Código de Defesa do Consumidor e na teoria da carga dinâmica do ônus da prova.

O Código de Defesa do Consumidor possibilita a inversão do ônus da prova em seu art. 6º, VIII. *In verbis*:

> Art. 6º São direitos básicos do consumidor:
>
> (...)
>
> VIII – a facilitação da defesa de seus direitos, inclusive com a inversão do ônus da prova, a seu favor, no processo civil, quando, a critério do

---

[6] Mauro Schiavi. *Manual de direito processual do trabalho*. 8. ed. São Paulo: LTr, 2015. p. 671.

[7] Costa Machado. *Código de Processo Civil interpretado e anotado*. São Paulo: Manole, 2006. p. 716.

juiz, for verossímil a alegação ou quando for ele hipossuficiente, segundo as regras ordinárias de experiências;

A norma é perfeitamente aplicável no Processo do Trabalho, visto que a CLT é omissa a respeito do tema e há compatibilidade entre a norma a ser aplicada e os princípios gerais do Processo do Trabalho, mormente no que se refere à hipossuficiência do empregado, que o impede de comprovar suas alegações, ou o encargo probatório torna-se excessivamente oneroso para ele.

Extraem-se do art. 6º, VIII, do CDC os requisitos alternativos para a inversão do ônus da prova pelo juiz:

a) *hipossuficiência do reclamante*: caracteriza-se pela hipossuficiência probatória, isto é, dificuldade na produção da prova pela ausência de condições materiais, sociais, técnicas ou financeiras de produzir a prova do quanto alegado[8];

b) *verossimilhança das alegações*: a alegação verossímil é a que parece verdadeira com base nas regras de experiência. Nesse caso, o juiz deve presumi-las verdadeiras e atribuir ao reclamado o ônus da prova em contrário.

Em qualquer dos casos, é faculdade do juiz a inversão do ônus da prova, mas apenas a favor do trabalhador.

São vários os exemplos de inversão do ônus da prova pautados na hipossuficiência probatória e na verossimilhança das alegações no Processo do Trabalho. A título de exemplo, verifique a OJ 233 e a Súmula 338 do TST:

> OJ 233, SDI-1, TST. HORAS EXTRAS. COMPROVAÇÃO DE PARTE DO PERÍODO ALEGADO (nova redação, *DJ* 20-4-2005). A decisão que defere horas extras com base em prova oral ou documental não ficará limitada ao tempo por ela abrangido, desde que o julgador fique convencido de que o procedimento questionado superou aquele período.
> SÚMULA N. 338 DO TST. JORNADA DE TRABALHO. REGISTRO. ÔNUS DA PROVA (incorporadas as Orientações Jurisprudenciais n. 234 e 306 da SBDI-1) – Res. 129/2005, *DJ* 20, 22 e 25-4-2005
> (...)
> III – Os cartões de ponto que demonstram horários de entrada e saída

---

[8] Fredie Didier Junior; Paula Sarna Braga; Rafael Alexandria de Oliveira. Op. cit., v. 2, p. 129-130.

uniformes são inválidos como meio de prova, invertendo-se o ônus da prova, relativo às horas extras, que passa a ser do empregador, prevalecendo a jornada da inicial se dele não se desincumbir (ex-OJ n. 306 da SBDI-1 – *DJ* 11-8-2003).

Ainda sob a égide do Código de Processo Civil de 1973, mesmo sem previsão legal, a jurisprudência brasileira começou a desenvolver e aplicar a *teoria da distribuição dinâmica do ônus da prova*, cujos estudos tiveram início na Argentina em 1976[9].

A doutrina brasileira desenvolveu o tema e encontrou fundamento no princípio da igualdade para aplicá-la no caso concreto enquanto ainda não prevista em lei, autorizando o juiz a distribuir diversamente o ônus da prova.

Ao distribuir de forma dinâmica o ônus da prova, considerando as particularidades do caso concreto, o juiz atribui o encargo probatório à parte que tem melhores condições de produzir a prova.

Enquanto o Código de Defesa do Consumidor permite a distribuição diversa apenas nas relações de consumo e a favor do consumidor, sendo aplicável subsidiariamente as relações trabalhista a favor do trabalhador, a teoria de distribuição do ônus da prova, pautada no princípio da igualdade, que vem sendo aplicável em nosso ordenamento jurídico, não faz distinção quanto ao beneficiário, se autor ou réu, ou ao tipo de relação estabelecida entre eles. A distribuição leva em conta apenas a melhor aptidão para a prova do fato.

Por todo o exposto, sob a égide do Código de Processo Civil de 1973, compreendemos que: a distribuição do ônus da prova no Processo do Trabalho é realizada pelo legislador (distribuição estática do ônus da pro-

---

9 Segundo Luiz Eduardo Boaventura Pacífico (*O ônus da prova*. 2. ed. São Paulo: Revista dos Tribunais, 2011. p. 222-223, citado por Mauro Schiavi. Op. cit., p. 675), "o grande mérito do pioneiro estudo sobre o ônus dinâmico das provas, dos juristas argentinos Jorge W. Peryano e Julio O. Chiappini, no ano de 1976, foi o de revelar essa orientação jurisprudencial e sintetizar o princípio que acaba sendo rotineiramente utilizado em tais precedentes: o ônus da prova deve recair sobre quem se encontre em melhores condições profissionais, técnicas ou fáticas para produzir a prova do fato controvertido".

va – arts. 818 da CLT e 333 do CPC); por convenção das partes, embora seja de rara aplicação no direito brasileiro (art. 333, parágrafo único, do CPC); e pelo juiz em dois casos: a) aplicando-se subsidiariamente o art. 6º, VIII, do CDC no Processo do Trabalho; e b) com fundamento da melhor aptidão para a produção da prova, objetivando viabilizar a tutela do direito à parte que tem razão.

3. DISTRIBUIÇÃO DO ÔNUS DA PROVA NO PROCESSO DO TRABALHO SOB A ÉGIDE DO NOVO CÓDIGO DE PROCESSO CIVIL

A nova norma processual prevê a *distribuição legal* do ônus da prova (distribuição estática) e a *distribuição convencional*, ao analisar expressamente a *distribuição do ônus pelo juiz*, sendo esta, sem dúvida, uma das suas alterações mais importantes.

O Novo Código mantém a *distribuição legal do ônus da prova*, inclusive nos mesmos moldes previstos no Código de 1973. O art. 373 do NCPC repete o texto do art. 333 do CPC de 1973, determinando que cabe ao autor o ônus da prova dos fatos constitutivos de seu direito, e ao réu, o ônus da prova dos fatos modificativos, impeditivos ou extintivos do direito do autor. *In verbis:*

> Art. 373. O ônus da prova incumbe:
> I – ao autor, quanto ao fato constitutivo de seu direito;
> II – ao réu, quanto à existência de fato impeditivo, modificativo ou extintivo do direito do autor.

Permanece a *distribuição convencional do ônus da prova*, realizada pelas partes, salvo quando recair sobre direito indisponível da parte ou quando tornar excessivamente difícil a uma parte o exercício do direito, caso em que se denomina a prova diabólica. Recebe essa denominação sempre que a produção da prova for muito difícil ou impossível, de modo que tal encargo probatório não poderá ser atribuído à outra parte. O novo digesto processual civil manteve o conteúdo normativo do Código anterior, no entanto, altera a sua redação, de modo a torná-la mais clara com o intuito de estimular sua utilização. Veja o parágrafo único do art. 333 do CPC/1973 e o § 3º do art. 373 do NCPC:

CPC/1973	NCPC
Art. 333. O ônus da prova incumbe: (...) Parágrafo único. É nula a convenção que distribui de maneira diversa o ônus da prova quando: (...)	Art. 373. O ônus da prova incumbe: (...) § 3º A distribuição diversa do ônus da prova também pode ocorrer por convenção das partes, salvo quando: I – recair sobre direito indisponível da parte; II – tornar excessivamente difícil a uma parte o exercício do direito.

Apesar disso, acreditamos que continuará não tendo aplicação no Processo do Trabalho, em razão das peculiaridades deste e da dificuldade probatória que apresenta o reclamante.

Finalmente, o novo diploma legal conferiu *ao juiz a distribuição do ônus da prova*, consideradas as particularidades do caso concreto, sendo denominada distribuição dinâmica do ônus da prova. Saliente-se, apenas para fins de esclarecimento, que a distribuição convencional também é dinâmica, vez que é realizada caso a caso.

Os pressupostos para a distribuição dinâmica do ônus da prova pelo juiz estão previstos no § 1º do art. 373 do NCPC.

> Art. 373.
> (...)
> § 1º Nos casos previstos em lei ou diante de peculiaridades da causa relacionadas à impossibilidade ou à excessiva dificuldade de cumprir o encargo nos termos do *caput* ou à maior facilidade de obtenção da prova do fato contrário, poderá o juiz atribuir o ônus da prova de modo diverso, desde que o faça por decisão fundamentada, caso em que deverá dar à parte a oportunidade de se desincumbir do ônus que lhe foi atribuído.

O juiz, de ofício ou a requerimento, poderá distribuir diversamente o ônus da prova nas seguintes hipóteses:

a) de impossibilidade ou de excessiva dificuldade de cumprir o encargo nos moldes fixados estaticamente pelo legislador;

b) quando houver maior facilidade de obtenção de prova de modo diverso.

Ressalte-se que a distribuição do ônus pode ser realizada a favor do reclamante ou do reclamado, devendo a *decisão ser fundamentada*, como expressamente determina o § 1º do art. 373 do NCPC.

Com base no exposto, a distribuição do ônus da prova pelo juiz já vem sendo adotada em nosso ordenamento jurídico. Por muito tempo, discutiu-se qual o *momento para a redistribuição*, pacificado na jurisprudência restando o que hoje se verifica no NCPC: a redistribuição deve ser realizada antes da decisão, de modo que a parte possa se desincumbir do ônus que lhe foi atribuído. No Processo do Trabalho, deve ser realizada pelo juiz, em regra, antes dos atos instrutórios, entretanto, nada impede que o juiz redistribua o encargo probatório em outro momento, desde que possibilite à parte desincumbir-se do encargo que antes inexistia. Assim, se apenas no instante do julgamento o magistrado percebeu que a prova era excessivamente difícil ou impossível para o reclamante, por exemplo, pode invertê-lo, porém, deverá converter o julgamento em diligência e reabrir a instrução.

Destaque-se que é nula a decisão que inverte o ônus probatório sem permitir à parte a quem ele foi atribuído desincumbir-se dele.

Enfim, determina o Novo Código que a redistribuição do ônus da prova pelo juiz não pode gerar situação em que a desincumbência do encargo pela parte seja impossível ou excessivamente difícil, ou seja, o juiz não pode redistribuir o encargo probatório de modo a tornar a *prova diabólica para a parte "ex adversa"* por expressa vedação legal (art. 373, § 2º, do NCPC).

Na concepção de Fredie Didier:[10]

> Nas hipóteses em que identificada a hipótese de prova diabólica para ambas as partes, não deve haver a utilização da dinamização probatória. Em tal situação deve ser utilizada a regra da *inesclarecibilidade*, de forma a analisar qual das partes assumiu o risco da situação de dúvida insolúvel, devendo esta ser submetida a decisão desfavorável.

---

10 Fredie Didier Junior; Paula Sarna Braga; Rafael Alexandria de Oliveira. Op. cit., v. 2, p. 126.

Contudo, a questão é: a dinamização do ônus da prova pelo juiz será aplicável no Processo do Trabalho? Sim, sem sombra de dúvidas, uma vez que a CLT é omissa e há compatibilidade entre a norma a ser aplicada e os princípios gerais do Processo do Trabalho, que no caso são principalmente a igualdade e a adequação. Frise-se, como já mencionado, que os Tribunais já vêm adotando a distribuição diversa do ônus da prova pelo juiz, como se pode observar, a exemplo, a Súmula 338, I, do TST:

> SÚMULA N. 338 DO TST. JORNADA DE TRABALHO. REGISTRO. ÔNUS DA PROVA (incorporadas as Orientações Jurisprudenciais n. 234 e 306 da SBDI-1) – Res. 129/2005, DJ 20, 22 e 25.04.2005.
>
> I – É ônus do empregador que conta com mais de 10 (dez) empregados o registro da jornada de trabalho na forma do art. 74, § 2º, da CLT. A *não* apresentação injustificada dos controles de frequência gera presunção relativa de veracidade da jornada de trabalho, a qual pode ser elidida por prova em contrário (ex-Súmula 338 – alterada pela Res. 121/2003, DJ 21.11.2003).

Nesse caso, muito embora o ônus da prova das horas extras seja do reclamante, o Tribunal impõe ao empregador o encargo probatório da jornada de trabalho, quando tiver mais de 10 (dez) empregados, pois nos termos do art. 74, § 2º, da CLT, então, cabe a ele o registro da jornada, sendo muito maior a aptidão do reclamado de produzir a prova.

Recentemente, o TST editou a Súmula 443, que também atribui ao empregador o ônus que seria do empregado. Note:

> SÚMULA N. 443 DO TST. DISPENSA DISCRIMINATÓRIA. PRESUNÇÃO. EMPREGADO PORTADOR DE DOENÇA GRAVE. ESTIGMA OU PRECONCEITO. DIREITO À REINTEGRAÇÃO – Res. 185/2012, *DEJT* divulgado em 25, 26 e 27.09.2012.

Presume-se discriminatória a despedida de empregado portador do vírus HIV ou de outra doença grave que suscite estigma ou preconceito. Inválido o ato, o empregado tem direito à reintegração no emprego.

A distribuição dinâmica do ônus da prova pelo juiz é, portanto, apenas a consagração em lei do que já se via na prática, isto é, da efetividade ao acesso à ordem jurídica de forma igualitária.

4. CONCLUSÃO

O Novo Código de Processo Civil manteve a *distribuição legal* do ônus da prova (art. 373 do CPC), repetiu a *distribuição convencional* do encargo probatório, a qual se acredita que permanecerá de rara aplicação no Processo do Trabalho, e inovou ao prever expressamente a *dinamização do ônus da prova pelo juiz* nas seguintes hipóteses: a) de impossibilidade ou excessiva dificuldade de cumprir o encargo nos moldes fixados estaticamente pelo legislador; e b) quando houver maior facilidade de obtenção de prova de modo diverso.

Além do mais, manteve o posicionamento adotado pelos tribunais, determinando que a inversão deve a) ser realizada pelo juiz; b) aplicar-se indistintamente ao autor ou ao réu, devendo ser motivada; e c) ocorrer em momento processual que permita à parte a quem foi atribuído o encargo probatório, que antes não tinha essa possibilidade, se desincumbir dele. O Novo Código regulamentou satisfatoriamente a distribuição diversa do ônus da prova pelo juiz e proibiu a inversão diversa do ônus probatório quando a prova se tornar excessivamente difícil ou impossível para a parte *ex adversa* (prova diabólica reversa).

A dinamização do encargo probatório é aplicável no Processo do Trabalho na medida em que há omissão da CLT e compatibilidade do NCPC com os seus princípios gerais, mormente quando por razão de justiça e igualdade já vem sendo adotada pelos tribunais do trabalho.

A normatização da redistribuição do ônus da prova pelo juiz é uma das alterações mais elogiáveis do Novo Código e será muito bem-vinda na seara trabalhista.

REFERÊNCIAS

DIDIER JR., Fredie. *Curso de direito processual civil*. 10. ed. Salvador: JusPodivm, 2015. v. 1.

DIDIER JR., Fredie; BRAGA, Paula Sarno; OLIVEIRA, Rafael Alexandria de. *Curso de direito processual civil*. 10. ed. Salvador: JusPodivm, 2015. v. 2.

LEITE, Carlos Henrique Bezerra. *Curso de direito processual do trabalho*. 13. ed. São Paulo: Saraiva, 2015.

MIESSA, Elisson (Coord.). *O Novo Código de Processo Civil e seus reflexos no processo do trabalho*. Salvador: JusPodivm, 2015.

SANTOS, Elisson Miessa; CORREIA, Henrique. *Súmulas e orientações jurisprudenciais do TST organizadas e comentadas*. 2. ed. Salvador: JusPodivm, 2015.

SARAIVA, Renato; MANFREDINI, Aryanna. *Direito do Trabalho. Curso de direito processual do trabalho*. 12. ed. Salvador: JusPodivm, 2015.

SCHIAVI, Mauro. *Manual de direito processual do trabalho*. 8. ed. São Paulo: LTr, 2015.

A fundamentação da sentença no Novo CPC e sua repercussão no Processo do Trabalho

Luiz Eduardo Gunther

Professor do Centro Universitário Curitiba – UNICURITIBA. Desembargador do Trabalho do TRT 9. Doutor pela UFPR e Pós-doutorando pela PUCPR. Membro da Academia Nacional de Direito do Trabalho, da Academia Paranaense do Direito do Trabalho, do Conselho Editorial do Instituto Memória, do Instituto Histórico e Geográfico do Paraná, do Centro de Letras do Paraná e da Associação Latino-Americana de Juízes do Trabalho. Coordenador do Grupo de Pesquisa que edita a Revista Eletrônica do TRT9 (http://www.mflip.com.br/pub/escolajudicial/).

1. INTRODUÇÃO

Do ponto de vista do Direito, a aprovação do Novo Código de Processo Civil, no ano de 2015, representa um importante acontecimento. Naturalmente que outras manifestações legislativas impactam a vida brasileira. Quando se trata, porém, de um Novo CPC, pode-se afirmar que sua relevância na vida dos juristas, dos jurisdicionados, na solução dos conflitos, não se compara a outros diplomas legais.

Trata-se de um instrumento de uso diário nos Fóruns de todo o País, nos escritórios dos advogados, nos gabinetes dos juízes, nas assessorias jurídicas. Pode-se até dizer que, sem um Processo Civil adequado, não se tem uma jurisdição equilibrada; sem um Processo Civil contemporâneo não se alcança a duração razoável de que nos fala a Constituição Brasileira em sua Emenda Constitucional n. 45, de 2004.

Dentre os temas examinados pelo Novo CPC, sem dúvida um dos mais importantes, mais detalhados e, por isso mesmo, muito polêmico, é aquele relacionado ao detalhamento da fundamentação das decisões judiciais.

O art. 458 do CPC de 1973 considera, como requisitos essenciais da sentença, o relatório (I), os fundamentos (II) e o dispositivo (III). Para esse diploma legal, o requisito essencial da fundamentação significa que "o juiz analisará as questões de fato e de direito"[1].

O Anteprojeto do Novo Código de Processo Civil, quanto a essa temática, repetiu no art. 471 a mesma disposição[2].

A versão final, que resultou na Lei n. 13.105, de 16-3-2015, reproduz, nos incisos I a III do *caput* do art. 489, o texto do art. 458 do CPC de 1973. Entretanto, acrescenta três parágrafos, sendo que o primeiro marca-se com seis extensos incisos. Esses novos dispositivos não possuem qualquer correspondência com o texto de 1973. O § 1º considera não fundamentada qualquer decisão judicial, seja ela interlocutória, sentença ou acórdão, que não atenda ao que está consignado nos incisos. O primeiro inciso considera não fundamentada a decisão que se limita a indicar, reproduzir ou parafrasear ato normativo, "sem explicar sua relação com a causa ou a questão decidida". O inciso II veda o emprego de "conceitos jurídicos indeterminados, sem explicar o motivo concreto de sua incidência no caso". O inciso III não permite a invocação de "motivos que se prestariam a justificar qualquer outra decisão". O inciso IV exige que sejam enfrentados "todos os argumentos deduzidos no processo capazes de, em tese, infirmar a conclusão adotada pelo julgador". O inciso V proíbe que a decisão judicial se limite "a invocar precedente ou enunciado de súmula, sem identificar seus fundamentos determinantes nem demonstrar que o caso sob julgamento se ajusta àqueles fundamentos". O último inciso, VI, enfatiza que não podem deixar de ser seguidos enunciados de súmula, "jurisprudência ou precedente invocado

---

1   José Miguel Garcia Medina. *Código de Processo Civil comentado*: com remissões e notas comparativas ao projeto do Novo CPC. São Paulo: Revista dos Tribunais, 2011. p. 389.

2   Anteprojeto do Novo Código de Processo Civil/Comissão de Juristas Responsável pela Elaboração do Anteprojeto do Novo Código de Processo Civil. Brasília: Senado Federal, Subsecretaria de Edições Técnicas, 2010. p. 121.

pela parte, sem demonstrar a existência de distinção no caso em julgamento ou a superação do entendimento"[3].

Acrescente-se que os §§ 2º e 3º do novo art. 489 também constituem novidade. O § 2º determina ao juiz que, em caso de colisão entre normas, justifique "o objeto e os critérios gerais da ponderação efetuada, enunciando as razões que autorizam a interferência na norma afastada e as premissas fáticas que fundamentam a conclusão". O § 3º salienta como deve ser interpretada a decisão judicial: "a partir da conjugação de todos os seus elementos e em conformidade com o princípio da boa-fé"[4].

A questão a ser estudada neste capítulo é a seguinte: aplicam-se essas novas disposições do CPC ao Processo do Trabalho?

A partir dessas digressões iniciais, propõe-se o exame do seguinte problema: podem os regramentos das fundamentações das decisões judiciais do Novo CPC repercutir no Processo do Trabalho? Existiria algum tipo de incompatibilidade para a aplicação supletiva ou subsidiária?

2. OS SIGNIFICADOS DOS VOCÁBULOS "MOTIVAÇÃO" E "FUNDAMENTAÇÃO"

No dia a dia da prática forense utilizam-se as expressões *motivação* e *fundamentação* como se fossem sinônimas. Pode-se concordar com isso? Ou essas palavras possuem sentidos diversos?

Na obra multicitada de Piero Calamandrei, *Eles, os juízes, vistos por nós, os advogados*, a fundamentação da sentença é tratada como uma "grande garantia de justiça". Para que assim seja considerada, no entanto, deve conseguir reproduzir, de forma exata, "como num levantamento topográfico, o itinerário lógico que o juiz percorreu para chegar à sua conclusão". Esclarece esse autor que, se a decisão for errada, "pode facilmente

---

3   Teresa Arruda Alvim Wambier; Luiz Rodrigues Wambier. *Novo Código de Processo Civil comparado*: artigo por artigo. São Paulo: Revista dos Tribunais, 2015. p. 240-241.
4   Brasil. *Novo Código de Processo Civil*. Lei n. 13.105, de 16 de março de 2015. Brasília-DF: Secretaria de Editoração e Publicações – SEGRAF do Senado Federal, 2015. p. 119.

encontrar-se, através dos fundamentos, em que altura do caminho o magistrado se desorientou"⁵. Nessa obra, indaga: "quantas vezes a fundamentação é a reprodução fiel do caminho que levou o juiz até aquele ponto de chegada?". Pergunta, ainda, de outra forma: "quantas vezes pode, ele próprio (o juiz!), saber os motivos que o levaram a decidir assim?"⁶.

Em seu *Dicionário jurídico*, Maria Helena Diniz explica os significados desses dois vocábulos. Para o direito processual, segundo essa autora, *motivação* quer dizer "o conjunto de fundamentos de fato e de direito, invocados pelo magistrado, que justificam uma decisão judicial"⁷. Para explicar a fundamentação da sentença, afirma constituir "a base da parte decisória da sentença", vale dizer, como a "motivação do convencimento do magistrado no que concerne às questões de fato ou de direito, em relação ao caso *sub judice*"⁸. Saliente-se que, no verbete *motivação* da sentença judicial, o Dicionário citado iguala esse vocábulo à *fundamentação de decisão judicial*⁹.

Para o *Dicionário jurídico da Academia Brasileira de Letras Jurídicas*, o vocábulo *fundamento*, substantivo masculino, origina-se do latim *fundamentum*, significando *base*. Diz-se também *fundamentação*, com sentido, para o direito processual, de "requisito essencial da decisão judicial, no qual o julgador analisa as questões de fato e de direito"¹⁰. Essa palavra relaciona-se a outra, *motivação*, substantivo feminino, originária de *motivo*, indicativa "das razões que deram lugar a certo ato, partindo do efeito para a causa"¹¹.

Para outro dicionário, de Pedro Nunes, a palavra *fundamentação* diz respeito ao ato e efeito de *fundamentar*: fundamentação da sentença. *Fun-*

---

5   Piero Calamandrei. *Eles, os juízes, vistos por nós, os advogados*. Tradução de Ary dos Santos. 3. ed. Lisboa: Livraria Clássica Editora, 1997. p. 143.
6   Piero Calamandrei. Op. cit., p. 143.
7   Maria Helena Diniz. *Dicionário jurídico*. 2. ed. rev. atual. e aum. São Paulo: Saraiva, 2005. v. 3, p. 357.
8   Maria Helena Diniz. Op. cit., v. 2, p. 716.
9   Maria Helena Diniz. Op. cit., v. 3, p. 357.
10   J. M. Othon Sidou. *Dicionário jurídico*. 3. ed. Rio de Janeiro: Forense Universitária, 1995. p. 362.
11   J. M. Othon Sidou. Op. cit., p. 511.

damentar seria, então, "justificar, procurar demonstrar, com fortes razões e apoio na lei, na doutrina, na jurisprudência, ou em documentos ou outras provas". Também significa *expor*, "baseado no direito e nas provas, as razões de julgamento da causa, ou de um pedido, ou contestação"[12]. Para esse autor, *motivação* tem o mesmo significado de *fundamentação*. Corresponde a motivação à segunda parte, imprescindível, da sentença "na qual o juiz aduz os fundamentos, de fato e de direito, e circunstâncias ocorrentes, que determinaram o seu convencimento e o levaram a proferir a sua decisão"[13].

O Direito se desenvolve "equilibrando uma dupla exigência", segundo Chaïm Perelman: a) por um lado, uma "ordem sistemática", isto é, a elaboração de uma ordem coerente; b) por outro lado, uma "ordem pragmática", vale dizer, a busca de soluções aceitáveis pelo meio, porque "conforme ao que lhe parece justo e razoável"[14].

Não se pode esquecer, também, segundo esse doutrinador, que as decisões da justiça devem sempre satisfazer "três auditórios diferentes": a) de um lado, as partes em litígio; b) a seguir, os profissionais do Direito; c) e, por fim, a opinião pública, "que se manifestará pela imprensa e pelas reações legislativas às decisões dos tribunais"[15].

Aquele que decide, Ministro, Desembargador ou Juiz, "tem necessariamente de explicar o porquê do seu posicionamento". O significado de fundamentar encontra-se em "dar as razões, de fato e de direito, pelas quais se justifica a procedência ou improcedência do pedido". Nesse sentido, não basta, ou é insuficiente, que a autoridade jurisdicional escreva "denego a liminar", ou "ausentes os pressupostos legais, revogo a liminar". A denominada "motivação implícita" não é admitida, exigindo-se que o julgado evidencie "um raciocínio lógico, direto, explicativo e convincente da postura adotada". Não basta, para que uma decisão seja

---

12   Pedro Nunes. *Dicionário de tecnologia jurídica*. 9. ed. corrig., ampl. e atual. Rio de Janeiro: Freitas Bastos, 1976. v. I, p. 463.
13   Pedro Nunes. Op. cit., v. II, p. 603.
14   Chaïm Perelman. *Lógica jurídica*: nova retórica. Tradução de Vergínia K. Pupi. 2. ed. São Paulo: Martins Fontes, 2004. p. 238.
15   Chaïm Perelman. Op. cit., p. 238.

motivada, "a menção pura e simples aos documentos da causa, às testemunhas ou a transcrição dos argumentos dos advogados". Somente será considerada fundamentada ou motivada a decisão se "existir análise concreta de todos os elementos e demais provas dos autos, exaurindo-lhes a substância e verificando-lhes a forma"[16].

Enfatize-se que a garantia da motivação compreende, de forma específica, o seguinte:

> 1) o enunciado das escolhas do juiz quanto à individuação das normas aplicáveis e às consequências jurídicas que delas decorrem; 2) os nexos de implicação e coerência entre os referidos enunciados; 3) a consideração atenta dos argumentos e provas trazidas aos autos[17].

Registre-se que o vocábulo *fundamentação* significa "não apenas explicitar o fundamento legal/constitucional da decisão". Quando se diz que "todas as decisões devem estar justificadas", essa afirmação deve ser compreendida no sentido de que "tal justificação deve ser feita a partir da invocação de razões e oferecimento de argumentos de caráter jurídico". O limite mais importante das decisões reside precisamente "na necessidade da motivação/justificação do que foi dito". Em outras palavras, pode-se afirmar que se trata "de uma verdadeira 'blindagem' contra julgamentos arbitrários"[18].

Trata-se, portanto, de garantir às partes o direito de verem examinadas pelo órgão julgador "as questões, de fato e de direito, que houverem suscitado, reclamando do juiz a consideração atenta dos argumentos e provas trazidos"[19].

---

16 Uadi Lammêgo Bulos. *Constituição Federal anotada*. 8. ed. rev. e atual. até a Emenda Constitucional n. 56/2007. São Paulo: Saraiva, 2008. p. 946.

17 Ada Pellegrini Grinover; Antônio Magalhães Gomes Filho; Antonio Scarance Fernandes. *As nulidades no processo penal*. 11. ed. rev., atual. e ampl. São Paulo: Revista dos Tribunais, 2009. p. 199.

18 Gilmar Ferreira Mendes; Lenio Luiz Streck. Comentários ao art. 93. In J. J. Gomes Canotilho; Gilmar F. Mendes; Ingo W. Sarlet; Lenio L. Streck (Coords.). *Comentários à Constituição do Brasil*. São Paulo: Saraiva/Almedina, 2013. (p. 1318-1326). p. 1324.

19 Ada Pellegrini Grinover; Antônio Magalhães Gomes Filho; Antonio Scarance Fernandes. Op. cit., p. 119.

Saliente-se sempre, por causa disso, que "a motivação da decisão se torna o melhor ponto de referência para verificar se a atividade das partes foi efetivamente respeitada". Na configuração do juízo do fato, na verdade, é que se torna mais relevante o dever de motivar, uma vez que é "no campo da valoração das provas que se deixa ao juiz margem maior de discricionariedade"[20].

Normalmente afirma-se que a fundamentação direciona-se, de modo especial, à própria parte interessada no que foi decidido. Não se pense, contudo, que o destinatário da motivação é somente a parte. Esse princípio não é tão restrito assim. Considera-se-o, na verdade, "uma garantia para o Estado, os cidadãos, o próprio juiz e a opinião pública em geral"[21].

Não é apenas o vencedor da demanda que precisa saber as razões pelas quais venceu a causa. Também o perdedor necessita conhecer esses fundamentos. Segundo Luiz Guilherme Marinoni e Sérgio Cruz Arenhart, "a motivação é mais importante para o perdedor do que para o vencedor". Isso ocorre não apenas porque é ele que pode recorrer, mas sim porque é o perdedor que pode não se conformar com a decisão, e desse modo "ter a necessidade de buscar conforto na justificação judicial"[22].

Os terceiros, o público, também têm o direito de conhecer os fundamentos da decisão judicial. Não se pode deixar de reconhecer, dessa forma, que a motivação se dirige aos terceiros também. Destina-se ao público, que "tem o direito de conhecer as exatas razões do juiz, além de ser imprescindível para o controle do seu poder"[23].

Indicam-se, assim, as justificativas para entender que os vocábulos *fundamentação* e *motivação* podem ser utilizados como se sinônimos fossem para o efeito da exigência de completude das decisões judiciais.

---

20 Ada Pellegrini Grinover; Antônio Magalhães Gomes Filho; Antonio Scarance Fernandes. Op. cit., p. 119.
21 Rui Portanova. *Princípios do processo civil*. Porto Alegre: Livraria do Advogado, 1997. p. 250.
22 Luiz Guilherme Marinoni; Sérgio Cruz Arenhart. *Prova*. São Paulo: Revista dos Tribunais, 2009. p. 267-268.
23 Luiz Guilherme Marinoni; Sérgio Cruz Arenhart. Op. cit., p. 268.

3. AS ORIGENS HISTÓRICAS DO PRINCÍPIO

Considera-se importante localizar, no tempo e no espaço, o nascimento do princípio da obrigatoriedade da motivação/fundamentação das decisões judiciais. Trata-se de buscar as origens desse importante instituto jurídico para melhor entendê-lo.

Segundo Chaïm Perelman, "a obrigação de motivar é relativamente recente". Relata que o caso mais extremo de ausência de motivação é fornecido pelos "ordálios, nos quais se recorre ao juízo de Deus para dirimir as contestações". Quando não sabem qual regra jurídica aplicar, seja em caso de dificuldade da prova dos fatos, seja da dificuldade da prova do direito, os juízes recorrem a Deus. Nessa hipótese, não só a motivação não é expressamente formulada, mas "também não é conhecida pelos próprios juízes que se entregam a Deus para administrar a justiça"[24].

Refere ainda o autor mencionado que essa ausência de motivação teve como consequência que, "no ensino de Direito, um lugar todo especial tenha sido reservado ao direito romano e ao direito canônico, mais conhecidos e mais respeitados do que o direito local". Regras costumeiras e repositórios de sentenças foram, assim, pouco a pouco, "sendo redigidos e levados ao conhecimento dos estudantes de Direito"[25].

Ao examinar o princípio da motivação, Rui Portanova afirma que "até o final do século XVII era comum o juiz sentenciar sem fundamentar sua decisão". Explicita que "a motivação só se tornou obrigatória com o advento de uma Lei de Organização Judiciária de 1810, na França". Desde então, o princípio passa a ser acolhido por "quase todas as grandes codificações do século XIX". O grande avanço, a partir daí, foi a elevação do princípio da motivação à dignidade de preceito constitucional em diversos países, como a Constituição italiana, de 1948, a belga, de 1831, as gregas, de 1852 e 1968, e as de vários países latino-americanos: Colômbia, Haiti, México e Peru[26].

---

24   Chaïm Perelman. *Ética e direito*. Tradução de Maria Ermantina Galvão G. Pereira. São Paulo: Martins Fontes, 1996. p. 560-561.
25   Chaïm Perelman. Op. cit., p. 561.
26   Rui Portanova. Op. cit., p. 248.

Constata Chaïm Perelman que, já no século XVI, na França, "os estados-gerais exigem a supressão dos arestos não motivados, mas nenhuma sequência é dada a essa exigência; pois não se pensava em limitar o poder e autoridade dos tribunais"[27].

Apenas o Decreto da Constituinte de 16-24 de agosto de 1790 (Título V, art. 15) enuncia a obrigação de motivar: "os motivos que tiverem determinado a sentença serão expressos". Depois, a Constituição de 5 frutidor do ano III estabelece, em seu art. 208, uma prescrição mais precisa: "as sentenças são motivadas, e nelas se enunciam os termos da lei aplicada". Somente a Lei de 20 de abril de 1810 disporá, em seu art. 7º, "que os arestos que não contêm os motivos são declarados nulos"[28].

Qual seria, então, o alcance dessa obrigação imposta pela Revolução Francesa?, indaga Chaïm Perelman. Ele próprio responde: "visa essencialmente submeter os juízes, por demais independentes, à vontade da nação, ou seja, à vontade do legislador que a encarna"[29]. Desse modo, como concebida pela Constituinte, a motivação "deveria garantir ao Poder Legislativo a obediência incondicional dos Juízes à lei"[30].

No que diz respeito ao Brasil, as Ordenações Filipinas aqui vigoraram por imposição da metrópole portuguesa. O Livro III, Título LXVI, § 7º, primeira parte, dessa legislação, determinava que se declarassem, nas sentenças definitivas, na primeira instância e em caso de apelação, ou agravo, ou revista, "as causas em que se fundaram a condenar, ou absolver, ou a confirmar, ou revogar". Com a independência, em 1822, essas regras continuam em vigor "por força do Decreto de 20 de outubro de 1823"[31].

Em nosso ordenamento jurídico, também, previu-se o dever de motivar as decisões judiciais no Regulamento n. 737, de 25 de novembro de

---

27 Chaïm Perelman. Op. cit., p. 561.
28 Chaïm Perelman. Op. cit., p. 561-562.
29 Chaïm Perelman. Op. cit., p. 562.
30 Chaïm Perelman. Op. cit., p. 562.
31 John Gilisen. *Introdução histórica do direito*. Tradução de A. M. Hespanha e L. M. Macaista Malheiros. Lisboa: Fundação Calouste Gulbenkian, 1995. p. 297, 310 e 321. Ver também, a respeito do tema, Santi Romano. *Princípios de direito constitucional*. Tradução de Maria Helena Diniz. São Paulo: Revista dos Tribunais, 1977. p. 48.

1850, no art. 232: "A sentença deve ser clara, sumariando o juiz o pedido e a contestação com os fundamentos respectivos, motivando com precisão o seu julgado, e declarando sob sua responsabilidade a lei ou estilo em que se funda"[32].

Consagrou-se, na fase republicana do Estado brasileiro, através da Constituição de 1891, "o sistema da dualidade processual que conferia uma divisão de competência legislativa sobre a matéria processual, entre a União e os Estados"[33]. Nesse período, os Estados-membros, que tinham competência para legislar sobre Processo Civil e Criminal, fizeram constar em seus Códigos de Processo o dever de motivação das decisões judiciais, dando-se como exemplos o CPC dos seguintes Estados brasileiros: Maranhão (art. 322), Bahia (art. 308), Pernambuco (art. 318), Rio Grande do Sul (art. 499), Minas Gerais (art. 382), São Paulo (art. 333), Distrito Federal (art. 273, *caput*), Ceará (art. 231) e Paraná (art. 231)[34]. Em 1937 a Constituição do Estado Novo restabeleceu a unidade legislativa em matéria processual (art. 16, XVI). O Código de Processo Civil de 1939 previu, em dois artigos, o princípio da motivação das decisões. No art. 118 estabelecia o dever de o juiz indicar na sentença ou despacho os fatos e as circunstâncias que motivaram o seu convencimento. No art. 280, inciso II e parágrafo único, determinavam que a sentença deveria ser clara e precisa, contendo os fundamentos de fato e de direito e o relatório mencionaria o nome das partes, o pedido e o resumo dos respectivos fundamentos[35].

O Código de Processo Civil de 1973 (Lei n. 5.869, de 11-1-1973) apresenta regra expressa, em vários dispositivos, impondo a fundamen-

---

32 Eid Badr. Princípio da motivação das decisões judiciais como garantia constitucional. *Revista Jus Navigandi*, Teresina, ano 15, n. 2415. Disponível em: <http://jus.com.br/art.s/14333/principio-da-motivacao-das-decisoes-judiciais-como-garantia-constitucional>. Acesso em: 31 maio 2015.

33 Eid Badr. Op. cit.

34 Nelson Nery Junior. *Princípios do processo na Constituição Federal:* processo civil, penal e administrativo. 10. ed. rev., ampl. e atual., com as novas súmulas do STF (simples e vinculantes) e com análise sobre a relativização da coisa julgada. São Paulo: Revista dos Tribunais, 2010. p. 289-290.

35 Eid Badr. Op. cit.

tação das decisões judiciais. O art. 131 estabelece que o juiz apreciará livremente a prova, atendendo aos fatos e circunstâncias constantes dos autos, ainda que não alegados pelas partes, "mas deverá indicar, na sentença, os motivos que lhe formaram o convencimento". O inciso II do art. 458 considera como requisito essencial da sentença "os fundamentos, em que o juiz analisará as questões de fato e de direito". O art. 165 dispõe que as sentenças e acórdãos serão proferidos com observância do disposto no art. 458, e que "as demais decisões serão fundamentadas, ainda que de modo conciso"[36].

O princípio da motivação/fundamentação foi registrado expressamente como garantia constitucional pela Carta Magna do Brasil de 1988 no art. 93, IX: "todos os julgamentos dos órgãos do Poder Judiciário serão públicos, e fundamentadas todas as decisões, sob pena de nulidade, podendo a lei limitar a presença, em determinados atos, às próprias partes e a seus advogados, ou somente a estes (...)"[37].

O percurso histórico, legislativo e constitucional permite afirmar a importância do princípio da motivação/fundamentação para uma adequada prestação jurisdicional.

4. A PREVISÃO CONSTITUCIONAL EM 1988

A importância do tema da exigência da fundamentação das decisões judiciais é tanta que o constituinte originário de 1988 estabeleceu a obrigatoriedade de todos os julgamentos dos órgãos do Poder Judiciário serem públicos e "fundamentadas todas as decisões, sob pena de nulidade" (inciso IX do art. 93 da CF/88).

Em certa época da história do Direito, tratava-se o princípio da motivação das decisões judiciais como uma garantia técnica do processo. Atribuíam-se-lhe "finalidades endoprocessuais", isto é, "propiciar às partes

---

36 Nelson Mannrich (Org.). *Constituição Federal. Consolidação das Leis do Trabalho. Código de Processo Civil. Legislação trabalhista e processual trabalhista. Legislação previdenciária.* 8. ed. rev., ampl. e atual. São Paulo: Revista dos Tribunais, 2007. p. 427, 473 e 433.

37 Nelson Mannrich (Org.). Op. cit., p. 77.

o conhecimento do veredito judicial, para que elas pudessem se defender em juízo, pleiteando aos órgãos judiciários o exame da legalidade e da justiça de uma decisão". Esse princípio, contudo, modernamente, é concebido como uma "garantia de ordem política" ou "garantia da própria jurisdição". Mudaram-se os rumos consideravelmente, pois, agora, o "pórtico constitucional" não é mais apenas dirigido às partes e aos juízes de segundo grau, mas "também à comunidade como um todo". Conhecida, assim, a decisão, poderá verificar-se "se o juiz foi imparcial em sua sentença, se decidiu com conhecimento de causa"[38].

Constitui a fundamentação, sem dúvida, pressuposto de legitimidade das decisões judiciais. Qualifica-se a fundamentação dos atos decisórios "como pressuposto constitucional de validade e eficácia das decisões emanadas do Poder Judiciário". Traduzindo grave transgressão de natureza constitucional, a inobservância do dever imposto pela CF, art. 93, IX, "afeta a legitimidade jurídica da decisão e gera, de maneira irremissível, a consequente nulidade do pronunciamento judicial"[39].

Pode-se afirmar, com segurança, que "o princípio da motivação das decisões judiciais é um consectário lógico da cláusula do devido processo legal". Mesmo que esse princípio não viesse inscrito nos incisos IX e X do art. 93, "a obrigatoriedade de sua observância decorreria da exegese do art. 5º, LIV". O constituinte de 1988 prescreveu que as decisões judiciais devem ser motivadas sob pena de nulidade porque em um Estado Democrático de Direito "não se admite que os atos do Poder Público sejam expedidos em desapreço às garantias constitucionais, dentre elas a imparcialidade e a livre convicção do magistrado"[40].

Ao analisar esse dispositivo constitucional (art. 93, IX), Luiz Guilherme Marinoni e Daniel Mitidiero explicam que o dever de motivação das decisões judiciais é inerente ao Estado Constitucional e constitui "verda-

---

38 Uadi Lammêgo Bulos. Op. cit., p. 947.
39 Nelson Nery Junior; Rosa Maria de Andrade Nery. *Constituição Federal comentada e legislação constitucional*. 2. ed. rev., ampl. e atual. São Paulo: Revista dos Tribunais, 2009. p. 458.
40 Uadi Lammêgo Bulos. Op. cit., p. 946.

deiro banco de prova do direito ao contraditório das partes". Ligam-se, por isso, "de forma muito especial, contraditório, motivação e direito ao processo justo". Asseveram que a decisão judicial sem motivação perde duas características centrais: "a justificação da norma jurisdicional para o caso concreto e a capacidade de orientação de condutas sociais". Em síntese, perde "o seu próprio caráter jurisdicional"[41].

Consoante os esclarecimentos de Lenio Streck, "é possível dizer que o Direito não é Moral. Direito não é Sociologia". Pode-se afirmar, com ele, que "Direito é um conceito interpretativo e é aquilo que é emanado pelas instituições jurídicas". Desse modo, as questões relacionadas ao Direito encontram, necessariamente, "respostas nas leis, nos princípios constitucionais, nos regulamentos e nos precedentes que tenham DNA constitucional, e não na vontade individual do aplicador"[42].

Ronald Dworkin assevera, de forma eloquente, não importar o que os juízes pensam sobre o direito, mas, sim, o ajuste (*fit*) e a justificativa (*justification*) da interpretação que eles oferecem das práticas jurídicas em relação ao direito da comunidade política[43].

A exigência constitucional da obrigatoriedade de fundamentar todas as decisões quer dizer que "o julgador deverá explicar as razões pelas quais as prolatou". Considera-se, assim, "um autêntico direito a uma *accountability*, contraposto ao respectivo dever de (*has a duty*) de prestação de contas". Essa determinação constitucional, portanto, transforma-se em um autêntico dever fundamental[44].

---

41 Luiz Guilherme Marinoni; Daniel Mitidiero. Direito fundamental à motivação das decisões. In: Ingo Wolfgang Sarlet; Luiz Guilherme Marinoni; Daniel Mitidiero. *Curso de direito constitucional*. São Paulo: Revista dos Tribunais, 2012. p. 665-666.

42 Lenio Streck. *Crítica hermenêutica do direito*. Porto Alegre: Livraria do Advogado Editora, 2014. p. 64.

43 Ronald Dworkin. *Levando os direitos a sério*. Tradução de Nelson Boeira. 3. ed. São Paulo: Martins Fontes, 2011. p. 127-203.

44 Gilmar Ferreira Mendes; Lenio Luiz Streck. Comentários ao art. 93. In: J. J. Gomes Canotilho; Gilmar F. Mendes; Ingo W. Sarlet; Lenio L. Streck (Coords.). *Comentários à Constituição do Brasil*. São Paulo: Saraiva/Almedina, 2013. p. 1324.

Não há dúvida possível, relativamente ao que se entende pelo princípio inscrito no inciso IX do art. 93 da Constituição da República Federativa do Brasil: constitui dupla garantia, de ordem política e da própria jurisdição. Através de sentenças fundamentadas e descomprometidas com interesses espúrios, num Estado Democrático de Direito, é que se "avalia a atividade jurisdicional". Nesse sentido, as partes podem averiguar se as suas razões foram respeitadas e examinadas "pela autoridade jurisdicional, com imparcialidade e senso de justiça"[45].

Quando se analisa a motivação da sentença, encontram-se diversos aspectos, como "a necessidade de comunicação judicial, exercício de lógica e atividade intelectual do juiz". Localizam-se, igualmente, "sua submissão, como ato processual, ao estado de direito e às garantias constitucionais estampadas na CF, art. 5º". Consequentemente, trazem a exigência de "imparcialidade do juiz, a publicidade das decisões judiciais, a legalidade da mesma decisão". Verifica-se, nesse percurso, "o princípio constitucional da independência jurídica do magistrado, que pode decidir de acordo com sua livre convicção, desde que motive as razões de seu convencimento (princípio do livre convencimento motivado)"[46].

Percebe-se, assim, que a incidência do princípio da Constituição, quanto à obrigatoriedade de fundamentar/motivar as decisões judiciais, tem grande importância na atividade jurisdicional em um Estado Democrático de Direito.

5. A APLICABILIDADE SUPLETIVA E/OU SUBSIDIÁRIA DOS DISPOSITIVOS DO NOVO CPC AO PROCESSO DO TRABALHO

Um dos pontos mais polêmicos para quem atua na Justiça do Trabalho é saber quais os limites da Consolidação das Leis do Trabalho quanto à parte processual. Em outras palavras, até que momento se pode aplicar apenas a CLT, no campo do Direito Processual do Trabalho, e quando se deve valer da aplicação subsidiária do Direito Processual Civil.

---

45   Uadi Lammêgo Bulos. Op. cit., p. 947.
46   Nelson Nery Junior. Op. cit., p. 290-291.

O art. 769 da CLT enuncia que, nos casos omissos, "o Direito Processual Comum será fonte subsidiária do Direito Processual do Trabalho, exceto naquilo que for incompatível com as normas deste Título"[47]. Trata-se do Título X, relativo ao Processo Judiciário do Trabalho, que abrange os arts. 763 a 910. Segundo Sergio Pinto Martins, "subsidiário tem o sentido do que vem em reforço ou apoio de". Aplica-se a expressão no sentido daquilo "que irá ajudar, que será aplicado em caráter supletivo ou complementar". Para esse autor, "primeiro deve existir a omissão para depois existir a compatibilidade". Diz respeito a "um critério lógico: pode existir compatibilidade, mas se não há omissão na CLT, não se aplica o CPC". O art. 769 da CLT é uma espécie de "válvula de contenção", que trata de impedir "a aplicação indiscriminada do CPC", o que poderia pôr em risco "a simplicidade do Processo do Trabalho e a maior celeridade em razão da verba alimentar a ser recebida pelo empregado"[48].

Mauro Schiavi assinala que o Direito Processual Civil pode ser aplicado ao Processo do Trabalho nas seguintes hipóteses:

1. *omissão da CLT* (lacunas normativas, ontológicas e axiológicas); compatibilidade das normas do Processo Civil com os princípios do Direito Processual do Trabalho;

2. *ainda que não omissa a CLT*, quando as normas do Processo Civil forem mais efetivas que as da CLT e compatíveis com os princípios do Processo do Trabalho[49].

O autor referido explica o que são lacunas normativas, ontológicas e axiológicas. As normativas acontecem quando a lei não contém previsão para o caso concreto. As ontológicas, quando a norma não mais está compatível com os fatos sociais, ou seja, está desatualizada. Relativamente às lacunas axiológicas, manifestam-se quando as normas processuais levam a uma solução injusta ou insatisfatória[50].

---

[47] Sergio Pinto Martins. *Comentários à CLT*. 17. ed. São Paulo: Atlas, 2013. p. 820.
[48] Sergio Pinto Martins. Op. cit., p. 820-821.
[49] Mauro Schiavi. *Manual de direito processual do trabalho*. 6. ed. São Paulo: LTr, 2013. p. 152.
[50] Mauro Schiavi. Op. cit., p. 142.

Em abono ao seu estudo, explicita o mencionado escritor como sendo no mesmo sentido o Enunciado número 66 da Primeira Jornada de Direito Material e Processual do Trabalho realizada no Tribunal Superior do Trabalho, com o seguinte teor:

> APLICAÇÃO SUBSIDIÁRIA DE NORMAS DO PROCESSO COMUM AO PROCESSO TRABALHISTA. OMISSÕES ONTOLÓGICA E AXIOLÓGICA. ADMISSIBILIDADE. Diante do atual estágio de desenvolvimento do processo comum e da necessidade de se conferir aplicabilidade à garantia constitucional da duração razoável do processo, os arts. 769 e 889 da CLT comportam interpretação conforme a Constituição Federal, permitindo a aplicação de normas processuais mais adequadas à efetivação do direito. Aplicação dos princípios da instrumentalidade, efetividade e não retrocesso social[51].

A regra inscrita no art. 769 da CLT, quando comparada com o novo processo sincrético inaugurado com as reformas introduzidas pela Lei n. 11.232/2005, apresentaria lacunas ontológicas e axiológicas, segundo Carlos Henrique Bezerra Leite. Desse modo, para colmatar essas lacunas, seria necessária uma "nova hermenêutica", propiciadora de um novo sentido ao conteúdo do art. 769 "devido ao peso dos princípios constitucionais do acesso efetivo à justiça que determinam a utilização dos meios necessários para abreviar a duração do processo"[52].

De forma incisiva, assinala o autor mencionado que o atual Processo Civil Brasileiro, com suas recentes alterações legislativas, consagra a "otimização do princípio da efetividade da prestação jurisdicional". Por essa razão, torna-se necessário colmatar as lacunas ontológica e axiológica das regras da CLT e "estabelecer a heterointegração do sistema mediante o diálogo das fontes normativas com vistas à efetivação dos princípios constitucionais concernentes à jurisdição justa e tempestiva"[53].

O surgimento de novos dispositivos do processo comum deve levar o intérprete a fazer uma primeira indagação, segundo Valentin Carrion: "se,

---

51 Mauro Schiavi. Op. cit., p. 152.
52 Carlos Henrique Bezerra Leite. *Curso de direito processual do trabalho*. 10. ed. São Paulo: LTr, 2012. p. 104-105.
53 Carlos Henrique Bezerra Leite. Op. cit., p. 105.

não havendo incompatibilidade, permitir-se-ão a celeridade e a simplificação, que sempre foram almejadas"[54].

Acórdão da lavra do Ministro Marco Aurélio, quando ainda integrava o Tribunal Superior do Trabalho, examina bem a questão do art. 769 da CLT:

> Estando a aplicação subsidiária do Código de Processo Civil jungida à harmonia com a sistemática adotada pelo legislador consolidado, forçoso é concluir que a definição demanda tarefa interpretativa mediante o cotejo do preceito que se pretenda ver aplicado com a sistemática da CLT[55].

Recorde-se que o Direito Processual do Trabalho nasceu quando o Processo Civil já havia se tornado ciência e se intitulava Direito Processual Civil. As diferenças entre essas duas áreas do direito processual nem sempre separam, mas muitas vezes aproximam. Coqueijo Costa afirma que o direito processual é e deve ser autônomo, "pois não há direito especial sem juiz próprio, sem direito autônomo", registrando que esse ramo do Direito "tem relações jurídicas, princípios e métodos próprios"[56]. Registre-se, contudo, a advertência de Valentin Carrion "de que o Direito Processual do Trabalho não é autônomo com referência ao Processual Civil e não surge do direito material laboral". Essa sua afirmação está centrada no entendimento que, do ponto de vista jurídico, "a afinidade do Direito Processual do Trabalho com o direito processual comum (civil, em sentido lato) é muito maior (de filho para pai) do que com o Direito do Trabalho (que é objeto de sua aplicação)"[57].

Em exegese ao art. 769 da CLT, Wagner D. Giglio e Claudia Giglio Veltri Corrêa assinalam, enfaticamente: "havendo norma jurídica trabalhista, ainda que não consolidada, sua aplicação se impõe, ficando reser-

---

54 Valentin Carrion. *Comentários à Consolidação das Leis do Trabalho*. 37. ed. atual. por Eduardo Carrion. São Paulo: Saraiva, 2012. p. 664.
55 Brasil. Tribunal Superior do Trabalho. Ag-E-RR 7.583/85-4, Min. Marco Aurélio, AC.TP 469/87. In: Valentin Carrion. *Comentários à Consolidação das Leis do Trabalho*. 37. ed. atual. por Eduardo Carrion. São Paulo: Saraiva, 2012, p. 665.
56 Coqueijo Costa. *Direito judiciário do trabalho*. Rio de Janeiro: Forense, 1978. p. 14.
57 Valentin Carrion. Op. cit., p. 664-665.

vado ao Direito Processual Civil apenas a tarefa de suprir lacunas do Processo do Trabalho"[58]. Aduzem que as Varas do Trabalho aplicam, há algum tempo, de forma subsidiária, o Código de Defesa do Consumidor, pela semelhança de propósitos do legislador, "assim como a Lei do Juizado Especial de Pequenas Causas, no intuito de dinamizar o procedimento"[59].

Ao examinar minuciosamente o texto da CLT, Mozart Victor Russomano explica, quanto ao art. 769, que "as normas relativas ao Processo do Trabalho são muitas vezes insuficientes incompletas, defeituosas". Essa situação força a apelos constantes ao Direito Processual Civil, "o que traz dificuldades ao juiz e à parte, porque é preciso expurgar o direito adjetivo comum daquilo que for inadaptável ao direito adjetivo especial"[60].

Para Mozart Victor Russomano, o Direito Processual Civil é muito mais importante para o Direito Processual do Trabalho "que o Direito Civil para o Direito do Trabalho". Embora sustente a conveniência e a necessidade de um Código de Processo do Trabalho, reconhece que a insuficiência das normas da CLT, em matéria processual, teve certa vantagem, pois "permitiu que os juízes e tribunais, desenvolvendo uma jurisprudência altamente criativa e inovadora, fossem os principais artífices do nosso Direito Processual do Trabalho"[61].

Autores mais recentes afirmam que o relacionamento entre o Direito Processual do Trabalho e os demais ramos da ciência processual possibilita a consideração de um método mais complexo, que seja capaz de levar em conta a contemporânea metodologia do Direito. Esse novo método deveria estar habilitado a proporcionar "uma maior abertura da tessitura normativa" e, dessa maneira, "um diálogo entre as diversas fontes do direito processual". Essa construção não teria o objetivo de ofender a estabilidade das relações jurídico-processuais, mas se voltaria para garantir a

---

58 Wagner D. Giglio; Claudia Giglio Veltri Corrêa. *Direito processual do trabalho*. 15. ed. rev. e atual. conforme a EC n. 45/2004. São Paulo: Saraiva, 2005. p. 174.
59 Wagner D. Giglio; Claudia Giglio Veltri Corrêa. Op. cit., p. 174.
60 Mozart Victor Russomano. *Comentários à Consolidação das Leis do Trabalho*. Rio de Janeiro: Forense, 1990. v. II, p. 849.
61 Mozart Victor Russomano. Op. cit., v. II, p. 850.

realização da tutela material invocada. Com esse procedimento, agregaria "elemento de forte valor para o prestígio da jurisdição", outorgando, em consequência, maior efetividade aos "direitos sociais e laborais"[62].

Em denso artigo sobre esse tema, denominado "Da releitura do método de aplicação subsidiária das normas de direito processual comum ao Processo do Trabalho", Wolney de Macedo Cordeiro busca sistematizar esse método, apresentando três hipóteses para a integração da ordem processual trabalhista. A primeira trata da regulamentação inexistente. A segunda, da regulamentação referencial. A terceira, da regulamentação concorrencial. Explica-as dizendo, quanto à primeira (regulamentação inexistente), tratar-se da situação clássica de ausência de disposições legais na legislação processual trabalhista que regulamenta determinado instituto. Relativamente à segunda (regulamentação referencial), ocorre quando o texto legal trabalhista, embora não seja omisso, "não é capaz de estabelecer um regramento autônomo", como se dá com a ação rescisória, a execução provisória e a modificação de competência, por exemplo. Quanto à última hipótese (regulamentação concorrencial), considera-se existente a normatização do instituto na lei processual laboral. Entretanto, esse regramento deve concorrer com normas do processo comum que estejam em maior sintonia com a tutela jurisdicional do trabalho. Abre-se, assim, nessa terceira circunstância, a possibilidade de aplicação do processo comum. Propõe o autor, então, para as chamadas hipóteses de regulamentação concorrencial, uma "atividade cognitiva adicional do intérprete". Para as duas outras hipóteses, a atividade inicial do intérprete limita-se à "aferição topológica da omissão". Na regulamentação concorrencial, entretanto, "a análise preliminar pressupõe uma ponderação de ordem valorativa"[63].

O Novo CPC traz, no art. 15, regra que estabelece: "Na ausência de normas que regulem processos eleitorais, trabalhistas ou administrativos,

---

62   Luciano Athayde Chaves. Interpretação, aplicação e integração do Direito Processual do Trabalho. In: Luciano Athayde Chaves (Org.). *Curso de processo do trabalho*. 2. ed. São Paulo: LTr, 2012. (p. 41-89). p. 71.

63   Wolney de Macedo Cordeiro. Da releitura do método de aplicação subsidiária das normas de direito processual comum ao Processo do Trabalho. In: Luciano Athayde Chaves (Org.). *Direito processual do trabalho*: reforma e efetividade. São Paulo: LTr, 2007. p. 26-51.

as disposições deste Código lhes serão aplicadas supletiva e subsidiariamente". Não há qualquer correspondência no CPC de 1973[64], mas existe no Anteprojeto o art. 14, com a seguinte redação: "Na ausência de normas que regulem processos penais, eleitorais, administrativos ou trabalhistas, as disposições deste Código lhes serão aplicadas supletivamente"[65].

Como se distingue a aplicação subsidiária da aplicação supletiva? Na aplicação subsidiária encontra-se uma possibilidade de enriquecimento, de leitura de um dispositivo sob outro viés, de "extrair-se da norma processual (...) trabalhista (...) um sentido diferente, iluminado pelos princípios fundamentais do processo civil"[66]. No que diz respeito à aplicação supletiva, supõe-se omissão[67].

Entende-se que o CPC é a lei geral do Processo Civil no Brasil. Por isso, pela incidência do princípio da especialidade, "somente quando houver regra específica, contrária à regra geral do CPC é que *lex specialis derrogat generalis*". De qualquer modo, "ainda que não exista na lei especial dispositivo expresso no sentido da aplicação do CPC na lacuna, aplica-se por ser a lei geral do processo"[68].

Quanto às aplicações subsidiária e supletiva, Nelson Nery Junior e Rosa Maria de Andrade Nery advertem que "na falta de regramento específico, o CPC aplica-se subsidiariamente aos processos judiciais trabalhistas (CLT, 769)". Explicam, também, que essa aplicação subsidiária deve guardar com-

---

64 Cassio Scarpinella Bueno. *Novo Código de Processo Civil anotado*. São Paulo: Saraiva, 2015. p. 51.
65 Anteprojeto do Novo Código de Processo Civil/Comissão de Juristas Responsável pela Elaboração do Anteprojeto do Novo Código de Processo Civil. Brasília: Senado Federal, Subsecretaria de Edições Técnicas, 2010. p. 42.
66 Teresa Arruda Alvim Wambier; Maria Lúcia Lins Conceição; Leonardo Ferres da Silva Ribeiro; Rogério Licastro Torres de Mello. *Primeiros comentários ao Novo Código de Processo Civil*: artigo por artigo. São Paulo: Revista dos Tribunais, 2015. p. 75.
67 Teresa Arruda Alvim Wambier; Maria Lúcia Lins Conceição; Leonardo Ferres da Silva Ribeiro; Rogério Licastro Torres de Mello. Op. cit., p. 75.
68 Nelson Nery Junior; Rosa Maria de Andrade Nery. *Comentários ao Código de Processo Civil*: Novo CPC – Lei 13.105/2015. São Paulo: Revista dos Tribunais, 2015. p. 232.

patibilidade "com o processo em que se pretende aplicá-lo", e que a aplicação supletiva deve levar em consideração, igualmente, esse princípio[69].

Importa verificar, portanto, se convivem os arts. 769 da CLT e 15 do Novo CPC, ou se este revogou aquele. Célio Horst Waldraff afirma, de forma veemente, que o art. 15 do Novo CPC, ao prever a aplicação subsidiária e supletiva ao Processo do Trabalho, não revogou o art. 769 da CLT, que admite a aplicação subsidiária, desde que haja compatibilidade. Explica, em seu texto, que "a norma trabalhista é mais ampla, admitindo a aplicação de todo o processo comum, no caso de omissão (e não apenas do CPC)", e também, ao mesmo tempo, "mais restrita, ao exigir a compatibilidade". Propõe uma interpretação equilibrada: os dois preceitos devem conviver, com o objetivo de "impedir a subordinação completa do Processo do Trabalho ao Processo Civil, mantendo sempre a delicada principiologia desse ramo do processo". Ao concluir, categoricamente, que os preceitos convivem e complementam-se, registra que a redação sincrética do art. 15 do Novo CPC, ao mencionar o processo eleitoral e o processo administrativo, "por certo não quis banir a principiologia e as características particulares também desses ramos envolvidos nesse preceito supletório"[70].

Júlio César Bebber, em painel sobre os impactos do Novo CPC no Processo do Trabalho, apresentado no TST, em Brasília, em setembro de 2014, considerou "que o art. 15 do Novo Código de Processo Civil projetado não traz inovação alguma". Segundo esse autor, não muda absolutamente nada, porque as regras existentes na CLT são autossuficientes e não se modificam com o Novo CPC. Desse modo, como as duas regras "dizem praticamente a mesma coisa", passarão "a conviver em conjunto e de modo harmônico"[71].

---

69 Nelson Nery Junior; Rosa Maria de Andrade Nery. Op. cit., p. 232.
70 Célio Horst Waldraff. A aplicação supletiva e subsidiária do NCPC ao Processo do Trabalho. *Revista Eletrônica do TRT9*. v. 4, n. 39, abril de 2015. p. 84-94. Disponível em: <http://www.mflip.com.br/pub/escolajudicial/?numero=39>. Acesso em: 10 jun. 2015.
71 Júlio César Bebber. Painel: Os impactos do Novo CPC no Processo do Trabalho. In: CFC – Simpósio O Novo CPC e os impactos no Processo do Trabalho. *ENAMAT*, Brasília, 15 e 16 de setembro de 2014 (p. 180-187). p. 183. Disponível em: <http://www.enamat.gov.br/wp-content/uploads/2014/09/Degrava%C3%A7%C3%A3o-do--Simp%C3%B3sio_CPC.pdf>. Acesso em: 10 jun. 2015.

No mesmo evento, outro Magistrado do Trabalho, e também Professor Universitário, Homero Mateus Batista da Silva, ressaltou: no art. 769 da CLT não está escrito CPC. Embora se tenha memorizado isso, disse, está escrito que "são as normas de direito processual comum em geral". Explica que encontramos processo "na Lei de Ação Civil Pública, no Código Civil (art. 50 desse Código), e também no Código de Defesa do Consumidor, e assim por diante". A subsidiariedade seria do Direito Processual do Trabalho, e não da CLT. Desse modo, torna-se imprescindível valorizar "as leis que orbitam em torno da CLT e que muitos ignoram, como o Decreto-lei n. 779/69, a Lei n. 5.584/70 e a Lei n. 7.701/88, que revolucionou o TST". Embora nos esqueçamos disso, "nesses dispositivos há soluções criativas, interessantes, que agora vão ter que ser reavivadas, vamos ter que desenferrujar os nossos manuais a esse respeito"[72].

A *Revista Eletrônica do Tribunal Regional do Trabalho da 9ª Região*, que em maio de 2015 atingiu 800.000 acessos em suas trinta e nove edições, apresentou uma Edição Especial tratando do Novo Código de Processo Civil. O responsável por essa edição, Cássio Colombo Filho, apresentou um texto sobre o art. 15 do Novo CPC. Explicou, inicialmente, que, quanto ao significado dos institutos, o vocábulo *subsidiário* tem o sentido de *aumento*, e a palavra *supletivo* significa *complemento*, vale dizer, "no subsidiário falta regra, no supletivo há complemento porque a regra é incompleta". Caberia, assim, aplicação do NCPC na esfera trabalhista nas hipóteses de "lacunas normativas (subsidiariedade), e de lacunas ontológicas ou axiológicas (supletividade)". Explicando melhor, a aplicação subsidiária "destina-se ao suprimento das lacunas normativas, e, além do requisito da omissão, requer compatibilidade dos institutos". Quanto à aplicação supletiva, "direciona-se às lacunas ontológicas e axiológicas, permitindo a chamada heterointegração", com a atenção e o cuidado, no entanto, de observar-se "as orientações da hermenêutica em casos de antinomia"[73].

---

72 Homero Mateus Batista da Silva. Painel: Os impactos do Novo CPC no Processo do Trabalho. *ENAMAT*, Brasília, 15 e 16 de setembro de 2014. (p. 188-202). p. 190. Disponível em: <http://www.enamat.gov.br/wp-content/uploads/2014/09Degrava%C3%A7%C3%A3o-do-Simp%C3%B3sio_CPC.pdf>. Acesso em: 10 jun. 2015.

73 Cássio Colombo Filho. A autonomia do Direito Processual do Trabalho e o Novo CPC. *Revista Eletrônica do TRT9*. Edição especial sobre o Novo Código de Processo

José Alexandre Barra Valente, ao discorrer, na mesma *Revista Eletrônica*, sobre o tema da fundamentação das decisões judiciais do Novo CPC e sua aplicação ao Processo do Trabalho, afirma que: "o art. 15 do NCPC terá maior impacto sobre o Direito Processual do Trabalho, porque, no conflito com o art. 769 da CLT, este prevalecerá, por ser específico". Adiciona explicação de que: "qualquer importação de um dispositivo do CPC aprovado no Congresso Nacional em 2015 necessitará não só de omissão, mas também da compatibilidade principiológica". Acentua que "deverá prevalecer na doutrina e na jurisprudência o entendimento de que os arts. 769 da CLT e 15 do NCPC se complementam". Desse modo, a questão deveria ser tratada da seguinte forma: "na ausência de normas que regulem processos trabalhistas, as disposições do Código de Processo Civil lhes serão aplicadas supletiva e subsidiariamente, exceto naquilo em que for incompatível com as normas processuais da CLT"[74].

Embora estejamos em uma fase preliminar de estudo sobre como interpretar/aplicar a subsidiariedade/supletividade do Novo CPC ao Processo do Trabalho, importa dizer que as duas regras (da CLT, art. 769, e do Novo CPC, art. 15) deverão conviver, embora conflitantemente, por muito tempo, até que se encontre um *modus vivendi* harmonioso.

6. O ALCANCE DA EXPRESSÃO "NÃO SE CONSIDERA FUNDAMENTADA QUALQUER DECISÃO JUDICIAL" – OS SEIS INCISOS DO § 1º E OS §§ 2º E 3º DO ART. 489 DO NOVO CPC – A QUESTÃO DA APLICABILIDADE AO PROCESSO DO TRABALHO

O tema da motivação/fundamentação das decisões é de grande importância para a credibilidade do Poder Judiciário e para a garantia do próprio Estado Democrático de Direito. O Novo CPC expõe o problema

---

Civil. v. 4. n. 39. abril de 2015. (p. 118-142). p. 140 e 130. Disponível em: <http://www.mflip.com.br/pub/escolajudicial/?numero=39>. Acesso em: 10 jun. 2015.

[74] José Alexandre Barra Valente. A fundamentação das decisões judiciais no Novo Código de Processo Civil e sua aplicação no Processo do Trabalho. *Revista Eletrônica do TRT9*. v. 4. n. 39. abril de 2015. (p. 171-220). p. 217. Disponível em: <http://www.mflip.com.br/pub/escolajudicial/?numero=39>. Acesso em: 10 jun. 2015.

ao detalhar quando não se consideram fundamentadas as decisões judiciais. A indagação que se faz é se essa disposição do § 1º do art. 489 do Novo CPC, em seus incisos, aplica-se ao Processo do Trabalho.

No sistema de livre convencimento, a necessidade de motivação é imprecisa, pois, "abandonados os sistemas de prova legal e da íntima convicção do juiz", o magistrado tem "liberdade na seleção e valoração dos elementos de prova para proferir a decisão, mas deve, obrigatoriamente, justificar o seu pronunciamento"[75].

A ideia de "motivação como garantia" assenta-se em três pontos básicos: a) garantia de uma atuação equilibrada e imparcial do magistrado; b) garantia de controle da legalidade das decisões judiciárias; c) "garantia das partes, pois permite que elas possam constatar" se o juiz levou em conta os argumentos e a prova que produziram[76].

Também no Processo do Trabalho, por força da aplicação do princípio constitucional (art. 93, IX) e do Processo Civil (art. 131 do CPC 73), se entende que "o juiz deve motivar sua decisão, fundamentá-la, dizer por que decide desta forma e não de outra"[77]. Isso quer dizer que a motivação "serve para verificar os argumentos utilizados pelo juiz como razões de decidir"[78]. Não sendo apresentada a fundamentação, "não se sabe por que a parte não faz jus ao direito, e ela não tem como discordar para poder recorrer"[79].

Segundo Renato Saraiva, o juiz deve indicar suas razões de decidir, vale dizer, apresentar "os fatores que contribuíram para a formação do seu convencimento mediante a análise das questões processuais, as alegações

---

75 Ada Pellegrini Grinover; Antônio Magalhães Gomes Filho; Antonio Scarance Fernandes. *As nulidades no processo penal*. 11. ed. rev. atual. e ampl. São Paulo: Editora Revista dos Tribunais, 2009. p. 198.

76 Ada Pellegrini Grinover; Antônio Magalhães Gomes Filho; Antonio Scarance Fernandes. Op. cit., p. 198.

77 Sergio Pinto Martins. *Direito processual do trabalho*. 34. ed. atual. até 3-12-2012. São Paulo: Editora Atlas, 2013. p. 379.

78 Sergio Pinto Martins. Op. cit., p. 379.

79 Sergio Pinto Martins. Op. cit., p. 379.

das partes e as provas produzidas"[80]. Insiste esse doutrinador no sentido de que "o juiz deve examinar de forma exaustiva todas as questões suscitadas pelas partes, sob pena de nulidade por ausência de prestação jurisdicional"[81]. Registra, com percuciência, que, muitas vezes, a falta de análise pelo magistrado de todas as questões levantadas pelos litigantes pode impedir a parte de recorrer às Cortes Superiores "em função do imperativo do prequestionamento, necessário ao acesso à instância extraordinária, violando, pois, o princípio da ampla defesa"[82].

O Tribunal Superior do Trabalho enfrentou esse tema, em um dos seus acórdãos, assentando a "necessidade de avaliação de todos os argumentos regularmente oferecidos pelas partes litigantes, sob risco de nulidade". Registra o aresto que a completa prestação jurisdicional se faz pela resposta "a todos os argumentos regulares postos pelos litigantes, não podendo o julgador resumir-se àqueles que conduzem ao seu convencimento". Desse modo, a omissão quanto aos pontos relevantes pelas partes pode conduzir a prejuízos consideráveis, "não só pela possibilidade de sucesso ou derrota, mas também em face das imposições dos desdobramentos da competência funcional"[83].

José Alexandre Barra Valente, no artigo já mencionado, debruçou-se sobre a aplicabilidade do § 1º do art. 489 do NCPC ao Processo do Trabalho. Assinalou que, apesar do seu importante viés constitucional, essa disposição não poderá ser aplicada ao Processo do Trabalho, que possui "um dispositivo legal específico já tratando do tema (CLT, art. 832, *caput*)". Segundo esse autor, essa regra da CLT está perfeitamente adequada ao "sistema processual trabalhista, baseando-se na ideia de tutela jurisdicional diferenciada e especial, voltada para amparar os direitos trabalhistas, com forte viés em duas premissas – oralidade e simplicidade"[84].

---

80 Renato Saraiva. *Curso de direito processual do trabalho*. 5. ed. São Paulo: Método, 2008. p. 339.
81 Renato Saraiva. Op. cit., p. 339-340.
82 Renato Saraiva. Op. cit., p. 440.
83 Brasil. Tribunal Superior do Trabalho. 2ª T. RR 684.428. Rel. Min. Conv. Alberto Luiz Bresciani Pereira – *DJU*, 24-5-2001. p. 427.
84 José Alexandre Barra Valente. Op. cit., p. 217.

O § 1º do art. 489 do Novo CPC indica as hipóteses em que a decisão judicial não é considerada fundamentada, "exigindo do julgador que peculiarize o caso julgado e a respectiva fundamentação diante das especificidades que lhe são apresentadas". Não serão mais aceitas "fundamentações padronizadas e sem que sejam apresentados os argumentos e as teses trazidas pelas partes"[85].

O Novo CPC também inova ao prever, no art. 1.022, parágrafo único, II, o uso dos embargos de declaração "para suprir omissão de decisão que incorra em qualquer das condutas descritas no art. 489, § 1º"[86].

A novidade do § 1º do art. 489 estabelece que a garantia da fundamentação das decisões judiciais, "de índole constitucional, não se tem por satisfeita, se a fundamentação não atende a certos parâmetros de qualidade"[87].

O inciso I do § 1º do art. 489 afirma não se considerar fundamentada qualquer decisão que "se limitar à indicação, à reprodução ou a paráfrase de ato normativo, sem explicar sua relação com a causa ou a questão decidida". Interpretando esse novo dispositivo, afirmam Teresa Arruda Alvim Wambier, Maria Lúcia Lins Conceição, Leonardo Ferres da Silva Ribeiro e Rogério Licastro Torres de Mello, em seus *Primeiros comentários ao Novo Código de Processo Civil*: artigo por artigo – Lei 13.105, de 16 de março de 2015:

> De acordo com a nova lei, considera-se não haver fundamentação em qualquer decisão judicial se esta, pura e simplesmente, repetir a lei, com outras palavras, sem dizer expressamente porque a norma se aplica ao caso concreto decidido (art. 489, § 1º, I). Assim, se na decisão se diz: a decisão é X, porque a norma diz Y, esta decisão carece de fundamentação, pois não se fez o *link* entre o texto da lei dito de outra forma – e os fatos da causa[88].

---

85 Cassio Scarpinella Bueno. Op. cit., p. 325.
86 Cassio Scarpinella Bueno. Op. cit., p. 325.
87 Teresa Arruda Alvim Wambier; Maria Lúcia Lins Conceição; Leonardo Ferres da Silva Ribeiro; Rogério Licastro Torres de Mello. Op. cit., p. 793.
88 Teresa Arruda Alvim Wambier; Maria Lúcia Lins Conceição; Leonardo Ferres da Silva Ribeiro; Rogério Licastro Torres de Mello. Op. cit., p. 794.

Para Luiz Guilherme Marinoni, Sérgio Cruz Arenhart e Daniel Mitidiero, o alcance da regra do inciso I do § 1º do art. 489 fixa-se em que "a necessidade de individualização das normas aplicáveis repele a possibilidade de o juiz se limitar à indicação, à reprodução ou à paráfrase de ato normativo". O vocábulo *paráfrase* significa, aqui, a simples reelaboração do texto legal com outras palavras. Enfatizam os autores que, para a individualização das normas aplicáveis, é necessário explicar as razões pelas quais "as normas aplicadas servem para a solução do caso concreto", isto é, "mostrar por quais motivos as normas devem ser aplicadas". Nesse sentido, "a simples transcrição do texto legal", sem menção ao caso concreto, "não serve para individualização do direito que deve ser aplicado"[89].

Analisando essa mesma disposição legal do Novo CPC, Nelson Nery Junior e Rosa Maria de Andrade Nery registram: "o texto coíbe a utilização, pelo juiz, de fundamento que caberia para embasar qualquer decisão". Em outras palavras, exemplificando, o modelo pronto, "chapinha", nunca foi e agora, mais clara e expressamente, "não será tolerado como decisão fundamentada". Veda-se, também, a utilização de paráfrase, isto é, "transcrever texto de lei mudando as palavras ou sua ordem na frase". Deve, portanto, a decisão, fundamentada em texto de lei, "mencionar os fatos da causa que estariam sujeitos à incidência do texto normativo"[90].

Motivações judiciais que serviriam para justificar qualquer outra não se apresentam corretas, como mostra julgado do STF:

> Não satisfaz a exigência constitucional de que sejam fundamentadas todas as decisões do Poder Judiciário (CF, art. 93, IX) a afirmação de que a alegação deduzida pela parte é "inviável juridicamente, uma vez que não retrata a verdade dos compêndios legais": não servem à motivação de uma decisão judicial afirmações que, a rigor, se prestariam a justificar qualquer outra[91].

---

89 Luiz Guilherme Marinoni; Sérgio Cruz Arenhart; Daniel Mitidiero. *Novo curso de processo civil*: tutela dos direitos mediante procedimento comum. São Paulo: Revista dos Tribunais, 2015. v. II. p. 443.
90 Nelson Nery Junior; Rosa Maria de Andrade Nery. Op. cit., p. 1155.
91 Brasil. Supremo Tribunal Federal. 1ª T. RE 217631-GO, Rel. Min. Sepúlveda Pertence, v.u., j. 9.9.1997, *DJU*, 24-10-1997.

O inciso II do § 1º do art. 489 considera desfundamentada a decisão judicial que "empregar conceitos jurídicos indeterminados, sem explicar o motivo concreto de sua incidência no caso". Refere-se a regra aos casos em que o debate do caso real envolve a concretização de termos vagos, presentes, por exemplo, "nos conceitos jurídicos indeterminados e nas cláusulas gerais". Como exemplo de conceito jurídico indeterminado pode-se apresentar o de justa causa "para efeito de restituição de prazo processual" (art. 223). A cláusula geral pode ser exemplificada com o art. 5º: "aquele que de qualquer forma participa do processo deve comportar-se de acordo com a boa-fé"[92]. Não se outorgando sentido ao termo vago e não se mostrando a razão pela qual pertine ao caso concreto, "a indeterminação normativa do texto impede que se tenha por individualizada a norma que será aplicada para solução da questão debatida entre as partes"[93].

Nelson Nery Junior e Rosa Maria de Andrade Nery explicam que o texto não permite que se faça "mera referência aos conceitos legais indeterminados, como, por exemplo, boa-fé, má-fé, justo título, duração razoável do processo etc.". Para esses autores, é indispensável que o juiz preencha o conceito indeterminado, explicando, no caso concreto e especificamente, no que consistem as expressões e institutos mencionados. Afirmam que a mera indicação do conceito legal indeterminado, "sem esclarecimento sobre sua aplicabilidade ao caso, dá margem à nulidade da sentença por falta de fundamento". Esclarecem, no entanto, que "a fundamentação concisa não pode ser confundida com a não fundamentação"[94].

Motivação sucinta pode significar decisão motivada, como já entendeu a mais alta Corte do País:

> Decisão fundamentada: o que a CF 93 IX exige é que o juiz ou o tribunal dê as razões de seu convencimento, não se exigindo que a decisão

---

[92] Luiz Guilherme Marinoni; Sérgio Cruz Arenhart; Daniel Mitidiero. Op. cit., v. II, p. 443.

[93] Luiz Guilherme Marinoni; Sérgio Cruz Arenhart; Daniel Mitidiero. Op. cit., v. II, p. 443-444.

[94] Nelson Nery Junior; Rosa Maria de Andrade Nery. *Comentários ao Código de Processo Civil*: Novo CPC – Lei 13.105/2015. São Paulo: Revista dos Tribunais, 2015. p. 1155.

seja amplamente fundamentada, dado que a decisão com motivação sucinta é decisão motivada[95].

Sobre essa situação, registra a história oral da Justiça do Trabalho do Paraná um caso peculiar de uma sucinta sentença que foi mantida pelo Tribunal. Discutia-se, em reclamatória trabalhista, perante uma Junta de Conciliação e Julgamento do interior do Paraná, se o autor era empregado ou não. Disse a sentença: "aquele que compra o leite no sítio e, por sua conta e risco, revende na cidade não é empregado". Está essa decisão suficientemente motivada? Seria exemplo de sentença concisa? O Tribunal Regional do Trabalho examinou o recurso apresentado em setenta páginas e manteve a decisão. Agiu corretamente o Tribunal? A síntese de uma decisão, por vezes, conduz a dúvidas. Nesse caso, parece, mesmo, que a decisão justificou, de forma fundamentada/motivada, porque o reclamante não era empregado.

Saliente-se que a indeterminação dos conceitos "admite graus", sendo também evidente que, quanto mais vago for o conceito contido na norma aplicada para resolver o caso concreto, certamente "maior necessidade haverá de o juiz explicar por que entendeu que a norma deveria incidir na hipótese fática dos autos". Assim, quando se basear "em princípios jurídicos, em cláusulas gerais e em normas que contenham, em sua redação, conceitos indeterminados", deve a decisão judicial possuir densidade de fundamentação[96].

O inciso III do § 1º do art. 489 não considera fundamentada a decisão judicial que "invocar motivos que se prestariam a justificar qualquer outra decisão". Essa norma já está compreendida nos incisos I e II, examinados, considerando não motivada a decisão "que se prestaria a justificar qualquer *decisum*, como, por exemplo, concedo a liminar porque presentes os seus pressupostos". Não há dúvida de que a fundamentação "deve ser expressa e especificamente relacionada ao caso concreto que está sendo resolvido".

---

95 BRASIL. Supremo Tribunal Federal. 2ª T. Ag. Rg., RE 285052-SC, Rel. Min. Carlos Velloso, v.u., j. 11-6-2002, *DJU* 28-6-2002.

96 Teresa Arruda Alvim Wambier; Maria Lúcia Lins Conceição; Leonardo Ferres da Silva Ribeiro; Rogério Licastro Torres de Mello. Op. cit., p. 794.

Não se admite, em hipótese alguma, a decisão "vestidinho preto", que significa, segundo uso corrente, "algo que se pode usar em diferentes situações, sem risco de incidir em grave erro"[97].

Registram, enfaticamente, Luiz Guilherme Marinoni, Sérgio Cruz Arenhart e Daniel Mitidiero "a necessidade de efetivo diálogo entre o juiz e as partes, tendo em conta o caráter lógico argumentativo da interpretação do direito", o que repele se possa considerar como fundamentada uma decisão que invoca motivos que se prestariam a justificar qualquer decisão[98].

Exemplifica-se a vedação do texto do Novo CPC, asseverando-se que, quando determinada decisão apresenta fundamentação que serve para justificar qualquer outra, na verdade não particulariza o caso concreto. Por isso, respostas padronizadas, idealizadas para servir indistintamente a qualquer caso, "justamente pela ausência de referências às particularidades do caso, demonstram a inexistência de consideração pela demanda proposta pela parte". Em síntese, quanto ao inciso III, com a fundamentação padrão, "desligada de qualquer aspecto da causa, a parte não é ouvida, porque o seu caso não é considerado"[99].

O inciso IV do § 1º do art. 489 não considera fundamentada a decisão judicial que deixar de "enfrentar todos os argumentos deduzidos no processo capazes de, em tese, infirmar a conclusão adotada pelo julgador".

Ao considerar desmotivada a decisão, quando não enfrentados todos os argumentos deduzidos no processo, o dispositivo refere-se aos "argumentos de fato e de direito que teriam o condão de levar o magistrado a decidir de outra forma". Dito de outra maneira, uma vez não acolhidos os argumentos, devem, obrigatoriamente, ser afastados. Aqui se trata de levar em conta a "noção contemporânea do princípio do contraditório". Não se pode mais admitir, como antigamente, o contraditório resumido à ativida-

---

[97] Teresa Arruda Alvim Wambier; Maria Lúcia Lins Conceição; Leonardo Ferres da Silva Ribeiro; Rogério Licastro Torres de Mello. Op. cit., p. 795.

[98] Luiz Guilherme Marinoni; Sérgio Cruz Arenhart; Daniel Mitidiero. *Novo curso de processo civil*: tutela dos direitos mediante procedimento comum. São Paulo: Revista dos Tribunais, 2015. v. II, p. 444.

[99] Luiz Guilherme Marinoni; Sérgio Cruz Arenhart; Daniel Mitidiero. Op. cit., v. II. p. 444-445.

de das partes, com "a oportunidade de afirmar e demonstrar o direito que alegam ter". Entende-se, agora, o contraditório como supondo a existência de "um observador neutro, no sentido de imparcial, que assista ao diálogo entre as partes (alegações e provas) para depois decidir". Quando fundamenta a decisão, o juiz demonstra que "participou do contraditório". O juiz tem obrigação de ouvir as partes, embora possa não acolher suas alegações, uma vez que "pode decidir com base em fundamentos não mencionados por nenhuma das partes (*iura novit curia*)". Somente nos autos em que foi proferida uma decisão pode (ou não) ser considerada fundamentada. Além da sua coerência *interna corporis*, é fundamental que a decisão se refira a elementos externos, "afastando-os, de molde até mesmo a reforçar o acerto da decisão tomada"[100].

Houve um período, na história do Direito, no qual se entendia o contraditório como algo que dizia respeito somente às partes. Nesse sentido, pois, afirmava-se que o dever de motivação das decisões judiciais não poderia ter como parâmetro, para aferir a correção, "a atividade desenvolvida pelas partes em juízo". Considerava-se suficiente, assim, que o órgão jurisdicional, para que fosse considerada motivada sua decisão, demonstrasse "quais as razões que fundavam o dispositivo". Tratava-se, apenas, de levar em conta "um critério intrínseco para aferição da completude do dever de motivação", vale dizer, "bastava a não contradição entre as proposições constantes da sentença". Esse entendimento antigo encontra-se em total descompasso com a nova visão a respeito do direito ao contraditório. Registre-se que o contraditório significa o direito de influir, tendo como contrapartida o "dever de debate – dever de consulta, de diálogo, de consideração". Desse modo, tem-se como certo que "não é possível aferir se a influência foi efetiva se não há dever judicial de rebate aos fundamentos levantados pelas partes". Essa a razão pela qual, além de não ser contraditória, a fundamentação tem a sua completude pautada também por um "critério extrínseco – a consideração pelos argumentos desenvolvidos pelas partes em suas manifestações processuais". Uma explicação impor-

---

100 Teresa Arruda Alvim Wambier; Maria Lúcia Lins Conceição; Leonardo Ferres da Silva Ribeiro; Rogério Licastro Torres de Mello. Op. cit., p. 795.

tante, ainda, esclarece que o inciso IV do § 1º do art. 489 "não visa fazer com que o juiz rebata todo e qualquer argumento invocado pelas partes no processo". Existe, sim, dever de diálogo do juiz, do Poder Judiciário, com a parte, sobre os "argumentos capazes de determinar por si a procedência de um pedido", ou, ainda, "de determinar por si só o conhecimento, não conhecimento, provimento ou desprovimento de um recurso". Todos os demais argumentos, contudo, só precisam ser considerados pelo juiz, com a finalidade de demonstrar "que não são capazes de determinar conclusão diversa daquela adotada pelo julgador"[101].

Nelson Nery Junior e Rosa Maria de Andrade Nery, em análise ao inciso IV do § 1º do art. 489 do Novo CPC, asseveram que, "havendo omissão do juiz, que deixou de analisar fundamento constante da alegação da parte, terá havido omissão suscetível de correção pela via dos embargos de declaração". Não se pode mais, agora, rejeitar embargos declaratórios "ao argumento de que o juiz não está obrigado a pronunciar-se sobre todos os pontos da causa". Desse modo, deve o juiz pronunciar-se sobre todos os pontos levantados pelas partes, "que sejam capazes de alterar a conclusão adotada na decisão". Distinguem, no entanto, os autores citados, fundamentação sucinta de fundamentação deficiente. Para eles, o juiz "não tem obrigação de responder a todos os argumentos das partes", mas tem o dever de "examinar as questões que possam servir de fundamento essencial à acolhida ou rejeição do pedido do autor". Recordam, ainda, com base no inciso I, art. 1.022, do Novo CPC, que "a motivação contraditória dá ensejo a que a parte prejudicada oponha embargos de declaração"[102].

O inciso V do § 1º do art. 489 não considera fundamentada a decisão judicial "que se limitar a invocar precedentes ou enunciados de súmula, sem identificar seus fundamentos determinantes, nem demonstrar que o caso sob julgamento se ajusta àqueles fundamentos". Considera-se essa norma "substancialmente idêntica à do inciso I", vale dizer, quando se aplica "uma regra ao caso concreto, devem-se explicar as razões que tornam

---

[101] Luiz Guilherme Marinoni; Sérgio Cruz Arenhart; Daniel Mitidiero. Op. cit., v. II. p. 445-446.
[102] Nelson Nery Junior; Rosa Maria de Andrade Nery. Op. cit., p. 1155-1156.

a regra adequada para resolver aquele caso concreto específico". Igualmente, ao aplicar-se uma súmula ou precedente, leva-se em conta "a tese jurídica adotada pelo precedente e formulada na súmula". Dessa maneira, deve-se demonstrar, na fundamentação da decisão, "a relação de pertinência ao caso concreto"[103].

A exigência do Novo CPC consiste em que a menção a precedente, ou enunciado de súmula de tribunal (vinculante ou simples), venha acompanhada "da análise dos fatos e do direito da causa, que se amoldaram àquele enunciado ou precedente". A mesma exigência está no inciso I do § 1º do art. 489. O juiz deve indicar "quais as circunstâncias do caso concreto que fariam com que se amoldasse ao precedente ou enunciado de súmula de tribunal". Apenas indicar, mencionar, o precedente ou o enunciado da súmula não é suficiente, "não é circunstância que caracterize a decisão como fundamentada". Desse modo, tal como acontece na simples indicação de texto de lei, a mera indicação de precedente ou enunciado de súmula significa "decisão nula por falta de fundamentação (CF, 93, IX)"[104].

Ao realizar a exegese do inciso V do § 1º do art. 489, Luiz Guilherme Marinoni, Sérgio Cruz Arenhart e Daniel Mitidiero especificam que "também são problemas ligados à ausência de identificação das normas aplicáveis ao caso concreto" aqueles oriundos de "invocação de precedente sem a devida justificação da identidade ou semelhança entre os casos"[105].

O último dos incisos do § 1º, VI, do art. 489 considera não fundamentada a decisão judicial que "deixar de seguir enunciado de súmula, jurisprudência ou precedente invocado pela parte, sem demonstrar a existência de distinção no caso em julgamento ou a superação do entendimento".

É possível considerar que, de certo modo, as razões do inciso VI encontram-se também no inciso V, isto é, quando a jurisprudência, ou o precedente, invocado pela parte, é desconsiderado, "devem ser explicadas

---

103 Teresa Arruda Alvim Wambier; Maria Lúcia Lins Conceição; Leonardo Ferres da Silva Ribeiro; Rogério Licastro Torres de Mello. Op. cit., 2015. p. 796.
104 Nelson Nery Junior; Rosa Maria de Andrade Nery. Op. cit., p. 1156.
105 Luiz Guilherme Marinoni; Sérgio Cruz Arenhart; Daniel Mitidiero. Op. cit., v. II. p. 444.

as razões pelas quais teriam sido afastados". De duas uma: ou não se trata de caso análogo, "ou a tese jurídica constante da súmula, da jurisprudência ou do precedente não devem ser acatados, porque superados"[106].

Registram Luiz Guilherme Marinoni, Sérgio Cruz Arenhart e Daniel Mitidiero, quanto ao inciso VI, da mesma forma como haviam feito em relação ao inciso V, problemas ligados à ausência de identificação das normas aplicáveis ao caso concreto, vale dizer, decorrentes da omissão de justificativa capaz de levar à distinção "entre o caso sentenciado e o caso invocado como precedente ou capaz de mostrar a superação do precedente invocado pela parte, mas não aplicado"[107].

Observações de extrema pertinência aduzem Nelson Nery Junior e Rosa Maria de Andrade Nery relativamente à possibilidade de não aplicação de súmula vinculante e o controle de constitucionalidade. Ressaltam que a aplicação da súmula vinculante não é imediata nem automática, "pois é necessário o exercício da interpretação". Enfatizam que o juiz, ao decidir, dado o caráter geral e abstrato da súmula vinculante do STF, pode ou não aplicá-la, pois, como a lei, também é "geral e abstrata e de cumprimento e aplicação obrigatórios (CF, 5º, III)". Entretanto, para não aplicar a súmula vinculante do STF, ao caso concreto, é necessário afastar sua constitucionalidade. Em caso contrário, o juiz está obrigado a cumpri-la e aplicá-la. No momento em que afastar essa incidência deverá reconhecer tratar-se de "texto normativo inconstitucional"[108]. Nelson Nery Junior, em obra que escreveu sozinho, menciona o verbete vinculante n. 5 do STF que estabelece: "a falta de defesa técnica por advogado no processo administrativo disciplinar não ofende a Constituição". Considera essa súmula inconstitucional por ferir a dignidade da pessoa humana (CF, art. 1º, III), o direito de ação (CF, art. 5º, XXXV), o devido processo legal (CF, art. 5º, LIV), a ampla defesa (CF, art. 5º, LV) e os predicamentos da advocacia (CF, art. 133). Registra, por isso, que essa súmula "não poderá produzir efeitos nos

---

106 Teresa Arruda Alvim Wambier; Maria Lúcia Lins Conceição; Leonardo Ferres da Silva Ribeiro; Rogério Licastro Torres de Mello. Op. cit., p. 796.
107 Luiz Guilherme Marinoni; Sérgio Cruz Arenhart; Daniel Mitidiero. Op. cit., v. II, p. 444.
108 Nelson Nery Junior; Rosa Maria de Andrade Nery. Op. cit., p. 1156.

processos administrativos e judiciais". Caberia, então, ao julgador administrativo (processo administrativo) ou ao juiz (processo judicial) exercer o controle concreto e difuso de constitucionalidade da súmula vinculante n. 5 e, ao reconhecê-la inconstitucional, deixar de aplicá-la[109].

Quanto à não aplicação de jurisprudência e súmula simples de tribunal, consideram Nelson Nery Junior e Rosa Maria de Andrade Nery que a vinculação do juiz nas hipóteses previstas no CPC, art. 927, III, IV e V é inconstitucional, pois não existe autorização expressa na CF, como seria de rigor, para que haja essa vinculação. Com efeito, determina o *caput* do art. 927 do Novo CPC que os juízes e os tribunais observarão: a) as decisões do Supremo Tribunal Federal em controle concentrado de constitucionalidade (I); b) os enunciados de súmula vinculante (II); c) os acórdãos em incidente de assunção de competência ou de resolução de demandas repetitivas e em julgamento de recurso extraordinário e especial repetitivos (III); d) os enunciados das súmulas do Supremo Tribunal Federal em matéria constitucional e do Superior Tribunal de Justiça em matéria infraconstitucional (IV); e) a orientação do plenário ou do órgão especial aos quais estiverem vinculados (V). Mencionam esses autores, quanto à súmula do STF, para que pudesse vincular juízes e tribunais, "foi necessária a edição de Emenda Constitucional incluindo a CF 103-A (EC 45/2004)". Do mesmo modo, consideram exigível emenda constitucional "para autorizar o Poder Judiciário a legislar". Asseveram que, somente nas hipóteses previstas no CPC, art. 927, I e II, a vinculação é possível, "pois para isso há expressa autorização constitucional (CF 102, § 2º, e 103-A *caput*)"[110].

Tratando-se de novidade, as disposições específicas do Novo CPC sobre a fundamentação judicial, considera-se importante trazer as explicações doutrinárias sobre a denominada "carência de motivação", que poderia manifestar-se em pelo menos três situações diversas:

---

109 Nelson Nery Junior. *Princípios do processo na Constituição Federal*: processo civil, penal e administrativo. 10. ed. rev., ampl. e atual. com as novas súmulas do STF (simples e vinculantes) e com análise sobre a relativização da coisa julgada. São Paulo: Revista dos Tribunais, 2010. p. 254-255.

110 Nelson Nery Junior; Rosa Maria de Andrade Nery. Op. cit., p. 1156-1835.

a) quando o juiz omite as razões de seu convencimento; b) quando as tenha indicado incorrendo em evidente erro lógico-jurídico, de modo que as premissas de que extraiu sua decisão possam ser consideradas *sicut non essent* – carência de motivação intrínseca; ou, c) quando, embora no seu contexto a sentença pareça motivada, tenha omitido o exame de um fato decisivo para o juízo que leve a crer que, se o juiz o tivesse examinado, teria alcançado uma decisão diversa – carência de motivação extrínseca[111].

Quanto à carência de motivação extrínseca, que se caracteriza "quando o juiz deixa de apreciar provas ou questões de fato ou de direito decisivas para o julgamento", têm os tribunais, nessa hipótese, "fulminado a sentença por insanável nulidade"[112].

O § 2º do art. 489 estabelece que, "no caso de colisão entre normas, 'o juiz deve justificar o objeto e os critérios gerais da ponderação efetuada, enunciando as razões que autorizam a interferência da norma afastada e as premissas fáticas que fundamentam a conclusão'". Diferentes finalidades normativas podem apontar soluções diversas, e até mesmo opostas, para resolução de determinados casos, conforme o exemplo do § 2º do art. 489. O Novo CPC chama a esse fenômeno de "colisão entre normas". Embora o Código fale em ponderação, "pode ser o caso de o conflito normativo ser resolvido com o emprego da proporcionalidade". No caso de ponderação, o juiz deve justificar o objeto e os critérios gerais, enunciando "as razões que autorizam a interferência na norma afastada e as premissas fáticas que fundamentam a conclusão". Na hipótese de proporcionalidade, "deve o juiz retratar a relação entre meio e fim e justificar argumentativamente a adequação e necessidade"[113].

De forma contundente, Nelson Nery Junior e Rosa Maria Andrade Nery explicitam haver uma impropriedade "na menção à técnica de pon-

---

111 Ada Pellegrini Grinover; Antônio Magalhães Gomes Filho; Antonio Scarance Fernandes. *As nulidades no processo penal*. 11. ed. rev., atual. e ampl. São Paulo: Revista dos Tribunais, 2009. p. 119.
112 Ada Pellegrini Grinover; Antônio Magalhães Gomes Filho; Antonio Scarance Fernandes. Op. cit., p. 119.
113 Luiz Guilherme Marinoni; Sérgio Cruz Arenhart; Daniel Mitidiero. Op. cit., v. II, p. 449.

deração", no § 2º do art. 489, dando margem à interpretação de que "toda e qualquer antinomia pode ser resolvida por esse meio". Essa técnica, como ressaltam, desenvolveu-se e sustentou-se "para a solução dos conflitos entre direitos fundamentais e entre princípios constitucionais, que não se resolvem pelas regras da hermenêutica jurídica clássica". Esse dispositivo deve, portanto, ser interpretado apenas "no sentido de que se refere às normas relacionadas a direitos fundamentais e princípios constitucionais"[114].

Em sociedades pluralistas, como a em que vivemos, a orientação do § 2º tem sua função, pois cada vez mais "o Judiciário deve enfrentar questões complexas que exigem densa fundamentação". Em algumas situações, considera-se indispensável "decidir qual princípio deve prevalecer em detrimento de outro, muitas vezes, da mesma hierarquia". Pode-se exemplificar com dois casos julgados pelo STF Pleno: a) a ADPF 132/RJ, sobre a garantia de igualdade de direitos para as uniões homoafetivas; b) a ADPF 54/DF, sobre a descriminalização da antecipação terapêutica do parto em caso de feto anencefálico[115].

O § 3º do art. 489 diz que: "a decisão judicial deve ser interpretada a partir da conjugação de todos os seus elementos e em conformidade com o princípio da boa-fé". Trata-se de uma "regra interpretativa das decisões judiciais", que devem ser compreendidas "em função do conjunto de elementos que contêm e de acordo com o princípio da boa-fé". Corresponde esse dispositivo ao § 2º do art. 322 do NCPC, "que diz respeito ao pedido". Correlacionar pedido e sentença é inevitável, já se tendo dito que aquele é um rascunho desta, "quando a ação é tida como procedente"[116].

Em crítica a esse texto, pode-se dizer que, "se não há harmonia entre relatório, fundamentação e dispositivo, não há como a sentença ser devidamente interpretada". Soa óbvia, assim, "a previsão de interpretação mediante a conjugação dos elementos da decisão", tornando-se

---

114 Nelson Nery Junior; Rosa Maria de Andrade Nery. Op. cit., p. 1156-1157.
115 Teresa Arruda Alvim Wambier; Maria Lúcia Lins Conceição; Leonardo Ferres da Silva Ribeiro; Rogério Licastro Torres de Mello. Op. cit., p. 796-797.
116 Teresa Arruda Alvim Wambier; Maria Lúcia Lins Conceição; Leonardo Ferres da Silva Ribeiro; Rogério Licastro Torres de Mello. Op. cit., p. 797.

ainda mais desnecessária no que diz respeito à sentença, "tendo em vista que os seus elementos constitutivos não foram aleatoriamente indicados pelo legislador". Condena-se à inutilidade a previsão do *caput* do art. 489 do NCPC quando ignora "um desses fatores no processo interpretativo". Quanto à boa-fé, considera-se "referência fundamental para todos aqueles que atuam no processo", sendo, entretanto, a rigor, desnecessária a inclusão no texto legal. Naturalmente a interpretação da decisão judicial não deve se pautar pela distorção do que foi dito pelo juiz, pois isso "caracterizaria litigância de má-fé por desvirtuamento da verdade dos fatos (CPC, 80, II)"[117].

Ao fim desse item seis, considera-se que, sim, os seis incisos do § 1º do art. 489 do NCPC podem, e devem, ser aplicados ao Processo do Trabalho. Com relação ao § 2º, aplica-se quando disser respeito a direitos fundamentais e princípios constitucionais. E o § 3º, embora desnecessário, reforça a relevância de interpretar-se a decisão judicial "a partir da conjugação de todos os seus elementos", e também levando em conta a boa-fé. O dispositivo talvez possa se justificar apenas como alerta.

7. CONSIDERAÇÕES FINAIS

Após o estudo desenvolvido, cumpre apresentar, ainda que de forma sintética, alguns direcionamentos sobre o tema enfocado.

7.1. Os significados dos vocábulos "motivação" e "fundamentação"

A palavra *fundamentação*, originária do latim *fundamentum*, que significa base, para o Direito Processual Civil, ou Direito Processual do Trabalho, representa o requisito essencial da decisão judicial, pela qual o julgador analisa as questões de fato e de direito. Também se pode dizer que significa expor, com base no Direito e nas provas, as razões de julgamento da causa judicial. O vocábulo *motivação* tem o mesmo sentido de *fundamentação*.

---

117 Nelson Nery Junior; Rosa Maria de Andrade Nery. Op. cit., p. 1157.

7.2. As origens históricas do princípio

A obrigação de fundamentar uma decisão judicial é recente. Nos ordálios, por exemplo, os juízes recorriam a Deus, em caso de dificuldade da prova dos fatos ou do direito, para administrar a justiça.

Até o final do século XVII era comum o juiz sentenciar sem fundamentar a sua decisão. Somente com uma Lei de Organização Judiciária da França, de 1810, a motivação tornou-se obrigatória. A partir daí as codificações do século XIX passaram a acolher o princípio. No século XX, o princípio da fundamentação das decisões judiciais é elevado à dignidade de preceito constitucional em diversos países.

As Ordenações Filipinas, que vigoraram no Brasil, determinavam que nas decisões se declarassem as causas em que se fundaram a condenar, ou absolver, ou confirmar, ou revogar. O art. 232 do Regulamento 737, de 1850, determinava que a sentença fosse clara, devendo o juiz sumariar o pedido e a contestação com os fundamentos respectivos, "motivando com precisão o seu julgado" e declarando sob sua responsabilidade a lei ou estilo em que se funda.

Na fase republicana brasileira, com o sistema da dualidade processual, que conferia uma divisão de competência legislativa sobre a matéria processual entre a União e os Estados, na Constituição de 1891, diversos Estados fizeram constar em seus Códigos de Processo o dever de motivação das decisões judiciais.

A Constituição do Brasil de 1937 restabeleceu a unidade legislativa em matéria processual. Em 1939, o Código de Processo Civil estabeleceu o dever de o juiz indicar, na decisão, "os fatos e as circunstâncias que motivaram o seu convencimento".

Em 1973, o Código de Processo Civil, instituído pela Lei n. 5.869, de 11 de janeiro, apresenta regra expressa, em vários dispositivos, impondo a fundamentação das decisões judiciais.

Registre-se que a Consolidação das Leis do Trabalho, que foi editada pelo Decreto-Lei n. 5.452, de 1º de maio de 1943, já estabelecia, no seu art. 832, *caput*, que na decisão deveria constar o nome das partes, o resumo do pedido e da defesa, a apreciação das provas, "os fundamentos da decisão" e a respectiva conclusão.

7.3. A previsão constitucional em 1988

A importância do tema, da exigência da fundamentação das decisões judiciais, é tanta que o constituinte originário, de 1988, estabeleceu a obrigatoriedade de todos os julgamentos do Poder Judiciário serem públicos e "fundamentadas todas as decisões, sob pena de nulidade" (inciso IX do art. 93 da CF/88).

Em um Estado Democrático de Direito, os atos do Poder Público devem ser expedidos com apreço às garantias constitucionais, tais como a imparcialidade e a livre convicção do magistrado.

Essa determinação constitucional não se dirige apenas às partes e aos juízes, mas também à comunidade como um todo, verificando-se se o juiz foi imparcial e se decidiu com conhecimento de causa.

7.4. A aplicabilidade supletiva e/ou subsidiária dos dispositivos do Novo CPC ao Processo do Trabalho

O art. 769 da CLT, de 1943, estabelece que, nos casos omissos, o direito processual comum será fonte subsidiária do Direito Processual do Trabalho, "exceto naquilo que for incompatível com as normas deste Título". O Título referido é o X, que trata do Processo Judiciário do Trabalho, como se denominava antigamente o Direito Processual do Trabalho.

Agora, em 2015, o art. 15 do Novo CPC estabelece que: "na ausência de normas que regulem processos eleitorais, trabalhistas ou administrativos, as disposições deste Código lhes serão aplicadas supletiva e subsidiariamente".

Ressurgiu, de pronto, a velha polêmica: até que ponto pode-se aplicar o Código de Processo Civil ao Processo do Trabalho?

O Enunciado 66 aprovado na Primeira Jornada de Direito Material e Processual na Justiça do Trabalho, realizada em Brasília, em 23-11-2007, apresenta uma possibilidade de entendimento da matéria. Admite a aplicação subsidiária de normas do processo comum ao Processo do Trabalho em caso de omissões ontológica e axiológica. Sugere interpretação conforme a Constituição Federal aos arts. 769 e 889 da CLT, diante do atual estágio de desenvolvimento do processo comum e da necessidade de se conferir aplicabilidade à garantia constitucional da razoável duração do processo, para permitir "a aplicação das normas processuais mais adequadas à efetivação do direito". Enfatiza a aplicabilidade dos princípios da instrumentalidade, da efetividade e do não retrocesso social.

Em um primeiro momento da interpretação do art. 15 do NCPC comparado ao art. 769 da CLT, surgiram pelo menos quatro correntes de pensamento a respeito do tema da aplicação subsidiária e/ou supletiva.

A primeira corrente, que se pode chamar de radical-legalista, assevera a revogação pura e simples do art. 769, pois o art. 15 do NCPC trataria da mesma matéria. A lei posterior revogaria a anterior.

A segunda corrente, que se pode chamar de radical-trabalhista, afirma que nada mudou. A aplicação subsidiária e/ou supletiva far-se-ia como antes, levando em conta a omissão e a compatibilidade.

A terceira corrente, que se pode chamar de referencial-concorrencial, sugere um método mais complexo, capaz de levar em conta a contemporânea metodologia do Direito, propiciando um diálogo entre as diversas fontes do direito processual. Quando a regulamentação é inexistente ou referencial (o texto trabalhista não é capaz de estabelecer regramento autônomo), o intérprete limita-se a aferir topologicamente a omissão. Entretanto, se a regulamentação é concorrencial, existe a normatização do instituto na lei processual laboral, mas esse regramento deve concorrer com as normas do processo comum que tenham mais sintonia com a tutela jurisdicional do trabalho. Trata-se aqui, nesta última situação, de uma análise preliminar que pressupõe uma ponderação de ordem valorativa.

Uma quarta corrente propõe uma interpretação equilibrada, com harmonia, na qual os dois preceitos devem conviver, impedindo a subordinação completa do Processo do Trabalho ao Processo Civil, mantendo sempre os princípios desse ramo do processo.

7.5. O alcance da expressão "não se considera fundamentada qualquer decisão judicial" – os seis incisos do § 1º e os §§ 2º e 3º do art. 489 do Novo CPC – a questão da aplicabilidade ao Processo do Trabalho

O § 1º do art. 489 do NCPC estabelece as hipóteses em que uma decisão judicial não se considera fundamentada. A necessidade de individualização das normas aplicáveis repele a possibilidade de o juiz se limitar à indicação, à reprodução ou à paráfrase de ato normativo (inciso I). Essa mesma orientação vale para as situações em que o debate do caso concreto envolve termos vagos, que estão presentes nos conceitos jurídicos indeterminados e nas cláusulas gerais (inciso II). Também não se considera fundamentada a decisão que invoca motivos que se prestariam a justificar qualquer decisão (inciso III) ou que não enfrenta todos os argumentos deduzidos no processo capazes de, em tese, infirmar a conclusão adotada pelo julgador (inciso IV). Considera o dispositivo, também, como problemas ligados à ausência de identificação das normas aplicáveis ao caso concreto aqueles decorrentes da invocação de precedentes sem a devida justificação da identidade ou semelhança entre os casos (inciso V), e também da omissão de justificativa capaz de levar à distinção entre o caso sentenciado e o caso invocado como precedente, ou capaz de mostrar a superação do precedente invocado pela parte, mas não aplicado (inciso VI).

Essas especificações, dos seis incisos do § 1º do art. 489 do NCPC, aplicam-se ao Processo do Trabalho?

Temos, sobre esse assunto, duas correntes possíveis: positiva e negativa. A positiva considera aplicáveis essas disposições ao Processo do Trabalho, enquanto a negativa entende pela inexistência de omissão, tendo em vista o regramento da CLT.

Comecemos pela última, a negativa. Orienta-se essa interpretação por uma análise aprofundada do *caput* do art. 832 da CLT, em que já estaria apresentada a necessidade dos fundamentos da decisão. Esse tratamento estaria adequado ao sistema processual trabalhista, com base na ideia de tutela jurisdicional diferenciada e especial, voltada para amparar os direitos trabalhistas, em duas premissas – oralidade e simplicidade. Esse entendimento não representaria uma "carta branca" para que os juízes trabalhistas pudessem decidir sem fundamentar suas decisões, pois deve haver o respeito ao direito fundamental do jurisdicionado conforme garantia constitucional (art. 93, IX).

Em contrapartida, temos a corrente de opiniões denominada positiva, que entende aplicáveis as disposições dos incisos do § 1º do art. 489 do NCPC. Podem ser sintetizados os argumentos dessa orientação em três ordens de ideias: a) a regulamentação do inciso IX do art. 93 da CF/88;

b) a inexistência de norma dizendo o que é motivação/fundamentação; c) a compatibilidade dessas disposições com o Processo do Trabalho. Em primeiro lugar, o preceito constitucional limita-se a dizer que "todas as decisões do Poder Judiciário serão fundamentadas, sob pena de nulidade". O *caput* do art. 832 da CLT menciona "os fundamentos da decisão". Garante-se que as decisões judiciais trabalhistas (CF/88 e CLT/43) devem ser fundamentadas. O que é, entretanto, fundamentação? Como não se tinha essa explicação constitucional e legal, apenas doutrinária, havia uma lacuna em todos os ramos do Direito. Não havia parâmetro para se aferir o que seria uma decisão fundamentada. A jurisprudência, topicamente, desenvolvia raciocínios sobre esse tema, inquinando de nulidade a decisão judicial quando não devidamente existente a fundamentação/motivação, com amparo constitucional.

A segunda ordem de ideias, então, é a seguinte: o dispositivo do NCPC veio para suprir lacuna. O que os seis incisos do § 1º do art. 489 estabelecem – suprem – é quando a decisão judicial "não é fundamentada". Essa determinação é novidade, não existia em lugar algum do ordenamento jurídico brasileiro. Assim, como terceiro argumento, há lacuna na CLT, no Processo do Trabalho, sobre esse tema jurídico. Haveria compatibilidade?

Ao que um primeiro exame indica, sim. Qual a diferença entre uma sentença trabalhista e uma sentença civil, do ponto de vista processual? Ambas não precisam ser devidamente fundamentadas? Argumenta-se que as sentenças trabalhistas são mais simples, invocando-se também a sobrevivência do *jus postulandi* das partes, mas não é suficiente. A simplicidade do Processo do Trabalho não significa que não se deva fundamentar devidamente uma sentença na Justiça do Trabalho. E como sabemos quando uma sentença está fundamentada? Até o Novo CPC tínhamos dificuldades em aquilatar. Agora, as disposições do § 1º do art. 489 estabelecem quando uma sentença não está devidamente motivada/fundamentada.

Observe-se que incide, inclusive, no Processo do Trabalho, a regra do inciso II do parágrafo único do art. 1.022 do NCPC, relativamente aos embargos declaratórios, considerando omissa a decisão que "incorra em qualquer das condutas descritas no art. 489, § 1º".

E quanto aos §§ 2º e 3º do art. 489, podem, também, ser aplicados ao Processo do Trabalho?

No que diz respeito ao § 2º do art. 489 do NCPC, explicita-se que, no caso de colisão entre normas, deve o juiz justificar o objeto e os critérios gerais da ponderação efetuada, enunciando as razões que autorizam a interferência da norma afastada e também as premissas fáticas que fundamentam a conclusão. Trata-se de uma impropriedade, pois se poderia imaginar que toda e qualquer antinomia se resolveria dessa forma. Essa técnica destina-se, entretanto, a solucionar apenas conflitos entre direitos fundamentais, que não podem ser resolvidos por intermédio das regras da hermenêutica jurídica tradicional. Deve-se, portanto, interpretar esse dispositivo como se referindo, apenas, a direitos fundamentais e princípios constitucionais.

Relativamente ao § 3º do art. 489 do NCPC, a decisão judicial deveria ser interpretada a partir da conjugação de todos os seus elementos e em conformidade com o princípio da boa-fé. Quanto à primeira parte, conjugação dos seus elementos, parece óbvia, pois, se inexistente harmonia entre relatório, fundamentação e dispositivo, não há como a sentença ser devidamente interpretada. No que diz respeito à boa-fé, considera-se desnecessária essa menção, uma vez que não se pode distorcer o que o juiz disse, pois caracteriza, sem dúvida, ante o desvirtuamento dos fatos, litigância de má-fé.

REFERÊNCIAS

Anteprojeto do Novo Código de Processo Civil/Comissão de Juristas Responsável pela Elaboração do Anteprojeto do Novo Código de Processo Civil. Brasília: Senado Federal, Subsecretaria de Edições Técnicas, 2010.

BADR, Eid. Princípio da motivação das decisões judiciais como garantia constitucional. *Revista Jus Navigandi*, Teresina, ano 15, n. 2415. Disponível em: <http://jus.com.br/art.s/14333/principio-da-motivacao-das-decisoes-judiciais-como-garantia-constitucional>. Acesso em: 31 maio 2015.

BEBBER, Júlio César. Painel: Os impactos do Novo CPC no processo do trabalho. In: CFC – Simpósio – O Novo CPC e os impactos no processo do trabalho. ENAMAT, Brasília, 15 e 16 de setembro de 2014. p. 180-187. Disponível em: <http://www.enamat.gov.br/wp-content/uploads/2014/09/Degrava%C3%A7%C3%A3o-do-Simp%C3%B3sio_CPC.pdf>. Acesso em: 10 jun. 2015.

BRASIL. *Novo Código de Processo Civil*. Lei n. 13.105, de 16 de março de 2015. Brasília: Secretaria de Editoração e Publicações-SEGRAF do Senado Federal, 2015.

_____. Supremo Tribunal Federal. 1ª T. RE 217631-GO, Rel. Min. Sepúlveda Pertence, v.u., j. 9-9-1997, *DJU* 24-10-1997.

_____. Supremo Tribunal Federal. 2ª T. AgRg RE 285052-SC, Rel. Min. Carlos Velloso, v.u., j. 11-6-2002, *DJU* 28-6-2002.

_____. Tribunal Superior do Trabalho. 2ª T. RR 684.428. Rel. Min. Conv. Alberto Luiz Bresciani Pereira – *DJU* 24-5-2001. p. 427.

_____. Tribunal Superior do Trabalho. Ag-E-RR 7.583/85-4, Min. Marco Aurélio, AC.TP 469/87.

BUENO, Cassio Scarpinella. *Novo Código de Processo Civil anotado*. São Paulo: Saraiva, 2015.

BULOS, Uadi Lammêgo. *Constituição Federal anotada*. 8. ed. rev. e atual. até a Emenda Constitucional n. 56/2007. São Paulo: Saraiva, 2008.

CALAMANDREI, Piero. *Eles, os juízes, vistos por nós, os advogados*. Tradução de Ary dos Santos. 3. ed. Lisboa: Livraria Clássica Editora, 1997.

CARRION, Valentin. *Comentários à Consolidação das Leis do Trabalho*. 37. ed. atual. por Eduardo Carrion. São Paulo: Saraiva, 2012.

CHAVES, Luciano Athayde. Interpretação, aplicação e integração do direito processual do trabalho. In: CHAVES, Luciano Athayde (Org.). *Curso de Processo do Trabalho*. 2. ed. São Paulo: LTr, 2012.

COLOMBO FILHO, Cássio. A autonomia do direito processual do trabalho e o Novo CPC. *Revista Eletrônica do TRT9*. Edição especial sobre o Novo Código de Processo Civil. v. 4. n. 39. abril de 2015. p. 118-142. Disponível em: <http://www.mflip.com.br/pub/escolajudicial/?numero=39>. Acesso em: 10 jun. 2015.

CORDEIRO, Wolney de Macedo. Da releitura do método de aplicação subsidiária das normas de direito processual comum ao Processo do Trabalho. In: CHAVES, Luciano Athayde (Org.). *Direito processual do trabalho*: reforma e efetividade. São Paulo: LTr, 2007.

COSTA, Coqueijo. *Direito judiciário do trabalho*. Rio de Janeiro: Forense, 1978.

DINIZ, Maria Helena. *Dicionário jurídico.* 2. ed. rev. atual. e aum. São Paulo: Saraiva, 2005.

DWORKIN, Ronald. *Levando os direitos a sério.* Tradução de Nelson Boeira. 3. ed. São Paulo: Martins Fontes, 2011.

GIGLIO, Wagner D.; CORRÊA, Claudia Giglio Veltri. *Direito processual do trabalho.* 15. ed. rev. e atual. conforme a EC n. 45/2004. São Paulo: Saraiva, 2005.

GILISEN, John. *Introdução histórica do direito.* Tradução de A. M. Hespanha e L. M. Macaista Malheiros. Lisboa: Fundação Calouste Gulbenkian, 1995.

GRINOVER, Ada Pellegrini; GOMES FILHO, Antônio Magalhães; FERNANDES, Antonio Scarance. *As nulidades no processo penal.* 11. ed. rev. atual. e ampl. São Paulo: Revista dos Tribunais, 2009.

LEITE, Carlos Henrique Bezerra. *Curso de direito processual do trabalho.* 10. ed. São Paulo: LTr, 2012.

MANNRICH, Nelson (Org.). *Constituição Federal. Consolidação das Leis do Trabalho. Código de Processo Civil. Legislação trabalhista e processual trabalhista. Legislação previdenciária.* 8. ed. rev. ampl. e atual. São Paulo: Revista dos Tribunais, 2007.

MARINONI, Luiz Guilherme; ARENHART, Sérgio Cruz. *Prova.* São Paulo: Revista dos Tribunais, 2009.

MARINONI, Luiz Guilherme; ARENHART, Sérgio Cruz; MITIDIERO, Daniel. *Novo curso de processo civil*: tutela dos direitos mediante procedimento comum. São Paulo: Revista dos Tribunais, 2015. v. II.

MARINONI, Luiz Guilherme; MITIDIERO, Daniel. Direito fundamental à motivação das decisões. In: SARLET, Ingo Wolfgang; MARINONI, Luiz Guilherme; MITIDIERO, Daniel. *Curso de direito constitucional.* São Paulo: Revista dos Tribunais, 2012.

MARTINS, Sergio Pinto. *Comentários à CLT.* 17. ed. São Paulo: Atlas, 2013.

_____. *Direito processual do trabalho.* 34. ed. atual. até 3-12-2012. São Paulo: Atlas, 2013.

MEDINA, José Miguel Garcia. *Código de Processo Civil comentado*: com remissões e notas comparativas ao projeto do Novo CPC. São Paulo: Revista dos Tribunais, 2011.

MENDES, Gilmar Ferreira; STRECK, Lenio Luiz. Comentários ao art. 93. In: CANOTILHO, J. J. Gomes; MENDES, Gilmar F.; SARLET, Ingo W.; STRECK, Lenio L. (Coords.). *Comentários à Constituição do Brasil*. São Paulo: Saraiva/Almedina, 2013.

NERY JUNIOR, Nelson. *Princípios do processo na Constituição Federal*: processo civil, penal e administrativo. 10. ed. rev. ampl. e atual. com as novas súmulas do STF (simples e vinculantes) e com análise sobre a relativização da coisa julgada. São Paulo: Revista dos Tribunais, 2010.

NERY JUNIOR, Nelson; NERY, Rosa Maria de Andrade. *Comentários ao Código de Processo Civil*: Novo CPC – Lei 13.105/2015. São Paulo: Revista dos Tribunais, 2015.

_____. *Constituição Federal comentada e legislação constitucional*. 2. ed. rev. ampl. e atual. São Paulo: Revista dos Tribunais, 2009.

NUNES, Pedro. *Dicionário de tecnologia jurídica*. v. I e II. 9. ed. corrig., ampl. e atual. Rio de Janeiro: Freitas Bastos, 1976.

PERELMAN, Chaïm. *Lógica jurídica*: nova retórica. Tradução de Vergínia K. Pupi. 2. ed. São Paulo: Martins Fontes, 2004.

_____. *Ética e direito*. Tradução de Maria Ermantina Galvão G. Pereira. São Paulo: Martins Fontes, 1996.

PORTANOVA, Rui. *Princípios do processo civil*. Porto Alegre: Livraria do Advogado, 1997.

ROMANO, Santi. *Princípios de direito constitucional*. Tradução de Maria Helena Diniz. São Paulo: Revista dos Tribunais, 1977.

RUSSOMANO, Mozart Victor. *Comentários à Consolidação das Leis do Trabalho*. Rio de Janeiro: Forense, 1990.

SARAIVA, Renato. *Curso de direito processual do trabalho*. 5. ed. São Paulo: Método, 2008.

SCHIAVI, Mauro. *Manual de direito processual do trabalho*. 6. ed. São Paulo: LTr, 2013.

SIDOU, J. M. Othon. *Dicionário jurídico*. 3. ed. Rio de Janeiro: Forense Universitária, 1995.

SILVA, Homero Mateus Batista da. Painel: Os impactos do Novo CPC no processo do trabalho. ENAMAT, Brasília, 15 e 16 de setembro de 2014. p. 188-202. Disponível em: <http://www.enamat.gov.br/wp-content/uploads/2014/09/Degrava%C3%A7%C3%A3o-do-Simp%C3%B3sio_CPC.pdf>. Acesso em: 10 jun. 2015.

STRECK, Lenio. *Crítica hermenêutica do direito*. Porto Alegre: Livraria do Advogado Editora, 2014.

VALENTE, José Alexandre Barra. A fundamentação das decisões judiciais no Novo Código de Processo Civil e sua aplicação no Processo do Trabalho. *Revista Eletrônica do TRT9*. v. 4. n. 39. abril de 2015. p. 171-220. Disponível em: <http://www.mflip.com.br/pub/escolajudicial/?numero=39>. Acesso em: 10 jun. 2015.

WALDRAFF, Célio Horst. A aplicação supletiva e subsidiária do NCPC ao processo do trabalho. *Revista Eletrônica do TRT9*. v. 4, n. 39, abril de 2015. p. 84-94. Disponível em: <http://www.mflip.com.br/pubescolajudicial/?numero=39>. Acesso em: 10 jun. 2015.

WAMBIER, Teresa Arruda Alvim; CONCEIÇÃO, Maria Lúcia Lins; RIBEIRO, Leonardo Ferres da Silva; MELLO, Rogério Licastro Torres de. *Primeiros comentários ao Novo Código de Processo Civil*: artigo por artigo. São Paulo: Revista dos Tribunais, 2015.

WAMBIER, Teresa Arruda Alvim; WAMBIER, Luiz Rodrigues. *Novo Código de Processo Civil comparado*: artigo por artigo. São Paulo: Revista dos Tribunais, 2015.

As tutelas de urgência e da evidência e suas repercussões no Processo do Trabalho

Otavio Amaral Calvet
Juiz Titular da Vara do Trabalho no TRT/RJ, doutorando em Direito (PUCSP)
e Professor no CERS.

1. INTRODUÇÃO

Constitui tarefa sempre delicada a realização de artigo doutrinário após o advento de novo diploma legal, principalmente quando a norma em questão diz respeito ao Processo Civil, e nós, da área trabalhista, buscamos identificar a possibilidade de sua aplicação em outras paragens, contribuindo para a difícil criação de uma base sólida para o diálogo desses ramos do Direito sempre visando à evolução recíproca e à manutenção da identidade de cada um.

O tema proposto pelo ilustre coordenador desta obra coletiva, o querido amigo e Professor Carlos Henrique Bezerra Leite, acerca das tutelas de urgência e da evidência, ganha na ótica do Processo do Trabalho importância de relevo, pois diretamente vinculado à celeridade e à efetividade do processo, ambos os valores reconhecidos como inerentes ao princípio constitucional do devido processo legal e vetores da prestação jurisdicional adequada ao ramo trabalhista, construído sob a premissa de ser um instrumento que possa garantir justiça no seio de uma relação jurídica entre desiguais.

Dessa forma, investigar a possibilidade da aplicação do Novo Código de Processo Civil ao Processo do Trabalho no capítulo da chamada "tutela provisória" possui um caráter não apenas meramente acadêmico, ao contrário, pois a devida compreensão deste instituto fornece importante ferramenta para a atuação prática dos envolvidos na relação processual, mormente do juiz que, adstrito a realizar os valores constitucionalmente assegurados, deve possuir conduta ativa voltada para a satisfação das partes, sem maiores delongas nem dificuldades, agindo para a construção de uma solução justa que poderá ocorrer a partir do uso correto de todas as ferramentas que estão à sua disposição, conclamando as partes para igualmente atuarem nesse sentido e sempre baseados na ética processual.

A fim de se construir a possibilidade de aplicação das ferramentas previstas no Novo CPC ao Processo do Trabalho, de plano adota-se o posicionamento no sentido de que o art. 15 do NCPC não constitui mera repetição do conhecido art. 769 da CLT, não ao menos na tradicional interpretação que se fazia da norma trabalhista no sentido de somente se permitir o uso do processo comum em caso de lacuna normativa e compatibilidade principiológica.

Em nossa ótica, o novo diploma comum vai além e permite sua aplicação ao processo trabalhista não apenas como forma de integração de lacunas, como fonte subsidiária, mas também de forma supletiva, entendida como fonte que pode suprir o Processo do Trabalho em todo seu arcabouço naquilo em que não houve regramento especial diverso.

Em outras palavras, da antiga interpretação de se proteger a CLT em matéria processual de um direito comum inadequado, pois à época era considerado complexo, lento, burocrático, atualmente deve-se partir da premissa de que o sistema processual possui uma mesma base, criada a partir de valores consagrados na Constituição da República, por meio de princípios que foram concretizados no Novo Código de Processo Civil, que, assim, fixa uma "teoria geral de processo" aplicável a todos os demais ramos da doutrina processual, subsistindo cada ramo especial justamente naquilo em que sua especialidade justifica um tratamento diferente mais adequado à realidade que pretende responder.

Assim, em matéria de tutela provisória, não deve restar qualquer dúvida quanto à aplicação das normas do processo comum ao trabalhista, mesmo porque as poucas passagens da lei processual trabalhista sobre o tema constituem apenas casos isolados para aplicação desse instituto, cuja regulamentação geral inexiste no Processo do Trabalho, o que força a aplicação do Processo Civil.

No mesmo sentido, José Cairo Jr.: "A CLT não disciplina a aplicação da antecipação dos efeitos da tutela de forma genérica. Nesse caso, aplicam-se as disposições contidas no CPC de forma subsidiária uma vez que há compatibilidade com os princípios do processo laboral, principalmente o princípio da celeridade"[1].

Superado o problema da possibilidade ou não da aplicação do Novo CPC, passa-se a analisar o instituto em si, a iniciar pelo conceito de tutela provisória.

2. CONCEITO DE TUTELA PROVISÓRIA

A classificação da tutela em "provisória" obviamente remete à ideia de existência de dois tipos possíveis de tutela sob a ótica de sua perenidade: a tutela definitiva e a tutela provisória.

Definitiva é a tutela

> obtida com base em cognição exauriente, com profundo debate acerca do objeto da decisão, garantindo-se o devido processo legal, o contraditório e a ampla defesa. É predisposta a produzir resultados imutáveis, cristalizados pela coisa julgada. É espécie de tutela que prestigia, sobretudo, a segurança jurídica[2].

A tutela definitiva, por sua vez, pode ser classificada em satisfativa ou cautelar, aquela com a finalidade de "certificar e/ou efetivar o direito

---

1 *Curso de direito processual do trabalho*. 8. ed. Salvador: Ed. Jus Podivm, 2015. p. 600.
2 Fredie Didier Jr., Paula Sarno Braga e Rafael Alexandria de Oliveira. *Curso de direito processual civil*: teoria da prova, direito probatório, ações probatórias, decisão, precedente, coisa julgada e antecipação dos efeitos da tutela. 10. ed. Salvador: Ed. Jus Podivm, 2015. v. 2, p. 562.

material"³, sendo que esta "não visa à satisfação de um direito (ressalvado, obviamente, o próprio direito à cautela), mas, sim, a assegurar a sua futura satisfação, protegendo-o"⁴.

Entretanto, é noção antiga que a tutela definitiva, que exige a cognição exauriente, em geral não permite um pronunciamento rápido, imediato, pois a celeridade almejada no processo deve conviver com outros valores importantes que constituem verdadeiras garantias para o jurisdicionado, como o contraditório e a ampla defesa.

Aliás, o Novo Código de Processo Civil amplia de forma significativa a realização do contraditório no processo, a ponto de determinar que matérias que o próprio juiz pode pronunciar de ofício devam antes ser submetidas ao crivo dessa garantia constitucional (art. 10 do NCPC), demonstrando que se de um lado a sociedade pretende rapidez nas decisões judiciais, de outro não quer perder a segurança de que tais decisões serão produzidas em um ambiente democrático, realizando os valores do Estado Democrático de Direito em que vivemos.

Importante ressaltar que o fator tempo no julgamento está umbilicalmente ligado a uma das mais importantes noções preconizadas pelo moderno processo, tanto trabalhista quanto civil: a efetividade.

A busca da efetividade, que agora resta concretizada no art. 6º do NCPC, "todos os sujeitos do processo devem cooperar entre si para que se obtenha, em tempo razoável, decisão de mérito justa e efetiva", impõe a todos os envolvidos na relação processual uma conduta voltada à prática dos atos necessários – e no tempo certo –, a fim de se evitar que o objeto da pretensão deduzida em juízo se perca pela simples demora inerente ao procedimento, devendo o juiz envidar todos os esforços para que o próprio bem da vida perseguido seja assegurado, não mais se aceitando que uma decisão judicial seja proferida apenas como forma de pacificação social ou que todas as demandas resultem em meras indenizações por já impossível se assegurar a tutela *in natura*.

---

3   Idem, p. 562.
4   Ibidem, p. 562.

Em seara trabalhista, o vetor da efetividade ressalta em importância não apenas porque em geral cuida-se de garantir ao reclamante (trabalhador) o bem da vida perseguido que possui natureza alimentar (salário), mas porque se deve evitar que todas as questões que envolvam as relações de trabalho sejam tratadas apenas do ponto de vista indenizatório, como perdas e danos de uma situação de lesão já consumada, a fim de se evitar a chamada "monetização" do Direito do Trabalho, em que direitos trabalhistas de cunho fundamental restam por se transformar em meras compensações pecuniárias.

Vale notar, ainda, que a própria Constituição, ao explicitar a questão do tempo para solução dos conflitos no Poder Judiciário, evitou utilizar expressões que remetam apenas ao julgamento célere, preferindo mencionar que o processo deve ter uma "razoável duração" (art. 5º, LXXVIII), o que nos remete ao reconhecimento do princípio da "duração adequada", em que ambos os valores se encontram presentes: segurança e efetividade.

Surge, nesse contexto de efetividade, a percepção de que em algumas situações não se pode aguardar uma decisão judicial que passe pelo crivo da cognição exauriente, sendo necessário oferecer ao julgador um mecanismo de pronta atuação para atender os casos urgentes ou em que não se afigura justo fazer a parte suportar a demora natural do procedimento.

Tais casos são justamente os englobados na tutela provisória, cujo objetivo

> é abrandar os males do tempo e garantir a efetividade da jurisdição (os efeitos da tutela). Serve, então, para redistribuir, em homenagem ao princípio da igualdade, o ônus do tempo do processo, conforme célebre imagem de Luiz Guilherme Marinoni. Se é inexorável que o processo demore, é preciso que o peso do tempo seja repartido entre as partes, e não somente o demandante arque com ele[5].

Busca a tutela provisória, em outras palavras, a antecipação dos efeitos da tutela definitiva, seja de natureza satisfativa ou de natureza cautelar e, por isso mesmo, possui como características a provisoriedade, podendo

---

5   Idem, ibidem, p. 567.

ser revogada ou modificada a qualquer tempo (art. 296 do NCPC), e a realização de cognição apenas sumária.

Vale lembrar que a matéria não é nova em seu conteúdo, pois no antigo CPC já havia previsão da chamada "antecipação de tutela", sendo entretanto reconhecido pela doutrina que o novo diploma processual regula o tema de forma a resolver algumas antigas controvérsias, evoluindo na sistematização desse instituto, tratando a tutela antecipada e a tutela cautelar como espécies do gênero "tutelas de urgência".

3. A TUTELA PROVISÓRIA NO PROCESSO DO TRABALHO: DIFERENÇAS PROCEDIMENTAIS

Embora não exista capítulo próprio na legislação processual trabalhista acerca da tutela provisória, como acima mencionado, a CLT de há muito previa casos de possibilidade de antecipação dos efeitos da tutela, como se observa do art. 659, IX e X, da CLT, *verbis*:

> Art. 659. Competem privativamente aos Presidentes das Juntas, além das que lhes forem conferidas neste Título e das decorrentes de seu cargo, as seguintes atribuições:
>
> (...)
>
> IX – conceder medida liminar, até decisão final do processo, em reclamações trabalhistas que visem a tornar sem efeito transferência disciplinada pelos parágrafos do art. 469 desta Consolidação; (Incluído pela Lei n. 6.203, de 17.4.1975.)
>
> X – conceder medida liminar, até decisão final do processo, em reclamações trabalhistas que visem reintegrar no emprego dirigente sindical afastado, suspenso ou dispensado pelo empregador. (Incluído pela Lei n. 9.270, de 1996.)

A doutrina trabalhista, portanto, é unânime no sentido da harmonia principiológica ao processo comum no particular, adotando quase que integralmente sua disciplina, salvo naquilo em que se afigura incompatível topicamente, o que justamente será analisado neste estudo, observando-se desde logo que as questões que divergem nas disciplinas em cotejo são mais de ordem procedimental que, propriamente, da natureza de cada ramo.

Para tal objetivo adotar-se-á a sistemática de apresentação de comentários aos artigos do Livro V do Novo CPC, abordando-se os pontos de divergência com o processo trabalhista.

3.1. Título I – Disposições gerais

Art. 294. A tutela provisória pode fundamentar-se em urgência ou evidência.

Parágrafo único. A tutela provisória de urgência, cautelar ou antecipada, pode ser concedida em caráter antecedente ou incidental.

Classifica o legislador a tutela provisória em duas espécies: de urgência e de evidência, ambas reguladas separadamente em suas especificidades. A tutela de urgência possui a finalidade de atender aos casos em que a demora do processo poderia dificultar ou inviabilizar o resultado efetivo, enquanto a tutela de evidência parte do pressuposto da injustiça de a parte que já possui uma posição favorável a seu favor suportar a demora do processo, seja por decorrência da conduta da outra parte, seja pela existência de prova documentada nos casos regulados pelo Código. Ambas as tutelas, em nosso sentir, são cabíveis no Processo do Trabalho.

Importante ressaltar que a tutela de evidência não apenas pode como deve ser amplamente manejada na área trabalhista, em que corriqueiramente observa-se a parte reclamante (considerada mais frágil), que busca verba de natureza alimentar, sofrer com a demora na efetivação de seus direitos, sendo portanto terreno fértil para a antecipação dos efeitos da tutela dentro do espírito contido na norma.

Quanto ao parágrafo único, especifica o legislador a forma de requerimento da tutela provisória de urgência, que pode ser em caráter antecedente ou incidental, levando-se em consideração o momento em que é realizado o pedido de tutela provisória.

Antecedente é a tutela postulada antes mesmo de se postular a tutela definitiva, enquanto a incidental é postulada no mesmo momento ou posteriormente à tutela definitiva.

A fim de não pairar dúvidas, a tutela provisória de urgência antecedente não requer que a parte já efetue o pedido de tutela definitiva, pois atua quando há necessidade de se atuar com a devida rapidez em casos em que nem mesmo se pode aguardar a reunião dos elementos necessários para formulação do pedido de tutela definitiva.

Da mesma forma que acima mencionado, ambos os momentos em que se pode pedir a tutela provisória também podem ocorrer no Processo do Trabalho, sendo plenamente compatíveis tais disposições do Novo CPC.

> Art. 295. A tutela provisória requerida em caráter incidental independe do pagamento de custas.

No Processo do Trabalho inexiste, regra geral, a necessidade de pagamento de custas para formulação de qualquer postulação, nos termos do art. 789, § 1º, da CLT, sendo portanto inaplicável o dispositivo em análise, pois qualquer tipo de tutela não dependerá desse pagamento em sede trabalhista. Vale o artigo, entretanto, para deixar claro que a tutela incidental deve ser requerida na mesma relação processual em que formulado o pedido definitivo, ou seja, não há necessidade de ajuizamento de nova ação autônoma.

> Art. 296. A tutela provisória conserva sua eficácia na pendência do processo, mas pode, a qualquer tempo, ser revogada ou modificada.
>
> Parágrafo único. Salvo decisão judicial em contrário, a tutela provisória conservará a eficácia durante o período de suspensão do processo.

Da mesma forma que no Processo Civil, a tutela provisória guarda em processo trabalhista a característica da precariedade, sendo de sua natureza a possibilidade de revogação ou modificação a qualquer tempo, não formando, portanto, coisa julgada, característica esta já apregoada desde o CPC antigo em matéria de antecipação de tutela (art. 273, § 4º).

Interessante notar que o legislador explicitou a manutenção da eficácia da tutela durante os períodos de suspensão do processo, deixando para a análise do juiz a cessação dessa eficácia pontualmente, em decisão sempre fundamentada, como, aliás, para conceder, revogar ou modificar a tutela provisória, conforme o art. 298 do NCPC. Tais dispositivos são plenamente aplicáveis ao processo laboral.

> Art. 297. O juiz poderá determinar as medidas que considerar adequadas para efetivação da tutela provisória.
>
> Parágrafo único. A efetivação da tutela provisória observará as normas referentes ao cumprimento provisório da sentença, no que couber.

Trata o artigo da atribuição do poder geral de cautela ao magistrado, que deve atuar adotando todas as medidas necessárias na busca da efetivação da tutela provisória, permitindo o Novo CPC, assim como o antigo já o fazia (art. 273, § 3º), que o juiz tenha atuação incisiva para passar do plano formal para o substancial, atuando a requerimento da parte ou mesmo de ofício na busca dessa efetividade.

Referido comando não apenas é compatível com o Processo do Trabalho como espelha uma de suas características classicamente tidas como peculiares: o caráter inquisitivo em grau elevado, traduzido pelo impulso oficial, seja por conta do art. 765 da CLT, que atribui tais poderes ao juiz, seja até pela possibilidade de realização de execução definitiva de ofício, conforme o art. 878 da CLT.

A bem da verdade, atualmente o Processo Civil atribui o mesmo grau de poderes ao juiz para manejar o processo no sentido da efetivação dos direitos fundamentais, mantendo-se todavia a diferença quanto ao início da execução, que ainda deve ser requerida pela parte na seara comum.

Quanto à efetivação da tutela provisória seguindo as regras da execução provisória, em disposição coerente com a precariedade da referida decisão judicial, segue-se no Processo do Trabalho a mesma regra, adotando-se contudo as normas específicas acerca dessa modalidade de execução prevista na CLT que, de modo geral, não permite atos de alienação, não exige qualquer tipo de caução e finaliza com a penhora, entendido esse marco final como o julgamento da penhora, ou seja, após apresentação de embargos/impugnação e respectivo agravo de petição, se houver.

Vale registrar, ainda, que também no processo trabalhista deve vigorar a regra de que, em caso de a parte contra quem foi proferida a tutela provisória sofrer dano, responderá civilmente e de forma objetiva a parte favorecida com a tutela. Trata-se de preceito que equilibra o uso justo desta ferramenta, com forte base ética e garantidora do devido processo legal.

> Art. 298. Na decisão que conceder, negar, modificar ou revogar a tutela provisória, o juiz motivará seu convencimento de modo claro e preciso.

Em que pese parecer redundante, a explicitação pelo legislador de que as decisões acerca das tutelas provisórias devem ser fundamentadas constitui importante marco para a observância das garantias constitucionais dos jurisdicionados, evitando-se modelos de decisão que simplesmente rejeitam ou deferem a tutela por não preenchidos ou preenchidos os requisitos legais, em fórmulas genéricas que, a bem da verdade, não apresentam real fundamentação pelo juiz.

Deve-se conjugar tal dispositivo ao novo art. 489, § 1º e seus incisos, do Código, que arrola de forma didática casos em que as decisões judiciais serão consideradas como não fundamentadas, sendo todos os dispositivos em análise plenamente aplicáveis ao Processo do Trabalho.

> Art. 299. A tutela provisória será requerida ao juízo da causa e, quando antecedente, ao juízo competente para conhecer do pedido principal.
>
> Parágrafo único. Ressalvada disposição especial, na ação de competência originária de tribunal e nos recursos a tutela provisória será requerida ao órgão jurisdicional competente para apreciar o mérito.

Cuida o presente artigo da competência em matéria de tutela provisória, não apresentando maior dificuldade ou necessidade de explicitação, devendo também ser seguida a regra em sede trabalhista.

3.2. Título II – Da tutela de urgência

3.2.1. Capítulo I – Disposições gerais

> Art. 300. A tutela de urgência será concedida quando houver elementos que evidenciem a probabilidade do direito e o perigo de dano ou o risco ao resultado útil do processo.
>
> § 1º Para a concessão da tutela de urgência, o juiz pode, conforme o caso, exigir caução real ou fidejussória idônea para ressarcir os danos que a outra parte possa vir a sofrer, podendo a caução ser dispensada se a parte economicamente hipossuficiente não puder oferecê-la.
>
> § 2º A tutela de urgência pode ser concedida liminarmente ou após justificação prévia.
>
> § 3º A tutela de urgência de natureza antecipada não será concedida quando houver perigo de irreversibilidade dos efeitos da decisão.

A tutela de urgência, como visto, está ligada à necessidade de efetivação rápida de um provimento jurisdicional provisório e pode ser cautelar ou satisfativa.

Os requisitos para sua concessão são a fumaça do bom direito (*fumus boni iuris*) e das duas uma: ou a comprovação de perigo de dano; ou o perigo de se afetar o resultado útil do processo (*periculum in mora*).

A essencial diferença para o Processo do Trabalho reside na sistemática da exigência de caução pelo juiz, pois enquanto no Novo CPC o juiz pode dispensá-la excepcionalmente quando a parte economicamente hipossuficiente não puder oferecê-la, no Processo do Trabalho o juiz em regra não poderá exigi-la, pois é da principiologia processual trabalhista a mitigação das regras processuais em prol do reclamante considerado vulnerável perante o reclamado. Assim, pode-se afirmar que em regra não se exigirá caução em sede trabalhista.

O momento da concessão da tutela, liminarmente (sem a oitiva da outra parte) ou após justificação prévia (com contraditório), vai depender da necessidade que deverá ser avaliada pelo juiz em cada caso concreto.

Como no Processo do Trabalho, pelo procedimento ordinário, sumaríssimo ou de alçada, em regra o juiz somente analisaria a petição inicial em audiência una, não restam dúvidas que desde a implantação da possibilidade de concessão de medidas liminares na própria CLT (conforme art. 659, IX e X) e a antecipação de tutela no CPC de 1973, necessariamente o juiz do trabalho passou a ter que analisar a inicial trabalhista antes da realização da audiência, o que se torna compatível com a previsão de requerimentos de tutelas provisórias de urgência, pois seria total contrassenso deixar o julgador para examinar a matéria somente quando da assentada, o que por si só já poderia levar à perda da eficácia da medida.

Assim, o juiz do trabalho, ao realizar o exame da inicial, poderá deferir a tutela de urgência de forma liminar ou após justificação prévia, tal qual o comando do Novo Código, sendo certo que a praxe forense demonstra que em muitos casos é mais fácil e célere designar-se desde logo a audiência una, na qual não apenas realizar-se-á o contraditório para a tutela provisória, mas também desde logo a tentativa de conciliação e o próprio recebimento da resposta do reclamado e, quiçá, de pronto a instrução do feito, abreviando-se em muito possíveis desdobramentos de eventual concessão da tutela de urgência de forma liminar.

Não foram poucos os casos em que tivemos a oportunidade de assim proceder: ao verificar que não havia elementos suficientes para concessão da antecipação de tutela de forma liminar, designamos audiência com a maior brevidade possível, o que resultou em diversas conciliações como forma de as partes, inclusive, evitarem o desgaste inerente à solução por decisão jurisdicional.

De qualquer sorte, poderá o juiz do trabalho também realizar contraditório apenas em relação ao pedido de tutela de urgência, sem designação de audiência, ponderando o magistrado quanto às circunstâncias alegadas e aos demais elementos que envolvem a causa.

Finalmente, como também já existia no CPC anterior (art. 273, § 2º), a tutela de urgência de natureza antecipada não será concedida quando houver perigo de irreversibilidade dos efeitos da decisão, o que demonstra uma justa ponderação realizada pelo legislador entre o direito do requerente de obter a antecipação do provimento e a do requerido de preservar seus interesses, pois, se se admitisse a concessão da tutela de urgência com perigo de não ser reversível, existiria um paradoxo com a própria característica de a medida ser sempre passível de modificação ou revogação, como acima explicitado.

Dessa forma, prevalece também no processo do trabalho este terceiro requisito, que é específico para a tutela de urgência, além dos outros dois antes estudados.

> Art. 301. A tutela de urgência de natureza cautelar pode ser efetivada mediante arresto, sequestro, arrolamento de bens, registro de protesto contra alienação de bem e qualquer outra medida idônea para asseguração do direito.

Constitui o presente artigo mero complemento ao comando do art. 297 do mesmo diploma, apenas especificando de forma exemplificativa medidas que podem ser adotadas quando de tutela de urgência de natureza cautelar, o que obviamente não afasta outras medidas a serem adotadas pelo juiz como, inclusive, ressalta o próprio dispositivo legal em sua parte final.

> Art. 302. Independentemente da reparação por dano processual, a parte responde pelo prejuízo que a efetivação da tutela de urgência causar à parte adversa, se:

I – a sentença lhe for desfavorável;

II – obtida liminarmente a tutela em caráter antecedente, não fornecer os meios necessários para a citação do requerido no prazo de 5 (cinco) dias;

III – ocorrer a cessação da eficácia da medida em qualquer hipótese legal;

IV – o juiz acolher a alegação de decadência ou prescrição da pretensão do autor.

Parágrafo único. A indenização será liquidada nos autos em que a medida tiver sido concedida, sempre que possível.

Inicialmente, o art. 302 do NCPC invoca a discussão acerca da possibilidade ou não da concessão de ofício da tutela de urgência, vez que impõe a regra da responsabilidade por dano processual provocado pela parte adversa pelo beneficiário da medida.

Existem, mesmo na área comum, vozes a favor da atuação de ofício pelo juiz, que excepcionam o princípio da congruência nos casos em que se pode entender como implícito o requerimento pela parte ou em casos excepcionais conforme os interesses em jogo e a verificação de tamanha urgência a ponto de o juiz precisar agir sem antes consultar a parte que seria beneficiária da medida.

Entretanto, prevalece de forma geral a concepção no sentido da impossibilidade de concessão *ex officio* pelo juiz ante a possibilidade de responsabilização objetiva do beneficiário nos casos mencionados no artigo em análise. De fato, soa estranho a parte responder por algo que não requereu.

Trazendo-se a discussão para o campo trabalhista, pode-se afirmar que a regra geral contida no processo comum deve ser também aplicada, ou seja, não deve o juiz do trabalho atuar de ofício na concessão das tutelas de urgência. Frise-se, como regra geral.

Também no Processo do Trabalho, pode ser o favorecido com a medida chamado a responder caso tenha produzido dano à outra parte, em caso de obtenção de tutela de urgência que ao final seja reconhecida como indevida, o que inclusive constitui importante base ética para o processo trabalhista no sentido de cada um responder pelos seus atos.

Mas tal circunstância não deve impedir que o juiz do trabalho, no caso concreto, e sopesando os valores acaso incidentes, mormente se envolvendo proteção a direitos fundamentais, possa agir de ofício no sentido da preservação desses valores.

Cita-se como exemplo caso prático em que atuamos, no qual havia iminência de suspensão de plano de saúde concedido pelo empregador a trabalhador por força do contrato de trabalho, estando o empregado com cirurgia marcada, embora em audiência de instrução não tenha comparecido e, obviamente, nem sequer tenha requerido a tutela de urgência naquela oportunidade. Em casos como o mencionado, deve o juiz ponderar entre a possibilidade de o trabalhador vir a responder futuramente pelo prejuízo que poderá sofrer o empregador, o bem da vida a ser tutelado e o montante deste prejuízo que, no caso exemplificado, seria ínfimo ante o valor do gasto e o poder econômico do empregador em análise.

Defende-se, portanto, que o juiz do trabalho, sempre de forma corretamente fundamentada, possa atuar de ofício na concessão das tutelas de urgência, mormente sob o pensamento de que ao provocar o Poder Judiciário a parte pretende obter todas as ferramentas que o ordenamento jurídico criou para efetivação de seu direito.

Quanto aos casos que podem ensejar a responsabilidade do beneficiário da tutela de urgência, entende-se não ser compatível com o Processo do Trabalho apenas aquele mencionado no item II, "obtida liminarmente a tutela em caráter antecedente, não fornecer os meios necessários para a citação do requerido no prazo de 5 (cinco) dias", pois no procedimento trabalhista a citação ocorre de ofício pela Secretaria da Vara (art. 841 da CLT), não havendo necessidade de a parte praticar qualquer ato no sentido da realização da chamada "notificação citatória" trabalhista.

3.2.2. Capítulo II – Do procedimento da tutela antecipada requerida em caráter antecedente

> Art. 303. Nos casos em que a urgência for contemporânea à propositura da ação, a petição inicial pode limitar-se ao requerimento da tutela antecipada e à indicação do pedido de tutela final, com a expo-

sição da lide, do direito que se busca realizar e do perigo de dano ou do risco ao resultado útil do processo.

Embora possa causar alguma estranheza na área trabalhista a possibilidade de se realizar petição inicial com o intuito de obtenção de tutela provisória de urgência em caráter antecedente, não se vislumbra qualquer impossibilidade de adoção do referido modelo também nesta esfera.

Ao contrário, cuidando o processo trabalhista de casos que comumente estão relacionados aos direitos fundamentais do trabalhador e à obtenção de verbas de caráter alimentar, soa totalmente coerente a formulação de requerimento de antecipações de tutela para fazer frente a necessidades prementes do reclamante, sempre sopesando o julgador os interesses envolvidos no caso concreto.

Da mesma forma, que fique bem claro, tais medidas podem ser utilizadas pelos empregadores quando também atuam na qualidade de reclamantes, como já tivemos oportunidade de deferir em caso concreto medida liminar para bloqueio dos bens de trabalhador que supostamente havia desviado numerário significativo de seu empregador, evitando-se assim que tal patrimônio fosse dilapidado de forma a se frustrar o resultado útil do processo, o que claramente poderia ser agora requerido em caráter antecedente.

> § 1º Concedida a tutela antecipada a que se refere o *caput* deste artigo:
> I – o autor deverá aditar a petição inicial, com a complementação de sua argumentação, a juntada de novos documentos e a confirmação do pedido de tutela final, em 15 (quinze) dias ou em outro prazo maior que o juiz fixar;
> II – o réu será citado e intimado para a audiência de conciliação ou de mediação na forma do art. 334;
> III – não havendo autocomposição, o prazo para contestação será contado na forma do art. 335.

Uma vez adotado o procedimento da tutela de urgência em caráter antecedente no Processo do Trabalho, como ora defendido, deve-se igualmente adotar o contido no § 1º em análise, com prazo para aditamento à inicial fixado pelo juiz, sendo no mínimo o legal de 15 dias, com a ressalva para o processo trabalhista apenas no que concerne à citação, pois deverá ocorrer a notificação do reclamado para a audiência trabalhista que será em regra una, seguindo-se o tradicional procedimento contido na CLT quanto à tentativa de conciliação, resposta, instrução, razões finais, nova tentativa de conciliação e julgamento, tudo de forma concentrada.

Inaplicáveis, portanto, apenas os itens II e III do § 1º do art. 303 do NCPC.

> § 2º Não realizado o aditamento a que se refere o inciso I do § 1º deste artigo, o processo será extinto sem resolução do mérito.
>
> § 3º O aditamento a que se refere o inciso I do § 1º deste artigo dar-se-á nos mesmos autos, sem incidência de novas custas processuais.
>
> § 4º Na petição inicial a que se refere o *caput* deste artigo, o autor terá de indicar o valor da causa, que deve levar em consideração o pedido de tutela final.
>
> § 5º O autor indicará na petição inicial, ainda, que pretende valer-se do benefício previsto no *caput* deste artigo.

Os §§ 2º a 5º do art. 303 do NCPC são todos aplicáveis ao processo trabalhista, apenas com o reparo de que em qualquer caso não haverá pagamento de custas de forma adiantada e ainda que, em caso de o reclamante não indicar o valor da causa, poderá o juiz fixá-lo de ofício, seguindo-se a regra da Lei n. 5.584/70, em seu art. 2º.

> § 6º Caso entenda que não há elementos para a concessão de tutela antecipada, o órgão jurisdicional determinará a emenda da petição inicial em até 5 (cinco) dias, sob pena de ser indeferida e de o processo ser extinto sem resolução de mérito.

A análise do presente dispositivo poderia levar à conclusão de que, quando o juiz entender não estarem presentes os elementos para a concessão da tutela antecipada (provisória de urgência em caráter antecedente), deve-se de plano indeferir o requerimento com a determinação de emenda com a mesma finalidade do item I, § 1º, deste mesmo artigo.

Entretanto, não parece ser esta a orientação da norma. Em nosso sentir o sexto parágrafo obriga que o juiz determine emenda no sentido de que a parte possa trazer outros elementos de convicção no prazo de cinco dias para que novo exame da tutela antecipada possa ser realizado. Silente a parte no prazo fixado, aí sim deverá ocorrer o indeferimento da antecipação e a extinção do processo sem resolução do mérito.

Caso atendida a providência determinada pelo juiz, será realizada nova análise que poderá resultar no deferimento ou não da medida, em decisão devidamente fundamentada, com regular prosseguimento do procedimento ora em estudo. Trata-se, portanto, de um dever do juiz no sentido de não proceder ao indeferimento de plano da antecipação requerida em caráter antecedente.

Ademais, "além da emenda que poderá servir ao convencimento do juiz, na própria petição, mais elementos para que decida a respeito da tutela antecipada, há a possibilidade de o autor utilizar-se da audiência de justificação para tanto (art. 300, § 2º)"[6].

Novamente, deve tal norma ser também aplicada ao Processo do Trabalho, pois compatível com seus princípios e, ainda, porque se deve ao máximo importar o instituto criado pelo processo comum em seu bloco, a fim de se reduzir a insegurança jurídica inerente ao uso de diploma supletivo.

> Art. 304. A tutela antecipada, concedida nos termos do art. 303, torna-se estável se da decisão que a conceder não for interposto o respectivo recurso.
>
> § 1º No caso previsto no *caput*, o processo será extinto.
>
> § 2º Qualquer das partes poderá demandar a outra com o intuito de rever, reformar ou invalidar a tutela antecipada estabilizada nos termos do *caput*.
>
> § 3º A tutela antecipada conservará seus efeitos enquanto não revista, reformada ou invalidada por decisão de mérito proferida na ação de que trata o § 2º.
>
> § 4º Qualquer das partes poderá requerer o desarquivamento dos autos em que foi concedida a medida, para instruir a petição inicial da ação a que se refere o § 2º, prevento o juízo em que a tutela antecipada foi concedida.
>
> § 5º O direito de rever, reformar ou invalidar a tutela antecipada, previsto no § 2º deste artigo, extingue-se após 2 (dois) anos, contados da ciência da decisão que extinguiu o processo, nos termos do § 1º.

---

6   Teresa Arruda Alvim Wambier... [et al.]. *Primeiros comentários ao Novo Código de Processo Civil*: artigo por artigo. São Paulo: Revista dos Tribunais, 2015. p. 509.

§ 6º A decisão que concede a tutela não fará coisa julgada, mas a estabilidade dos respectivos efeitos só será afastada por decisão que a revir, reformar ou invalidar, proferida em ação ajuizada por uma das partes, nos termos do § 2º deste artigo.

Após a concessão da tutela de urgência em caráter antecedente, dois rumos pode tomar o processo a depender da conduta da parte ré: se houver ou não apresentação de resposta e/ou recurso.

O primeiro caminho, mais habitual, será o da regular tramitação do feito, no caso trabalhista com a designação da audiência em que a resposta será apresentada. Vale lembrar que, por se tratar de decisão interlocutória, não cabe de imediato recurso no Processo do Trabalho contra a decisão do juiz que defere antecipação de tutela. Entretanto, como já amplamente pacificado, poderá a parte adversa manejar mandado de segurança com a finalidade de impugnar a mencionada decisão, o que, para fins do disposto no art. 304 do NCPC, deve ser interpretado como a conduta do réu que se insurge contra a concessão da medida.

Já a segunda possibilidade constitui verdadeira novidade em matéria de antecipação de tutela, pois utiliza-se de técnica semelhante à da ação monitória com a finalidade de a parte ré obter algum ganho em simplesmente aceitar a medida deferida que, portanto, fica estabilizada, não se chegando ao julgamento da tutela definitiva.

Neste caso, ocorre a extinção do processo e a própria medida antecipada permanecerá produzindo seus efeitos até que nova ação seja ajuizada para provocar sua revisão, invalidação ou reforma, o que é possível tendo em vista que não se chegou a proferir a tutela definitiva com cognição exauriente que seria acobertada pela coisa julgada.

Trata-se de interessante medida no sentido de simplificação do processo, de busca de celeridade, de harmonização de interesses das partes e de incentivo à conduta de não se litigar sem finalidade, pois o réu que acata a medida deixa de pagar custas, o que igualmente torna-se aplicável ao Processo do Trabalho por força do art. 701, § 1º, do NCPC por analogia, além de obter a redução de honorários advocatícios, o que infelizmente não encontra eco na área trabalhista na qual ainda não se aplicam honorários de sucumbência em lides acerca da relação de emprego, ressalvando-

-se essa aplicação nas ações acerca de relações de trabalho conforme Instrução Normativa n. 27/2005 do TST.

Vale registrar que a mencionada estabilização da tutela de urgência em caráter antecedente somente poderá acontecer quando a tutela postulada tiver caráter satisfativo, pois por sua própria natureza a tutela cautelar não possui tal aptidão, já que visa apenas assegurar o resultado útil do processo.

Finalmente, não se pode confundir o instituto da coisa julgada com o da estabilização da tutela, pois aqui não houve efetivo julgamento de mérito, operando a estabilização apenas nos efeitos pretendidos com a antecipação, não quanto ao conteúdo da decisão como ocorre na imutabilidade da coisa julgada.

3.2.3. Capítulo III – Do procedimento da tutela cautelar requerida em caráter antecedente

> Art. 305. A petição inicial da ação que visa à prestação de tutela cautelar em caráter antecedente indicará a lide e seu fundamento, a exposição sumária do direito que se objetiva assegurar e o perigo de dano ou o risco ao resultado útil do processo.
>
> Parágrafo único. Caso entenda que o pedido a que se refere o *caput* tem natureza antecipada, o juiz observará o disposto no art. 303.

Regulamentado em dispositivo diverso, deixa o legislador bem clara a diferença entre antecipação de caráter satisfativo e de caráter cautelar, existindo a possibilidade de estabilização da tutela apenas naquele, como acima defendido. Neste sentido, inclusive, o parágrafo único que permite ao juiz utilizar da fungibilidade caso entenda que o pedido possui natureza satisfativa, aplicando-se o procedimento anteriormente estudado.

Na tutela cautelar requerida em caráter antecedente deve a parte requerente apresentar os fundamentos para obtenção da medida pretendida e, também aqui, apenas indicar a lide e seu fundamento, não havendo necessidade de, desde logo, formular o pedido satisfativo na petição inicial.

Da mesma forma que antes estudado, entende-se por compatível referido instituto com o Processo do Trabalho, que ademais sempre aceitou o ajuizamento de ações cautelares em caráter incidental ou preparatório.

Simplificando o procedimento, agora pode o interessado simplesmente requerer de forma antecedente o provimento de natureza cautelar que posteriormente será requerido de forma definitiva (quanto à cautela), além de no mesmo processo formular a pretensão satisfativa também de natureza definitiva.

Recebida a inicial, o juiz poderá conceder a tutela liminarmente ou após justificação prévia, sendo aplicável o disposto no art. 300, § 2º, do NCPC. Poderá ainda determinar a emenda ou indeferi-la de plano, seguindo o regramento geral contido nos arts. 321 e 330 do NCPC, entendendo-se ser até aqui tudo compatível com o processo trabalhista.

> Art. 306. O réu será citado para, no prazo de 5 (cinco) dias, contestar o pedido e indicar as provas que pretende produzir.

Após análise da concessão da medida, realizar-se-á a citação da parte-ré, devendo o Processo do Trabalho seguir tais trâmites inerentes à tutela cautelar, haja vista o disposto na Instrução Normativa n. 27, de 2005, do TST, que determina a aplicação do rito especial do Processo Civil no particular, não sendo aplicáveis as regras processuais trabalhistas, salvo quanto aos recursos.

Dessa forma, simplifica-se, neste breve estudo, a análise da compatibilidade com o Processo do Trabalho que, em regra, seguirá as disposições contidas neste capítulo do código de processo comum.

> Art. 307. Não sendo contestado o pedido, os fatos alegados pelo autor presumir-se-ão aceitos pelo réu como ocorridos, caso em que o juiz decidirá dentro de 5 (cinco) dias.
>
> Parágrafo único. Contestado o pedido no prazo legal, observar-se-á o procedimento comum.
>
> Art. 308. Efetivada a tutela cautelar, o pedido principal terá de ser formulado pelo autor no prazo de 30 (trinta) dias, caso em que será apresentado nos mesmos autos em que deduzido o pedido de tutela cautelar, não dependendo do adiantamento de novas custas processuais.
>
> § 1º O pedido principal pode ser formulado conjuntamente com o pedido de tutela cautelar.
>
> § 2º A causa de pedir poderá ser aditada no momento de formulação do pedido principal.

§ 3º Apresentado o pedido principal, as partes serão intimadas para a audiência de conciliação ou de mediação, na forma do art. 334, por seus advogados ou pessoalmente, sem necessidade de nova citação do réu.

§ 4º Não havendo autocomposição, o prazo para contestação será contado na forma do art. 335.

Dos procedimentos previstos nos arts. 307 e 308 do NCPC apenas o regramento de custas e designação de audiência de conciliação ou mediação e prazo para contestação, após a formulação do pedido principal, não são compatíveis, pois em sede trabalhista deverá haver designação da audiência una seguindo-se o procedimento comum próprio.

Art. 309. Cessa a eficácia da tutela concedida em caráter antecedente, se:

I – o autor não deduzir o pedido principal no prazo legal;

II – não for efetivada dentro de 30 (trinta) dias;

III – o juiz julgar improcedente o pedido principal formulado pelo autor ou extinguir o processo sem resolução de mérito.

Parágrafo único. Se por qualquer motivo cessar a eficácia da tutela cautelar, é vedado à parte renovar o pedido, salvo sob novo fundamento.

Art. 310. O indeferimento da tutela cautelar não obsta a que a parte formule o pedido principal, nem influi no julgamento desse, salvo se o motivo do indeferimento for o reconhecimento de decadência ou de prescrição.

Não há novidade substancial nem qualquer incompatibilidade com o Processo do Trabalho quanto ao disposto nos arts. 309 e 310 do NCPC, sendo, portanto, plenamente aplicável neste ramo do direito processual.

3.3. Título III – Da tutela da evidência

Art. 311. A tutela da evidência será concedida, independentemente da demonstração de perigo de dano ou de risco ao resultado útil do processo, quando:

I – ficar caracterizado o abuso do direito de defesa ou o manifesto propósito protelatório da parte;

II – as alegações de fato puderem ser comprovadas apenas documentalmente e houver tese firmada em julgamento de casos repetitivos ou em súmula vinculante;

III – se tratar de pedido reipersecutório fundado em prova documental adequada do contrato de depósito, caso em que será decretada a ordem de entrega do objeto custodiado, sob cominação de multa;

IV – a petição inicial for instruída com prova documental suficiente dos fatos constitutivos do direito do autor, a que o réu não oponha prova capaz de gerar dúvida razoável.

Parágrafo único. Nas hipóteses dos incisos II e III, o juiz poderá decidir liminarmente.

A tutela da evidência encontra-se vinculada à ideia da duração adequada do processo e o valor ético que investiga quem deve suportar o ônus da demora no processo. Trata-se de técnica para concessão provisória da tutela pretendida, como medida punitiva ou quando há prova documental capaz de gerar uma probabilidade de decisão favorável ao requerente, como a seguir será explicitado.

A tutela da evidência de cunho punitivo constitui modalidade de sanção contra aquele que age de má-fé, concretizando a ideia da primazia do princípio da boa-fé processual, que determina que todos atuem de forma proba em relação ao processo, em preceito que o atual código reafirma em vários de seus dispositivos.

Seja porque ficou caracterizado o abuso do direito de defesa ou o manifesto propósito protelatório da parte, a tutela de evidência punitiva se funda na percepção de que aquele que assim age não possui posição séria a ser defendida, pois não agiria dessa forma se detivesse de bom direito contra a outra parte. Ao agir de forma improba, finda por assumir o ônus de provar que sua posição na relação processual merece receber a adequada tutela jurisdicional, presumindo-se que a parte busca retardar a solução do feito por sentir que não obterá sucesso no fim da demanda.

No que concerne à tutela da evidência por prova documental, a presunção favorável a quem possui o direito em evidência decorre justamente do fato de ser a prova documental já produzida suficiente para as alegações formuladas e houve tese firmada em julgamento de casos repetitivos ou em súmula vinculante, o que reduz substancialmente a possibilidade de julgamento contrário, ou, para os casos de nosso interesse, já houve prova documental suficiente sem prova em sentido contrário que possa trazer dúvida para o julgador.

Deixando-se de lado o caso contido no item III, cujo interesse prático ao Processo do Trabalho é basicamente inexistente, pode-se de forma geral afirmar sem medo de errar que a tutela provisória da evidência constitui modelo a ser largamente utilizado na área trabalhista, ainda mais por ser comum o uso da técnica de pedido cumulado na petição inicial trabalhista, o que permite o deferimento da tutela provisória desde logo para parte dos pleitos, enquanto os demais permanecem sobre o crivo tradicional da cognição exauriente.

Observe-se, finalmente, que por expressa disposição legal e por coerência óbvia, no caso dos incisos I e IV, não é possível ao juiz o deferimento da medida sem a oitiva da parte contrária, no primeiro caso por depender da conduta do réu, o que pressupõe o estabelecimento do contraditório, no segundo por depender da análise das provas trazidas pela outra parte, o que igualmente remete ao contraditório antes da decisão judicial.

4. CONCLUSÃO

O esforço empreendido neste breve estudo teve por finalidade unicamente fomentar o debate acerca da aplicação do Novo Código de Processo Civil no Processo do Trabalho, sem qualquer pretensão de esgotar o tema ou mesmo de apresentar soluções definitivas para o objeto da obra.

Ao contrário, trata-se das primeiras impressões sobre o assunto que, reconhece-se, foram extremamente positivas, pois são apresentados vários instrumentos que podem ajudar na atuação dos operadores da área trabalhista desde que vinculados a uma conduta ética e à efetividade do processo trabalhista, pois não se duvida do potencial inovador que o novo texto processual pode produzir no Processo do Trabalho, mas tal efeito somente ocorrerá se também as pessoas renovarem seus espíritos na busca de um ideal de justiça na prática cotidiana.

Que o debate sobre o Novo Código de Processo Civil seja também a base da construção de uma ética renovada no Poder Judiciário e para os brasileiros em geral!

REFERÊNCIAS

CAIRO JÚNIOR, José. *Curso de direito processual do trabalho*. 8. ed. Salvador: JusPodivm, 2015.

DIDIER, Fredie Jr., BRAGA, Paula Sarno e OLIVEIRA, Rafael Alexandria de. *Curso de direito processual civil*: teoria da prova, direito probatório, ações probatórias, decisão, precedente, coisa julgada e antecipação dos efeitos da tutela. 10. ed. Salvador: JusPodivm, 2015. v. 2.

WAMBIER, Teresa Arruda Alvim... [et al.]. *Primeiros comentários ao Novo Código de Processo Civil*: artigo por artigo. São Paulo: Revista dos Tribunais, 2015.

Do incidente de resolução de demandas repetitivas no Processo Civil Brasileiro e suas repercussões no Processo do Trabalho

Edilton Meireles

Desembargador do Trabalho na Bahia (TRT 5ª Região). Pós-doutor em Direito pela Faculdade de Direito da Universidade de Lisboa. Doutor em Direito (PUCSP). Professor de Direito Processual Civil na Universidade Federal da Bahia (UFBa). Professor de Direito na Universidade Católica do Salvador (UCSal).

1. INTRODUÇÃO

O CPC de 2015, a viger a partir de 17 de março de 2016, estabelece, dentre suas novidades, a possibilidade da resolução de demandas repetitivas mediante a instauração de um incidente processual à semelhança do incidente de uniformização de jurisprudência previsto no CPC de 1973 ou da técnica de julgamento dos recursos repetitivos.

Interessante e boa medida processual que merece amplo debate e reflexões, já que, além de visar a maior celeridade processual, busca a melhor eficiência da gestão de processos por parte do Judiciário nacional. É instrumento, pois, de concretização do princípio da eficiência (art. 37, *caput*, da CF) aplicado ao Poder Judiciário.

Neste trabalho trataremos deste novo instituto de direito processual, abordando-o à luz dos dispositivos do Novo CPC e sua incidência em todos os feitos em curso nas Justiças Estaduais, Federal e do Trabalho, de modo a traçar suas linhas mestras.

Destacamos, porém, uma vez instalado esse instituto processual, todas as causas que tratam da mesma matéria, em curso no território nacional, abrangendo todas as "Justiças", podem ser afetadas com a decisão que vier a ser adotada no incidente de resolução de demandas repetitivas, especialmente as que tratam de questão jurídica de natureza constitucional.

2. DO CABIMENTO

O Incidente de Resolução de Demandas Repetitivas (IRDR) foi criado, à semelhança do incidente de uniformização da jurisprudência (que não está agasalhado no Novo CPC), como instituto destinado a uniformização das decisões do Judiciário, procurando evitar a existência de decisões contraditórias, que conduzem a um tratamento desigual por parte do Estado-juiz àqueles que se encontram em idêntica situação jurídica.

Tal incidente tem lugar em qualquer demanda judicial, seja qual for o estado em que ele se encontra e em qualquer grau de jurisdição. Pelo projeto aprovado na Câmara dos Deputados, esse incidente ficaria limitado aos tribunais estaduais e regionais (§ 1º do art. 988 da versão aprovada na Câmara dos Deputados). Tal restrição, porém, foi expurgada pelo Senado Federal. Logo, não havendo qualquer restrição, tal incidente pode ser suscitado perante qualquer juízo ou tribunal em qualquer causa repetitiva. Tal incidente, por sua vez, é aplicável subsidiária ou supletivamente às demandas trabalhistas e às que correm perante os Juizados Especiais.

Assim, o IRDR tanto pode ser suscitado no curso do processo em primeiro grau ou em ação originária proposta no tribunal, como pode ser instaurado quando o feito já esteja em fase recursal.

Já na forma do art. 976 do CPC/15, esse incidente tem cabimento quando, simultaneamente, se está diante de "repetição de processos sobre a mesma questão de direito" e haja "risco de ofensa à isonomia e à segurança jurídica".

Vamos a esses requisitos.

2.1. Repetição de processos sobre a mesma questão de direito

O primeiro requisito é a existência de diversas demandas judiciais tratando a mesma questão. A lei não menciona a quantidade de demandas.

Daí se deduz que bastam duas, até porque, mesmo nesta hipótese, há "risco de ofensa à isonomia e à segurança jurídica", especialmente quando se cuida de ação coletiva.

A questão a ser decidida, por sua vez, deve ser de direito, até porque, se for fática, não se trataria da mesma questão. Os fatos podem ser semelhantes, mas não são idênticos. Para instauração do incidente, portanto, exige-se que seja idêntica a questão jurídica.

Cabe, porém, uma ressalva: nunca estamos diante de uma demanda na qual apenas se discute uma questão meramente jurídica. Na verdade, quando se diz que a questão é meramente de direito, queremos nos referir à hipótese na qual os fatos subjacentes à controvérsia jurídica são incontroversos. Ela tem como pressuposto a existência de um fato que se tornou incontroverso no feito.

Em suma, diante da incontrovérsia dos fatos, resta ao juiz apenas decidir a questão jurídica. Exemplo: trabalhadora alega gravidez e despedida injusta e pede reintegração. A empresa confirma a gravidez, a despedida injusta, mas contesta o direito à reintegração da empregada detentora de estabilidade provisória. Cabe, então, aqui, ao juiz, apenas decidir a questão jurídica relativa ao direito à reintegração do empregado detentor de estabilidade provisória. Questão jurídica, mas que tem por pressuposto a existência de um fato que se tornou incontroverso.

Tal ocorre até mesmo na ação mais tipicamente jurídica, que são as ações diretas de inconstitucionalidade ou constitucionalidade. Isso porque, mesmo neste caso, pode-se estar diante de fatos que mereçam ser comprovados, quando, por exemplo, alega-se a inconstitucionalidade formal por não respeito ao quórum mínimo de votação (fato a ser provado). Outro exemplo: quando se contesta a existência da própria lei dita como inconstitucional. Hipótese: pode-se ajuizar a ação de inconstitucionalidade de uma lei estadual ou municipal e o ente público negar a sua existência. Caberá, então, ao requerente provar a existência da lei questionada.

Tal distinção é importante, já que, enquanto controvertido o fato subjacente à questão jurídica (de direito), por óbvio que descaberá suscitar o incidente de resolução de demandas repetitivas. Isso porque, antes de adentrar na questão jurídica, caberá ao juiz decidir sobre a existência ou não do fato. Até porque não tem lógica decidir a questão jurídica num ou noutro sentido para depois concluir que o fato não ficou comprovado. No nosso exemplo, se a empresa contestar o estado de gravidez, descaberia decidir inicialmente se cabe ou não a reintegração, para somente depois o juiz concluir que a empregada não estava grávida; antes de decidir se a lei estadual ou municipal é inconstitucional, cabe provar sua existência, vigência e teor.

Assim, enquanto não precluso o direito de discutir o fato subjacente à questão de direito, descabe suscitar o incidente de resolução de demanda repetitiva.

Mas o CPC/15 também exclui a possibilidade de instauração do incidente de resolução de demandas repetitivas (doravante IRDR), "quando um dos tribunais superiores, no âmbito de sua respectiva competência, já tiver afetado recurso para definição de tese sobre questão de direito material ou processual repetitiva". Trata-se de um requisito negativo.

Aqui a ausência da afetação do recurso repetitivo tratando da mesma questão jurídica é pressuposto negativo de cabimento do IRDR, haja vista que, com aquele, a matéria já está no âmbito de apreciação pela corte superior, de modo que seria descabido se instaurar outro procedimento que visa o mesmo objetivo, qual seja, uniformizar a jurisprudência.

Mas esse dispositivo gera diversas dúvidas, especialmente tendo em vista a existência da Justiça do Trabalho (que, ao que parece, foi esquecida pelo legislador processual civilista). Isso porque a lei fala em afetação de recurso em tribunal superior "no âmbito de sua respectiva competência".

Com isso se quer, no Processo Civil, dizer que, se a questão for infraconstitucional, há de existir um recurso especial afetado no STJ. Se se tratar de uma questão constitucional, cabe investigar a existência de um recurso extraordinário repetitivo ou recebido em repercussão geral pelo STF. Mas, na Justiça do Trabalho, ao TST é reservada a competência para deliberar, em recurso de revista (de natureza extraordinária), sobre questões constitucionais ou infraconstitucionais. Daí fica a dúvida: se tiver afetado no TST um recurso repetitivo em matéria constitucional, tal situação impede a instauração do IRDR no Processo do Trabalho, já que, sobre essa questão (constitucional), a última palavra é do STF?

É certo que, existindo recurso extraordinário trabalhista repetitivo ou recebido em repercussão geral, tal fato impedirá a instauração do IRDR. O mesmo se diga de recurso de revista repetitivo em matéria infraconstitucional.

Já quanto ao recurso de revista em matéria constitucional, ainda que a decisão do TST possa ser revista pelo STF, entendemos no mesmo sentido. Isso porque o que se quer com tais procedimentos (recursos repetitivos ou IRDR) é uniformizar a jurisprudência. Logo, não tem cabimento, no âmbito da Justiça do Trabalho, processar dois incidentes distintos que podem conduzir a decisões geradoras de "risco de ofensa à isonomia e à segurança jurídica".

Ademais, no recurso repetitivo, o ministro relator pode determinar a suspensão de todos os processos que tratam da mesma questão jurídica (inciso II do art. 1.037 do CPC/15), o que bem revela que seu processamento prejudica o IRDR se este foi instaurado em instância inferior.

É bem verdade que idêntica providência de suspensão dos feitos pode ser adotada pelo TST no IRDR suscitado em instância inferior (§ 3º do art. 982 do CPC/15), mas tal ocorre apenas em caráter precário, já que essa ordem ficará condicionada à interposição de recurso para o tribunal superior (§ 5º do art. 982 do CPC/15).

Não fosse isso, é preferível processar o feito que já está no tribunal superior do que aquele que se encontra em instância inferior.

Diga-se, ainda, que a afetação de recurso repetitivo ou em repercussão geral de forma superveniente à instauração do IRDR prejudica este. Neste caso, com a instauração posterior de procedimento junto aos tribunais superiores para julgamento de recurso repetitivo ou em repercussão geral, tal circunstância torna descabido o prosseguimento do IRDR por razões supervenientes quando em curso em instância inferior.

Essa hipótese, porém, somente pode ocorrer se não forem suspensos, em todo o território nacional, os feitos nos quais se discute idêntica matéria de direito em debate no IRDR (§ 3º do art. 982 do CPC/15). Caso tenham sido suspensos estes outros feitos, por certo que não se poderá conhecer de recurso repetitivo ou em repercussão geral, já que as demandas respectivas estariam paralisadas em face do IRDR já instaurado.

Mas, como dito anteriormente, o IRDR também pode ser suscitado junto aos tribunais superiores. Seja em ação originária, seja em recurso. Não há limitação neste ponto. Daí surgem outros questionamentos: e se o IRDR for suscitado junto ao tribunal superior antes da afetação de recurso repetitivo ou em repercussão geral, o recebimento deste paralisa aquele? E se ocorrer a afetação/repercussão geral após o recebimento do recurso interposto no IRDR iniciado na instância inferior, tal ocorrência prejudica o processamento deste incidente? Tudo isso, ressalte-se, partindo-se do pressuposto de que as demandas nas quais se discute matéria idêntica não foram suspensas em todo o território nacional em face do IRDR instaurado.

Entendo que, nestas hipóteses, o mais lógico é processar o IRDR, mandando paralisar os demais feitos, inclusive aqueles nos quais se afetou o recurso, dada sua antecedência. Isso porque, seja no IRDR suscitado perante o tribunal superior, seja no recurso afetado/em repercussão geral, seja no recurso interposto para o tribunal superior no IRDR iniciado em instância inferior, em todas essas hipóteses o que se pretende é que o tribunal superior uniformize a jurisprudência, adotando a tese jurídica a ser aplicada a todos os feitos. Logo, o recebimento do IRDR pelo tribunal superior, seja pela via recursal, seja pela via originária, prejudica qualquer outro procedimento que conduza a idêntico objetivo.

Assim, neste caso, a afetação de recurso repetitivo ou repercussão geral superveniente não prejudica o IRDR já em processamento no mesmo tribunal superior.

Por óbvio, ainda, que o processamento do IRDR sobre determinada questão jurídica impede que outro possa ser instaurado sobre a mesma matéria no âmbito da jurisdição do tribunal competente para apreciá-lo. Assim, uma vez recebido o IRDR pelo TJ/TRF/TRT, nenhum outro incidente tratando sobre a mesma matéria jurídica pode ser instaurado, ainda que estes outros feitos não tenham sido suspensos, observada a jurisdição do tribunal processante. Se instaurado junto aos tribunais superiores, ele tem o condão de prejudicar a instauração de novos IRDR sobre a mesma questão em todo o território nacional.

E para ficar claro: na hipótese de não ter sido concedido efeito suspensivo a todos os feitos que tratam da mesma matéria em todo o território nacional, na forma do § 3º do art. 982 do CPC/15, a instauração do IRDR junto a um tribunal estadual ou regional (TJ/TRF/TRT) não impede que outro possa ser iniciado na jurisdição de outro órgão de igual hierarquia ou na instância superior.

Daí surgem outras situações: primeira, e se for instaurado o IRDR junto ao tribunal superior estando em curso outro em instância inferior? Neste caso, entendo que aquele em processamento perante o juízo inferior resta prejudicado. Até por economia processual, deve-se preferir aquele em processamento na instância revisora da decisão regional/estadual.

Segunda, em havendo dois ou mais IRDR em processamento na instância estadual/regional, debatendo a mesma questão jurídica, havendo pedido de suspensão de todos os processos em curso no território nacional "que versem sobre a questão objeto" dos incidentes já instaurados (§ 3º do art. 982 do CPC/15), qual deles deve permanecer em processamento?

A resposta não é tão simples. Poder-se-ia pensar que caberia ao tribunal superior, ao apreciar o pedido de suspensão, decidir a respeito. Assim, tanto poderia decidir em favor do primeiro instaurado, como poderia decidir em favor daquele no qual se requereu a suspensão dos demais feitos, como poderia optar por aquele mais representativo da controvérsia, etc. A motivação será do tribunal superior.

Contudo, pode ocorrer de a parte não recorrer da decisão proferida no IRDR não suspenso. Logo, a decisão ali proferida somente seria vinculante para o tribunal julgador e os juízos que lhe são vinculados. Seria o caso, então, de deixar que todos continuassem sendo processados, ordenando a suspensão dos demais apenas se, em algum deles, após julgamento pelo regional ou estadual, for interposto e recebido o recurso pelo tribunal superior. Neste caso, admitido o primeiro recurso pelo tribunal superior, caberia mandar suspender os demais incidentes ainda não julgados.

2.2. Risco de ofensa à isonomia e à segurança jurídica

O segundo requisito indispensável à instauração do IRDR, que deve ser simultâneo com o primeiro (repetição de processos sobre a mesma questão jurídica), é o risco de ofensa à isonomia e à segurança jurídica.

O requisito é único, com dois fatores: risco à isonomia e à segurança jurídica.

Risco à isonomia ocorre quando dois ou mais juízes ou tribunais podem decidir de forma diversa sobre a mesma questão jurídica. Esse risco está presente em toda e qualquer demanda judicial repetida. Bastam dois processos, a serem julgados por juízes ou tribunais diversos, para que possa ocorrer esse risco. O risco não estará presente se todos os processos repetitivos forem julgados pelo mesmo juiz ou órgão, neste último caso, com a mesma composição. Ao menos é o que se espera nesta hipótese.

Já o risco à segurança jurídica ocorre quando a decisão judicial pode gerar uma mudança no entendimento que, de forma razoável, tem prevalecido (gerando a confiança no jurisdicionado) ou quando, a partir das decisões conflitantes ou contraditórias, crie um ambiente de incerteza quanto à conduta a ser adotada a partir do regramento legal.

Neste caso, a primeira hipótese será de difícil configuração, já que é preciso que os diversos juízes ou tribunais nos processos em curso possam adotar, por coincidência, decisões que discrepam do entendimento que razoavelmente prevalece, de modo a gerar insegurança jurídica. O que era pacífico torna-se controverso a partir das diversas decisões judiciais modificadoras do entendimento até então prevalecente. Uma isolada decisão em sentido contrário ao que se tem como entendimento dominante não geraria essa insegurança jurídica.

Mais comum será a segunda hipótese, já que a possibilidade de os juízes e tribunais decidirem de forma diversa para a mesma questão jurídica gera uma incerteza quanto à conduta a ser adotada de modo a respeitar a regra posta. Mas, em sendo assim, o risco de ofensa à segurança jurídica acaba coincidindo com o de ofensa à isonomia. Isso porque, ao tratar com desrespeito ao princípio da igualdade, também cria uma insegurança jurídica, pois, afinal, não se sabe ao certo qual conduta deva ser adotada a partir do texto normativo.

Vale destacar, ainda, que por segurança jurídica devemos ter a estabilidade do que se entende como sendo a norma aplicável. Não se trata da legalidade estrita, mas, sim, da norma como vem sendo interpretada majoritariamente pelos operadores do direito. Com essa estabilidade, por sua vez, busca-se também evitar a arbitrariedade estatal, inclusive por parte do juiz ao interpretar a regra de forma diversa daquela já, razoavelmente, aceita pela comunidade.

Essa segurança jurídica, por sua vez, vincula-se ao princípio da confiança, já que as pessoas depositam confiança em que suas condutas estão de acordo com a norma posta. Protege-se quem confiou legitimamente na norma tal como ela vem sendo aceita de modo estável pela comunidade destinatária dela. E tal mudança pode acarretar, também, a violação do princípio da igualdade e vice-versa. Daí por que podemos afirmar que, estando presente o requisito do risco de ofensa à isonomia, estar-se-á diante do risco de ofensa à segurança jurídica e vice-versa.

Contudo, cabe ressaltar que, diante do princípio da segurança jurídica, não se quer a conservação da interpretação dada à regra jurídica, já aceita de modo razoável pela comunidade que lhe é destinatária. O que se busca é, mediante a instauração do incidente de resolução de demandas repetitivas, caso haja uma modificação, que ela ocorra de modo uniforme para todos, ainda que se modulando a alteração do entendimento. Procura-se evitar, assim, a insegurança que se possa gerar diante de decisões conflitantes ou contraditórias entre si.

Assim, quando presente a possibilidade de vários juízes ou tribunais decidirem de formas contraditórias ou conflitantes entre si, violando a segurança jurídica e o princípio da isonomia, estará presente o segundo requisito necessário para a instauração do incidente de resolução de demandas repetitivas.

3. LEGITIMIDADE

O art. 977 do Novo CPC, por sua vez, aponta o rol dos legitimados que podem ter a iniciativa de provocar o IRDR. São eles: juiz ou relator, por ofício; partes, por petição; Ministério Público ou Defensoria Pública, por petição.

Se o feito estiver em primeiro grau de jurisdição, o juiz da causa, por ofício, pode provocar o IRDR dirigindo-se ao presidente do tribunal ao qual esteja vinculado.

Vejam que, neste caso, instaura-se por ofício e não *ex officio*. Logo, o juiz deve se dirigir ao presidente do tribunal requerendo que a Corte instaure o IRDR. Para tanto, por óbvio, deverá o juiz instruir seu ofício com a documentação pertinente (basicamente a prova dos processos repetitivos).

Idêntico procedimento pode ser adotado pelo relator no feito que corre perante os tribunais. Tanto pode ser em ação originária, como em qualquer recurso ou mesmo em incidentes processuais, a exemplo de conflito de competência, exceção de suspeição ou impedimento etc. Em tais incidentes, talvez o mais difícil seja constatar a existência de diversos processos discutindo a mesma questão jurídica. Contudo, em tese esse fenômeno pode ocorrer. Logo, cabível o IRDR.

Vejam que a lei, quando se refere aos tribunais, fala em "processo de competência originária de onde se originou o incidente" (parágrafo único, *in fine*, do art. 978 do Novo CPC). Processo aqui pode ser entendido como ação ou como qualquer procedimento em curso no tribunal. Neste segundo sentido, incluem-se os incidentes de competência originária, como os conflitos de competência e as exceções de incompetência e suspeição. Preferimos seguir essa segunda interpretação, dado o objetivo do incidente, que é o de pacificar a controvérsia jurídica.

A lei legitima o relator. Contudo, é sabido que este age por delegação do órgão colegiado. Logo, ainda que o relator não oficie provocando o incidente, nada impede que o órgão colegiado fracionário assim decida, oficiando-se o presidente do Tribunal.

Lembre-se, ainda, conforme já dito anteriormente, que cabe suscitar esse incidente no tribunal mesmo quando a causa esteja em curso junto ao órgão julgador competente para apreciar o feito repetitivo. Ou seja, pode haver coincidência entre o órgão processante da causa repetitiva e o competente para apreciar o IRDR. Poder-se-ia pensar, a princípio, que o incidente (que resulta em deslocamento de competência para apreciar a questão jurídica) não teria cabimento, pois a matéria já está sob análise do próprio órgão competente para julgamento do referido IRDR. Contudo, pode-se pensar na "instauração" do incidente para efeito de se permitir a possibilidade de ordenar a suspensão de todos os demais feitos que versem sobre a mesma questão jurídica, seja no âmbito do próprio tribunal, seja mediante pedido dirigido à Corte Superior, se for o caso (art. 982 do CPC/15). Com este objetivo, a instauração do incidente, neste caso, tem lugar e sentido.

O relator ou órgão fracionário, por sua vez, à semelhança do juiz de primeiro grau, pode provocar esse incidente mediante ofício encaminhado ao presidente do tribunal. Há requerimento por ofício, não provocação *ex officio*.

O CPC também confere às partes o direito de tomar a iniciativa de instauração do incidente. Partes sendo aquelas que atuam no processo repetitivo.

E aqui cabe esclarecer que mesmo a pessoa que apenas atua em um determinado feito pode provocar esse incidente, já que em tese corre o risco de ser tratada com ofensa aos princípios da isonomia e da segurança jurídica. Isso porque, em outra demanda, a decisão a ser adotada pode ser diferente, o que implica deduzir que ela pode ser destinatária de uma discriminação. As decisões divergentes, por suas vezes, conduzem à insegurança jurídica, pois mesmo essa isolada pessoa passa a ter incerteza quanto aos seus eventuais direitos. No presente e no futuro em relação a outras situações ou relações jurídicas.

Maior legitimidade, por sua vez, terá a pessoa que é parte nos diversos processos repetitivos. Aqui seu interesse é óbvio na pacificação da jurisprudência.

Ao provocar o incidente, a parte deve também se dirigir ao presidente do tribunal, por petição, fazendo prova dos requisitos indispensáveis à instauração do incidente.

Por fim a lei confere ao Ministério Público e à Defensoria Pública a legitimidade para provocar o IRDR (inciso III do art. 977 do CPC/15).

A lei não limita essa legitimidade aos feitos nos quais o MP ou a Defensoria atua como parte, até porque, se assim fosse, a legitimidade estaria respaldada no inciso II do art. 977 do Novo CPC. Esclareça-se que, se, por qualquer motivo, atuam no feito como representante postulatório da parte, por certo que o incidente pode ser provocado por esta (pela parte), ainda que representado judicialmente pelo MP ou Defensoria Pública. Neste caso, porém, o legitimado é a parte.

Não havendo a referida limitação, logo é de se admitir que o MP e a Defensoria Pública possam provocar o IRDR em todo e qualquer feito repetitivo, desde que a questão jurídica posta à deliberação esteja no âmbito de sua atuação funcional. Ou seja, se a questão jurídica a ser decidida possa ser objeto de demanda na qual o MP ou a Defensoria, enquanto instituições, possam atuar enquanto parte ou, eventualmente, aquele, como mero fiscal da lei, estes órgãos estatais estarão legitimados a provocar o IRDR. Por petição, também dirigida ao presidente do tribunal, sempre com "documentos necessários à demonstração do preenchimento dos pressupostos para a instauração do incidente" (parágrafo único do art. 977 do Novo CPC).

4. DESISTÊNCIA OU ABANDONO DA CAUSA

Após instaurado o IRDR, pode ocorrer de a parte desistir ou abandonar a causa. Neste caso, estabelece a lei que o processamento do incidente deve prosseguir, passando o Ministério Público a atuar em sua "titularidade".

Nesta hipótese, então, caberá ao tribunal decidir o incidente tão somente para efeito de fixar a tese jurídica que irá prevalecer, aplicando a mesma em todos os demais feitos afetados. A tese jurídica adotada, porém, não será aplicada na demanda na qual foi instaurado o incidente, devendo o julgador, neste caso, extinguir o feito respectivo em face do pedido de desistência ou em face do abandono do processo.

O Ministério Público, por sua vez, ao assumir a "titularidade" da demanda, passa a atuar como verdadeiro substituto processual das demais pessoas interessadas na resolução da questão jurídica controvertida.

Outra questão se refere à desistência do incidente em si. Neste caso, a lei não prevê a possibilidade de as partes desistirem do incidente em si, preferindo que a questão fosse julgada pelo juízo originário. E é de não se admitir essa possibilidade, dado o fim ao qual ele se objetiva. Em suma, o IRDR, uma vez instaurado, não fica mais no âmbito de disposição das partes.

Pode ocorrer, porém, de o Ministério Público ser parte no processo e formular pedido de desistência do mesmo. Pode até abandonar a causa. Nessa hipótese, o legislador não estabeleceu a quem competiria assumir a "titularidade" da demanda. Para solucionar essa lacuna, entendemos que caberá ao tribunal escolher, entre as partes legitimadas para deflagrar o incidente (incisos II e III do art. 977 do Novo CPC), aquele que deve se "titularizar" no incidente. Para tanto deverá ter em mente os critérios relativos à representação adequada dos sujeitos que poderão vir a ser afetados com a decisão do incidente.

5. MOMENTO

A lei não esclarece o momento em que o incidente pode ser provocado.

Em geral, ao certo que caberia somente suscitar o incidente após instaurado o contraditório, já que, a princípio, até então não se pode afirmar que haja uma questão jurídica controvertida a ser decidida.

Pode acontecer, porém, de a questão jurídica surgir antes mesmo da citação do réu. Essa possibilidade pode ocorrer quanto às questões de ordem pública que de ofício podem ser apreciadas pelo juiz. Exemplo que pode ocorrer é quanto à competência material. Pode o juiz se julgar incompetente de forma absoluta, declinando da competência antes mesmo da citação. Havendo demandas repetitivas, pode a parte ou o juiz suscitar, de logo, o incidente de resolução de demanda repetitiva tão somente nesta questão processual.

Daí se tem, então, que, não havendo controvérsia quanto aos fatos subjacentes à questão jurídica, em qualquer fase da demanda pode ser suscitado o IRDR.

6. COMPETÊNCIA

Estabelece o Novo CPC, em seu art. 978, que o "julgamento do incidente caberá ao órgão indicado pelo regimento interno dentre aqueles responsáveis pela uniformização de jurisprudência do tribunal".

Caberá, assim, a cada um dos tribunais estabelecer, em norma regimental, qual o órgão competente para o julgamento deste incidente. Aqui não há restrição. Logo, tanto pode ser reservada essa competência ao Pleno do Tribunal, como a qualquer órgão fracionário. Pode até ser criado um órgão fracionário somente para esse fim. Não há obrigatoriedade que seja o Órgão Especial, por exemplo.

O certo, entretanto, é que a decisão a ser adotada se tornará vinculante no âmbito do próprio tribunal e em relação a todos os órgãos jurisdicionais inferiores (art. 927, III, do CPC) e "inclusive àqueles que tramitem nos juizados especiais do respectivo Estado ou região" (inciso I, *in fine,* do art. 985 do CPC/15).

O parágrafo único do art. 978 do Novo CPC, outrossim, contém outra regra que pode significar o deslocamento da competência para a apreciação de eventual recurso que venha a ser interposto na demanda respectiva ou da ação de competência originária de onde se originou o incidente.

Em suma, suscitado o incidente em demanda que corre na vara, o incidente será julgado pelo órgão que o regimento interno do tribunal estabelecer como competente. O CPC, porém, também estabelece que, neste caso, este mesmo órgão passará a ser competente para julgar o recurso ou a remessa necessária interposto na demanda que corre perante o primeiro grau.

Aqui cabe lembrar que, uma vez julgado o incidente, o feito volta a correr perante o primeiro grau para julgamento, observando-se o já decidido pelo Tribunal derredor da questão jurídica. Da sentença respectiva, podem as partes interpor recurso ou ser encaminhada a remessa necessária. Logo, nestas hipóteses, o órgão do tribunal regional ou estadual que julgou o IRDR será o competente para o recurso ou a remessa necessária. Se, por coincidência, naturalmente já seria o mesmo órgão, não há deslocamento de competência. Não havendo a coincidência, ocorre o deslocamento de competência para julgamento do recurso ou da remessa necessária.

Conquanto o IRDR não se cuida de um recurso, tudo aconselha (e norma regimental pode assim dispor) que o relator do recurso ou da remessa necessária seja o mesmo que apreciou o incidente, numa aplicação extensiva ao disposto no parágrafo único do art. 930 do CPC (que torna prevento o relator sorteado para o primeiro recurso para os eventuais recursos subsequentes interpostos no mesmo feito e nas demandas conexas).

O deslocamento de competência também ocorre em relação à ação de competência originária do tribunal. Neste caso, o que seria de competência de outro órgão do tribunal – o julgamento da ação originária, v. g. –, uma vez suscitado o incidente, há o deslocamento desta atribuição.

Neste caso, então, na maior parte dos casos, provavelmente a Corte irá julgar o "incidente" no bojo da decisão definitiva. Ou seja, aprecia em decisão final a questão jurídica, já julgando a ação de competência originária. O que era mero incidente passa a ser apreciado como questão final.

Pode ocorrer, porém, de o tribunal resolver apreciar a questão de forma interlocutória. Por exemplo, quando se discute questão processual que, a depender da resolução, não impede o prosseguimento do feito. Exemplo: a questão a ser decidida se refere à extensão da coisa julgada coletiva. Se reconhecidos os efeitos da coisa julgada, o tribunal deve proferir decisão extinguindo a ação originária. Aqui há decisão final do feito. Se o tribunal, porém, afastar a coisa julgada, a decisão seria meramente interlocutória.

Importa, porém, ressaltar que, após a distribuição e o sorteio do relator, "o órgão colegiado competente para julgar o incidente procederá ao seu juízo de admissibilidade, considerando a presença dos pressupostos do art. 976" do CPC.

Tal procedimento está previsto no art. 981 do Novo CPC. Daí se tem que, nem ao presidente do tribunal, a quem é dirigido o pedido de instauração do incidente, nem ao relator sorteado, compete, monocraticamente, decidir pela admissibilidade ou não do incidente. O juízo de admissibilidade, na dicção no art. 981 do Novo CPC, compete ao órgão colegiado competente para apreciar o incidente. O relator sorteado, por lógica, funcionará como o relator deste juízo de admissibilidade.

Tal regra, porém, não impede que, em determinados casos, por norma regimental, seja delegada a competência ao presidente do tribunal ou ao relator para decidir monocraticamente. Basta imaginar na hipótese em que em dois ou mais processos distintos são pedidos a instauração do IRDR. Uma vez acolhida a admissibilidade do primeiro, pode-se autorizar que o relator não admita os demais que tratam da mesma questão jurídica.

Outra hipótese a se pensar é aquela na qual a parte ou autoridade não exibe os documentos necessários para "demonstração do preenchimento dos pressupostos para a instauração do incidente" (parágrafo único do art. 977 do CPC/15) ou quando diante da ilegitimidade do requerente. Nestes casos, assim como em outros, é razoável delegar a competência ao relator, prevendo-se o agravo regimental contra a decisão monocrática.

Outrossim, admitido o incidente, estabelece o CPC que cabe ao órgão competente para sua apreciação dar a "mais ampla e específica divulgação e publicidade, por meio de registro eletrônico no Conselho Nacional de Justiça" (art. 979 do CPC/15).

Para tanto, dispõe o § 1º do art. 979 do CPC, que "os tribunais manterão banco eletrônico de dados atualizados com informações específicas sobre questões de direito submetidas ao incidente, comunicando-o imediatamente ao Conselho Nacional de Justiça para inclusão no cadastro".

Dispõe, ainda, o Novo CPC, em seu art. 979, que, *verbis*:

> § 2º Para possibilitar a identificação dos processos abrangidos pela decisão do incidente, o registro eletrônico das teses jurídicas constantes do cadastro conterá, no mínimo, os fundamentos determinantes da decisão e os dispositivos normativos a ela relacionados.

O art. 980 do Novo CPC estabelece, ainda, que o IRDR deverá ser "julgado no prazo de 1 (um) ano e terá preferência sobre os demais feitos, ressalvados os que envolvam réu preso e os pedidos de *habeas corpus*".

Tal nos leva às hipóteses de suspensão dos demais feitos.

7. SUSPENSÃO PREJUDICIAL

Admitido o incidente pelo órgão colegiado, o seu relator deverá determinar a suspensão de todos os processos pendentes, individuais ou coletivos, que tramitam no Estado (caso processado por Tribunal de Justiça) ou na região (caso admitido por tribunal regional) ou em todo território nacional (quando processado perante tribunal superior).

Aqui não se cuida de uma faculdade. A lei é imperativa. Deve mandar suspender. Ordenada a suspensão, a ordem será comunicada a todos os juízos e tribunais competentes para apreciar as demandas repetitivas.

Caso o incidente esteja sendo processado perante tribunal estadual ou regional, a lei permite, ainda, que as partes, o Ministério Público ou a Defensoria Pública possam pedir ao tribunal superior competente para julgar o recurso eventualmente cabível contra a decisão estadual ou regional que sejam suspensos "todos os processos individuais ou coletivos em curso no território nacional que versem sobre a questão objeto do incidente já instaurado".

A legitimidade para pedir a suspensão dos demais processos repetitivos, neste caso, também é estendida a qualquer parte "no processo em curso no qual se discuta a mesma questão objeto do incidente" (§ 4º do art. 982 do CPC/15). Isso "independentemente dos limites da competência territorial" do tribunal estadual ou regional. Ou seja, neste caso, por exemplo, tendo sido instaurado o IRDR perante o TRT de Minas Gerais e suspensos os feitos repetitivos apenas em trâmite neste Estado, a parte de um processo "no qual se discuta a mesma questão objeto do incidente" e que corre em qualquer outro juízo vinculado ao TST, poderá pedir a este tribunal superior que seja ordenada a suspensão das demais demandas repetitivas em todo território nacional. O mesmo se diga em relação ao STF e ao STJ.

O CPC, em seu art. 1.029, § 4º, por sua vez, estabelece que essa suspensão a ser ordenada pelo tribunal superior tenha por fundamento razões de segurança jurídica ou quando diante de excepcional interesse social. Lembre-se, todavia, que em matéria constitucional, a questão deve estar na abrangência da competência do STF.

A competência para ordenar a suspensão será do Presidente do tribunal superior (art. 1.029, § 4º), cabendo a interposição de agravo regimental contra ela.

A suspensão desses outros feitos, porém, cessará se não for interposto, conforme o caso, recurso especial para o STJ, recurso de revista para o TST ou o recurso extraordinário para o STF contra a decisão proferida no incidente apreciado por órgão inferior.

Na Justiça do Trabalho, porém, outro detalhe deve ser lembrado. É que, em matéria infraconstitucional, o recurso de revista em execução somente tem cabimento "por violação à lei federal" e "por divergência jurisprudencial' nas execuções fiscais e "nas controvérsias da fase de execução que envolvam a Certidão Negativa de Débitos Trabalhistas (CNDT)" (§ 10 do art. 896 da CLT). Já no procedimento sumaríssimo, na fase de conhecimento, "somente será admitido recurso de revista por contrariedade a súmula de jurisprudência uniforme do Tribunal Superior do Trabalho" em matéria infraconstitucional.

Assim, se instaurado IRDR na Justiça do Trabalho sobre matéria jurídica infraconstitucional na fase de liquidação, cumprimento da sentença ou execução, somente haverá a possibilidade de o TST mandar suspender o feito em todo o território nacional se se tratar de questão relacionada à execução fiscal e nas controvérsias relacionadas à certidão de débitos trabalhistas. Já se o IRDR for instaurado em procedimento sumaríssimo, em matéria infraconstitucional, essa mesma possibilidade somente ocorrerá se a decisão que vier a ser adotada contrariar súmula do Tribunal Superior do Trabalho.

Pela via transversa, todavia, essas questões relacionadas à liquidação, cumprimento de sentença e execução podem chegar ao TST, mesmo em IRDR. Tal pode ocorrer se o IRDR for instaurado a partir de uma ação de competência originária do TRT. Neste caso, contra a decisão do regional cabe a interposição do recurso ordinário para o TST. Assim, ter-se-á que admitir este recurso para atacar a decisão proferida no IRDR instaurado na ação de competência do TRT que cuida de questão relacionada à liquidação, cumprimento da sentença e execução. E, diante do cabimento deste recurso, pode-se pedir a suspensão dos demais feitos em todo o território nacional quando instaurado o IRDR sobre questão relacionada à liquidação, cumprimento da sentença e execução em ação de competência dos regionais trabalhistas.

Aqui, ainda, cabe esclarecer outra situação. É que o IRDR pode ser suscitado em ação de competência originária no STJ ou no TST, ou mesmo em recurso que já corre perante esses órgãos superiores. Nessas hipóteses, a ordem de suspensão afetará todos os processos em curso no território nacional. Mas é sabido que, muito provavelmente, o STJ somente mandará paralisar os feitos em curso nas justiças estaduais e federais, enquanto o TST ordenará somente a suspensão dos feitos trabalhistas. Pode ocorrer, porém, que no incidente se busque decidir sobre questão constitucional. Tal pode ocorrer nos processos de competência originária do STJ ou em recurso ordinário, recurso de revista e nas ações originárias de competência do TST. Neste caso, então, por lógica, para que de fato todos os processos em curso em território nacional que tratam da mesma matéria constitucional sejam suspensos (afetando as justiças estaduais, federais, do trabalho e, eventualmente, o STJ), será preciso que haja pedido dirigido ao STF. E caso não interposto o recurso extraordinário da decisão do STJ ou do TST, cessará a suspensão em relação aos processos que somente foram suspensos por ordem do STF.

Pode ocorrer, ainda, nas ações originárias de competência do STJ e do TST, de o IRDR suscitado nas mesmas ser julgado em forma de decisão interlocutória ou no bojo da decisão final. Assim, eventualmente, para a permanência da suspensão em relação a todos os processos em curso no território nacional (afetando as justiças estaduais, federais, do trabalho e, eventualmente, o STJ), será preciso que a parte interponha recurso extraordinário contra a decisão interlocutória. Do contrário, cessará a suspensão em relação aos processos que somente foram suspensos por ordem do STF.

Mas o CPC somente fala em cabimento do recurso especial ou extraordinário contra a decisão que decide o IRDR (§§ 3º e 5º do art. 982 c/c o art. 987 do CPC/15). Mas, como lembrado, pode ocorrer de o IRDR ser suscitado nas ações originárias em curso no STJ ou TST e este ser julgado no bojo da decisão final. Tal pode acontecer – como destacado acima –, visto que, uma vez suscitado o IRDR em ação de competência originária do tribunal, pode haver coincidência do órgão competente tanto para o julgamento do incidente, como da própria demanda (parágrafo único do art. 978 do CPC/15). Logo, o tribunal tanto pode decidir o IRDR em forma de decisão interlocutória, como no bojo da decisão final.

Se a decisão for interlocutória, contra a mesma caberá o recurso extraordinário, se decidida questão constitucional, inclusive nos feitos julgados pelo TST, já que decisão de última instância antes do STF. Se for decidida no bojo da decisão final da causa originária, também caberá o recurso extraordinário na questão constitucional apreciada.

Pode ocorrer, porém, que contra essa decisão final proferida pelo TST ou pelo STJ somente caiba a interposição de recurso ordinário. É o que ocorre em mandado de segurança, *habeas data* ou mandado de injunção decididos em única instância pelo STJ ou TST, se denegatória a decisão (CF, art. 102, II, *a*). Aqui, ainda que decidida questão constitucional, caberá o recurso ordinário (de natureza de apelação) para o STF.

Neste caso, então, é de se entender que, caso não interposto o recurso ordinário para atacar a decisão na parte que decidiu a questão constitucional em IRDR, cessará a ordem de suspensão em relação aos processos que somente foram suspensos por ordem do STF.

Em relação à Justiça do Trabalho, algumas outras questões devem ser esclarecidas.

A primeira delas é que, das decisões interlocutórias proferidas pelos tribunais regionais, salvo quando violam entendimento sumulado ou contido em orientação jurisprudencial do TST (Súmula 214, *a*), descabe a interposição de recurso de revista. Logo, a princípio, contra a decisão regional que julga o IRDR não cabe recurso para o TST, salvo se o incidente for julgado no bojo da decisão final proferida em ação originária de competência do tribunal regional.

Se se continuar a adotar, no entanto, o entendimento de não caber recurso contra a decisão interlocutória regional proferida em IRDR, a suspensão dos demais feitos ficaria condicionada ou não à interposição do recurso de revista após o julgamento do eventual recurso ordinário/agravo de petição que viesse a ser interposto depois de proferida a sentença no feito no qual foi suscitado o incidente mencionado.

Procurando fazer as adaptações pertinentes, seria o caso de se criar mais uma exceção à regra geral, tal como fez o TST na hipótese mencionada na alínea *a* da Súmula 214.

Assim, de imediato, caberia admitir a interposição do recurso de revista da decisão regional de natureza interlocutória proferida em IRDR, inclusive nas ações de competência originária. Tal procedimento, por sua vez, adapta-se à lógica do incidente, já que ele visa adotar uma tese a ser aplicada a todos os feitos judiciais, não se justificando a protelação dessa decisão para momento posterior.

A segunda questão se refere à possibilidade de o recurso de revista tanto ser interposto em matéria constitucional como em matéria infraconstitucional. Logo, o pedido de suspensão dos demais feitos em todo o território nacional, no âmbito trabalhista, pode ser dirigido ao TST quando se tratar de matéria constitucional ou infraconstitucional. Tal não impede, todavia, de a parte interessada, especialmente aquelas que não litigam na Justiça do Trabalho, dirigir-se ao STF para pedir essa suspensão em todo o território nacional quando se cuida de incidente que debate questão constitucional, já que, ainda que depois da decisão do TST, a causa pode ser levada à corte maior. Neste caso, então, se for a hipótese, depois de o

IRDR ser julgado pela corte regional, caberia o recurso de revista para o TST e, em seguida, tratando-se de questão constitucional, o recurso extraordinário para o STF.

Pode-se destacar, ainda, que, se o IRDR for julgado pelo TST em forma de decisão interlocutória, contra essa decisão, se contiver questão constitucional, caberá, de imediato, a interposição do recurso extraordinário. Não será, portanto, necessário se aguardar a decisão final na demanda respectiva. Isso porque a regra da CLT que veda a interposição de recurso contra decisão interlocutória não se sobrepõe a norma da Constituição que prevê o cabimento do recurso extraordinário contra a decisão (interlocutória ou final) proferida em única ou última instância. E a decisão em IRDR proferida pelo TST será proferida em única ou última instância.

Já nas ações originárias de competência dos Tribunais Regionais do Trabalho, contra a decisão final, cabe a interposição de recurso ordinário (de natureza de apelação) para o TST. Aqui, então, hão de se adotar idênticas lições para as hipóteses semelhantes tratadas anteriormente.

Assim, se o IRDR for suscitado nestes feitos de competência originária do TRT, cabe pedir, na matéria infraconstitucional, ao TST a suspensão dos demais feitos repetitivos em curso perante a jurisdição de outros regionais ou, ainda, tanto ao TST, como ao STF, igual providência quando se tratar de questão constitucional.

Neste caso, se o IRDR for julgado em provimento interlocutório, é de se admitir de imediato o recurso (qual?) para o TST, seja na matéria constitucional ou infraconstitucional. Aqui, para compatibilizar o sistema e pela lógica do IRDR, o TST haverá de reinterpretar as normas processuais de modo a admitir essa outra hipótese de interposição de recurso contra decisão interlocutória. Do contrário, irá retardar em muito a solução da questão incidental, pois se teria que esperar o julgamento final da demanda.

A suspensão em relação aos feitos em trâmite fora da Justiça do Trabalho, porém, cessará se da decisão a ser proferida pelo TST não for interposto o recurso extraordinário.

Se, por outro lado, o IRDR for julgado no bojo da decisão final da demanda de competência originária do Tribunal Regional do Trabalho, contra a mesma cabe recurso ordinário para o TST (descabendo, em qualquer hipótese, o recurso extraordinário, pois a decisão não será nem de única, nem de última instância). Neste caso, então, se não for interposto este recurso ordinário, também cessará a suspensão dos feitos em trâmite fora da jurisdição do TRT respectivo. Lembrando, porém, que a decisão regional que transitar em julgado somente terá efeito vinculante em relação aos processos acobertados pela sua jurisdição.

Para todas as hipóteses aqui tratadas, dispõe o parágrafo único do art. 980 do CPC que, se o incidente não for julgado no prazo de um ano, "cessa a suspensão dos processos, salvo decisão fundamentada do relator em sentido contrário". Decisão esta sujeita a agravo regimental.

Marinoni, Arenhart & Mitidiero sustentam, no entanto, com bastante razoabilidade, que novo prazo de um ano começa a ser contado a partir da interposição do recurso após julgamento do IRDR[1].

Mas, como dito, esse prazo pode ser prorrogado por decisão do relator. Essa decisão, por sua vez, tanto poderá ser do relator no juízo que conhece do IRDR em primeira instância, como daquele sorteado para apreciar o recurso interposto neste incidente.

A dúvida surge quanto à manutenção da suspensão quando esta foi ordenada pelo tribunal superior, estando em curso o IRDR no tribunal estadual ou regional. Isso porque o relator estadual ou regional do IRDR somente pode ordenar a suspensão dos feitos em curso na jurisdição do respectivo tribunal. Logo, para que se mantenha a suspensão dos demais feitos, ordenados pelo tribunal superior, será necessário se dirigir ao respectivo Presidente do órgão superior que, anteriormente, ordenou a paralisação dessas outras demandas em curso no território nacional. Esta decisão, por sua vez, haverá de ser fundamentada, nem que seja por repetição dos motivos elencados pelo relator do IRDR na origem. Cabe lembrar, ainda, que, em matéria constitucional, eventualmente o pedido deverá ser dirigido, concomitantemente, ao TST e ao STF, nos feitos trabalhistas.

---

1   Luiz Guilherme Marinoni; Sérgio Cruz Arenhart; Daniel Mitidiero. *Novo curso de processo civil*. São Paulo: Revista dos Tribunais, 2015. v. 2, p. 585.

Se o IRDR já estiver em grau de recurso e uma vez vencido o prazo, caberá ao relator respectivo proferir a decisão fundamentada prorrogando a suspensão dos demais feitos. E, em relação à Justiça do Trabalho, em se tratando de questão constitucional, havendo suspensão dos feitos não trabalhistas, será necessário, ainda, que o pedido seja formulado perante o STF.

Para muitos parecerá descabida a suspensão dos demais feitos, especialmente quando nestes se debatem outras questões ou haja pedidos independentes. É o que geralmente ocorre nas demandas trabalhistas, nas quais são formulados diversos pedidos, nem sempre um dependente do outro ou conexos entre si.

Em tais casos, entendo que caberia determinar apenas a suspensão parcial do feito, até porque o juiz pode julgar parcialmente os pedidos (art. 356 do CPC/15), regra esta plenamente aplicável ao Processo do Trabalho de forma supletiva. Aqui a suspensão funcionaria como espécie de ordem de "desmembramento/divisão" do feito, esteja ele em trâmite em qualquer que seja o juízo no Brasil. E, neste sentido, cabe reinterpretar a CLT para, neste caso, admitir a interposição do recurso ordinário contra a decisão interlocutória que julga parcialmente o mérito.

Por fim, diga-se que, "durante a suspensão, o pedido de tutela de urgência deverá ser dirigido ao juízo onde tramita o processo suspenso" (§ 2º do art. 982 do CPC/15).

8. DO PROCEDIMENTO

Como já dito anteriormente, uma vez formulado o pedido de instauração do IRDR, cabe o sorteio do relator e a apreciação, de imediato, pelo órgão colegiado, do juízo de admissibilidade.

Observando o princípio do contraditório, entretanto, o tribunal, antes de proceder no juízo de admissibilidade, deverá ouvir as partes interessadas. Se provocado o incidente pelo juiz ou relator, Ministério Público ou Defensoria Pública, caberá ouvir as partes que litigam no feito no qual o incidente foi suscitado. Provocado por uma das partes, a outra deverá ser ouvida. Na falta de prazo previsto em lei, essa manifestação deve ser oferecida em 5 (cinco) dias (art. 3º do art. 218 do CPC/15). Se for o caso, porém, dada a complexidade do ato, poderá o relator fixar outro prazo (§ 1º do art. 218 do CPC/15).

A decisão do órgão colegiado que admite a instauração do incidente é irrecorrível de imediato. Nenhum dispositivo legal permite a interposição de recurso contra essa decisão interlocutória de forma imediata. Após a decisão final do IRDR, porém, poderá a parte interessada se insurgir contra a decisão que o admitiu. Logo, na hipótese de o IRDR ter sido admitido no tribunal regional ou estadual, no recurso interposto contra a sua decisão final, o tribunal superior também poderá decidir quanto ao cabimento do IRDR em si.

Óbvio, entretanto, que, neste caso, quanto à questão relacionada à admissão do IRDR, o recurso especial para o STJ, de revista para o TST ou extraordinário para o STF, somente terá cabimento se se cuidar de matéria impugnável pelos respectivos apelos. Assim, por exemplo, se cabe recurso especial contra decisão final proferida em IRDR, neste mesmo recurso a parte poderá recorrer contra a decisão inicial que o admitiu, desde que, no ponto, cabia o respectivo recurso (cabível na forma do inciso III do art. 105 da CF).

Pode ocorrer, porém, de a parte alegar uma questão constitucional para impugnar a decisão que admitiu o IRDR. Neste caso, então, nas justiças estadual e federal, contra a decisão do regional ou do tribunal estadual, deverá a parte fazer uso do recurso extraordinário para atacar a decisão que admitiu o IRDR e se utilizar, conforme for o caso, do recurso especial ou do mesmo recurso extraordinário, para atacar a decisão de mérito do IRDR (relativa à questão jurídica repetitiva).

Já na Justiça do Trabalho, contra a decisão final proferida pelo regional em IRDR, caberá o recurso de revista, tanto na matéria constitucional como na infraconstitucional.

Se o IRDR for apreciado originariamente no STJ ou no TST, contra sua admissão caberá o extraordinário, ao final de seu julgamento (após a decisão de mérito), se a parte alegar questão constitucional, já que se trata de decisão de única instância. Do contrário, a decisão será irrecorrível (se não envolver questão constitucional).

Já no caso de inadmissão, tratar-se-á de uma decisão interlocutória final de instância. Logo, contra a mesma, na Justiça estadual ou federal, contra a decisão do regional ou do tribunal estadual, poderá caber recurso especial ou extraordinário, conforme for a matéria alegada. Já na Justiça do Trabalho, contra a decisão regional que inadmite o IRDR não cabe recurso se se alegar questão infraconstitucional. Caberá, porém, o recurso extraordinário se se alegar uma questão constitucional, já que se trata de decisão de única instância, seja ela do regional ou do TST que inadmite o IRDR.

Admitido o IRDR por decisão do órgão colegiado do tribunal, ao relator competirá solicitar, se for o caso, informações aos órgãos onde tramitam os processos nos quais se debate idêntica matéria (inciso II do art. 982 do CPC/15). Tais órgãos deverão prestar as informações no prazo de 15 (quinze) dias.

Pela lógica, as informações somente podem ser em relação ao objeto em si do incidente, ou seja, sobre a questão jurídica em debate. Isso porque, quanto à repetitividade das demandas, tal questão já teria sido superada no juízo de admissibilidade do IRDR.

Talvez aqui o legislador quis abrir a possibilidade de o relator solicitar dos demais juízos que selecionassem outros feitos representativos da controvérsia, informando sobre as alegações postas pelas partes nestas outras demandas, procurando aproximar esse procedimento da técnica de julgamento dos recursos repetitivos (§ 1º do art. 1.036 do CPC/15).

De início, ainda, ouvirá o Ministério Público, no prazo de quinze dias. Aqui o Ministério Público poderá, de logo, se manifestar, ou se reservar para fazê-lo antes do julgamento do incidente.

Com ou sem essas informações dos juízes ou a manifestação do Parquet, o relator deverá conceder prazo comum de 15 (quinze) dias para as partes se manifestarem, agora sobre a questão jurídica objeto do incidente.

Idêntico prazo será concedido aos demais interessados na controvérsia, sejam pessoas físicas ou jurídicas, órgãos públicos ou entes sem personalidade jurídica (art. 983 do CPC/15). A lei fala em "pessoas, órgãos e entidades". Aqui, então, deve-se entender entidade como ente sem personalidade jurídica (massa falida, condomínios etc.). Descabe se pensar em entidade enquanto pessoa jurídica ou órgão público, já que tais figuras foram citadas expressamente na lei. A não ser que se entenda que a lei apenas conteria expressão inútil, tal como o fez no art. 138 do CPC/15 a seguir mencionado.

Vejam que aqui esses "demais interessados", inclusive outras pessoas, órgãos ou entidades, devem ser "interessados na controvérsia". Logo, elas devem ser admitidas no feito ou como assistente simples (art. 121 do CPC/15) ou como assistente litisconsorcial (art. 124 do CPC/15). Tais pessoas, órgãos ou entes, "interessados na controvérsia", não se confundem com o *amicus curiae*, já que este, no conceito processual, não tem interesse na controvérsia.

O interesse aqui há de ser entendido como o da pessoa que pode intervir no feito como assistente simples ou litisconsorcial. Tal interesse diverge do *amicus curiae* que somente teria interesse em contribuir para a solução da controvérsia jurídica, sem que da decisão decorra qualquer afetação à sua posição ou situação jurídica.

Esses demais interessados, assim, seriam as pessoas, órgãos ou entidades que podem ser diretamente afetados pela decisão que vier a ser proferida no IRDR. Elas seriam as partes litigantes nas demandas repetitivas, assim como terceiros que demonstrem interesse para atuar como assistente (simples ou litisconsorcial), bem como o órgão, ente ou agência reguladora competente para fiscalizar a tese adotada em relação à prestação de serviço concedido, permitido ou autorizado (*vide* § 2º do art. 985 do CPC/15).

Como todas essas pessoas podem ser diretamente afetadas com a decisão, elas têm interesse na controvérsia.

Intervindo no feito a União, suas autarquias ou fundações públicas, ou empresa pública federal, como assistente, simples ou litisconsorcial, essa ocorrência acarretará o deslocamento da competência quando o incidente estiver em curso na Justiça Estadual (art. 109, I, da CF c/c o art. 45 do CPC/15). O mesmo se diga se o órgão, ente ou agência reguladora a que se refere o § 2º do art. 985 do CPC for federal e intervir no feito, bem como quando se tratar de conselho de fiscalização de atividade profissional (art. 45 do CPC). Aqui, o interesse da União ou do conselho de fiscalização profissional fará deslocar o julgamento do incidente para a Justiça Federal. Do Tribunal de Justiça para o Tribunal Regional Federal de igual competência territorial. Julgados o incidente e o eventual recurso, o feito retorna para a Justiça Estadual.

O mesmo se diga se a União, na forma do *caput* do art. 5º da Lei n. 9.469/97, intervir nas causas que correm perante a Justiça Estadual em que figura, como autora ou ré, sociedade de economia mista federal.

Podemos pensar, porém, em outra hipótese de deslocamento da competência, agora da Justiça Federal ou STJ para a Justiça do Trabalho.

Imaginem que haja diversas ações da Caixa Econômica Federal contra empregadores demandando o recolhimento do FGTS incidente sobre uma determinada vantagem paga aos empregados (exemplo, apenas para mero raciocínio: diárias). O juiz federal suscita e o TRF instaura o IRDR. Por coincidência, um empregado demanda uma determinada empresa na Justiça do Trabalho pedindo o FGTS incidente sobre as diárias recebidas. Esse empregador, por sua vez, é um dos demandados na Justiça Federal pela CEF e em cujo processo foi instaurado o IRDR. O trabalhador, então, ciente do IRDR, pede sua intervenção no mesmo (art. 983 do CPC/15). Admitida a intervenção, esse empregado passa a ser verdadeiro assistente litisconsorcial da Caixa Econômica Federal, já que a decisão a ser proferida vai interferir diretamente na relação jurídica que mantém com o adversário (que é/foi seu empregador).

Ocorre, porém, que, nesta hipótese, a partir da intervenção do trabalhador, no IRDR, a demanda passa a ser também uma lide entre empregado e empregador (ao menos no incidente). A Justiça do Trabalho, porém, é o órgão jurisdicional competente materialmente para dirimir esse litígio que se formou entre empregado e empregador.

Sendo assim, da mesma forma que o processo se desloca da Justiça Estadual para a Federal, quando a União intervém no feito, igual fenômeno deve ocorrer no IRDR, quando o terceiro interveniente passa a litigar, na qualidade de assistente, contra pessoa com quem mantém relação de emprego e cuja questão a ser decidida decorra desta relação jurídica submetida à competência da Justiça do Trabalho.

Desse modo, o IRDR instaurado no TRF ou, eventualmente, no STJ, deverá se deslocar ou para o TRT com jurisdição no mesmo território ou para o TST. No caso do TRF, haverá, ainda, de se considerar o juízo originário da causa para se definir o TRT competente neste deslocamento.

Ao relator, outrossim, cabe abrir prazo para a manifestação desses demais interessados, procurando dar a maior divulgação possível quanto à admissão do IRDR, daí por que a razão da regra posta no art. 979 do CPC. Nada impede, ainda, de o relator mandar que, em cada feito suspenso, o juiz ou relator da causa, intime a parte para que ela, no prazo de quinze dias, possa se manifestar no bojo do IRDR.

Admitidas essas outras pessoas interessadas, no mesmo prazo de manifestação, elas poderão "requerer a juntada de documentos, bem como as diligências necessárias para a elucidação da questão de direito controvertida" (art. 983 do CPC/15).

As diligências mencionadas na lei podem ser, sem prejuízo de outras, a requisição de documentos e a prestação de informações por órgãos públicos ou a exibição de documentos pela parte contrária. Óbvio que, juntado novo documento ou prestadas informações, sobre eles as partes deverão se manifestar, em contraditório.

Mas, além dessas pessoas interessadas, nada impede que, "de ofício ou a requerimento das partes ou de quem pretenda manifestar-se", o relator "solicitar ou admitir a participação de pessoa natural ou jurídica, órgão ou entidade especializada, com representatividade adequada, no prazo de 15 (quinze) dias de sua intimação", na qualidade de *amicus curiae* (art. 138 do CPC/15).

A decisão que admitir ou não admitir a participação do *amicus curiae* é irrecorrível (*caput* do art. 138 do CPC/15). O STF, no entanto, ao apreciar regra idêntica à do Novo CPC, tem admitido que o *amicus curiae* possa recorrer da decisão que não admite sua intervenção no feito (ED na ADI n. 3.105; ED na ADI 3.615). É o caso de se respeitar essa tese, ao menos até que se adote, em decisão vinculante, decisão em sentido contrário.

Aqui a lei fala em "entidade especializada", o que induz se tratar de pessoa jurídica que desenvolve uma atividade especializada e que possa contribuir para o debate jurídico. A lei, assim, teria sido repetitiva, já que expressamente se refere à pessoa jurídica. Também não se trataria de órgão especializado, já que órgão também foi expressamente mencionado. Já não bastam as demandas repetitivas.

O *amicus curiae*, por sua própria natureza, é um terceiro desinteressado. Não ingressa no feito como parte ou assistente. Apenas atua como verdadeiro amigo da corte prestando informações, lançando argumentos etc., de modo a colaborar para que a decisão judicial seja a mais abrangente possível quanto aos aspectos que devam ser analisados.

Admitido o *amicus curiae*, ao relator compete definir os poderes a ele conferidos (art. 138, § 2º, do CPC/15). Por exemplo, pode assegurar ao *amicus curiae* o direito à produção de provas documentais, bem como o poder de requerer que sejam feitas "diligências necessárias para a elucidação da questão de direito controvertida" (art. 983 do CPC/15) ou, ainda, o de fazer sustentação oral. Excepcionalmente, no entanto, e de forma expressa, o CPC permite ao *amicus curiae*, no IRDR, interpor recurso (§§ 1º e 3º do art. 138 do CPC/15).

Se porventura se entender que os "demais interessados" mencionados no art. 983 do CPC também ingressam no feito como *amicus curiae*, a todos eles se asseguraria o direito de recorrer. Neste caso, ainda, na dicção do art. 983 do CPC, ao juiz caberia ouvir, de ofício, os demais interessados. Aqui, então, não se trataria de mera faculdade, como deixa a entender o art. 138 do CPC em relação ao *amicus curiae*. Conforme o art. 138, o juiz ou relator pode "solicitar", enquanto faculdade, a manifestação do *amicus curiae*. Na forma do art. 983 do CPC/15, cabe ao relator ouvir os demais interessados, sem facultatividade.

Seguindo essa mesma linha de pensamento, em sendo os "demais interessados" mencionados no art. 983 do CPC admitidos na qualidade de *amicus curiae*, a eles já estariam assegurados, no mínimo, o direito de juntar documentos e requerer diligências. Outros poderes poderiam ser assegurados na forma do § 2º do art. 138 do CPC. Ressalte-se, porém, que entendemos que esses "demais interessados" atuam no feito como assistentes.

O CPC permite, ainda, que o relator, "para instruir o incidente", possa "designar data para, em audiência pública, ouvir depoimentos de pessoas com experiência e conhecimento na matéria" (§ 1º do art. 983 do CPC/15). Aqui se cuidam de pessoas desinteressadas que possuam experiência e amplo conhecimento quanto a matéria. Neste caso, então, o relator pode pretender ouvi-las em audiência.

Vejam que não se trata de um interrogatório, mas de simples depoimento. Óbvio, porém, que nada impede de o relator, na audiência, solicitar o depoimento ou esclarecimento sobre específico ponto ou questão. E como essa audiência é pública, as partes interessadas devem ser intimadas para ela, podendo pedir esclarecimentos ao depoente, que, por sua vez, não é obrigado a aceitar o convite ou a depor.

Nada impede, todavia, que o relator, ao invés de pedir depoimento em audiência, solicite que o especialista na questão em debate apresente por escrito seu parecer a respeito da matéria, dando-se vista às partes.

Concluídas todas essas diligências e finda a instrução, cabe ouvir o Ministério Público no prazo de quinze dias, seguindo-se o julgamento do incidente.

Quando do julgamento, caberá ao relator fazer a "exposição do objeto do incidente". Em seguida, dar-se-á oportunidade para as partes apresentarem suas razões orais pelo prazo de 30 (trinta) minutos, bem como o Ministério Público (inciso I do art. 984 do CPC/15).

Os demais interessados também poderão fazer sustentação oral, mas no prazo de 30 (trinta) minutos, divididos entre eles, "sendo exigida inscrição com 2 (dois) dias de antecedência" (inciso II do art. 984 do CPC/15). Contudo, a critério do órgão julgador, considerando o número de inscritos, esse prazo poderá ser ampliado (§ 1º do art. 984 do CPC/15).

Vejam, então, que, não se ampliando esses prazos, o IRDR poderá durar até duas horas somente em razões orais. Óbvio que isso é contraproducente.

9. DA DECISÃO, SUA VINCULAÇÃO E REFLEXOS

Proferida a decisão, caberá ao relator ou redator lavrar o acórdão fazendo constar no mesmo "a análise de todos os fundamentos suscitados concernentes à tese jurídica discutida, sejam favoráveis ou contrários" (§ 2º do art. 984 do CPC/15). Lógico, ainda, que, para esta decisão, o tribunal há de respeitar o disposto no § 1º do art. 489 do CPC.

A tese jurídica adotada pelo tribunal no "caso-piloto", por sua vez, será aplicada, na forma dos incisos I e II do art. 985 do CPC/15:

> I – a todos os processos individuais ou coletivos que versem sobre idêntica questão de direito e que tramitem na área de jurisdição do respectivo tribunal, inclusive àqueles que tramitem nos juizados especiais do respectivo Estado ou região;

II – aos casos futuros que versem idêntica questão de direito e que venham a tramitar no território de competência do tribunal, salvo revisão na forma do art. 986.

Aqui cabe esclarecer que, caso da decisão do tribunal regional ou estadual em IRDR não seja interposto recurso para o tribunal superior, o efeito vinculante da decisão se restringirá aos processos "que tramitem na área de jurisdição do respectivo tribunal" (estadual ou regional). Se interposto recurso, a decisão que vier a ser proferida pelo tribunal superior passará a ter efeito vinculante sobre todos os feitos que tramitam no território nacional.

Vale, ainda, mencionar outra situação que, ao certo, não foi pensada pelo legislador processual civil.

É que, após instaurado o IRDR, qualquer interessado nele poderá intervir (na forma do art. 983 do CPC/15), ainda que seja na qualidade de *amicus curiae*. Daí se tem, então, que nele pode intervir qualquer parte em causa na qual se debate questão jurídica idêntica, seja qual for o juízo no qual sua demanda esteja em curso (inteligência do § 4º do art. 982 do CPC/15).

Assim, por exemplo, se o IRDR for instaurado perante o Tribunal de Justiça do Acre, sobre questão de natureza constitucional, e esta for debatida em causa perante a Justiça Federal ou do Trabalho, havendo suspensão dos feitos respectivos, o interessado poderá intervir no respectivo incidente.

Desse modo, admitir-se-á que uma parte que litiga na Justiça Estadual passe a litigar na Justiça Federal ou vice-versa, assim como aquele que litiga na Justiça do Trabalho poderá passar a litigar na Justiça Estadual ou Federal ou vice-versa.

Simples exemplo apenas para reflexão, já que diversos outros podem ser pensados, especialmente quando se trata de questão processual: debate-se a questão constitucional da responsabilidade objetiva por ato omissivo do poder público (§ 6º do art. 37 da CF), admitindo-se que o STF não tenha precedente vinculante a respeito. Aqui o exemplo serve apenas para fixar as lições que se seguem: há diversos recursos tratando desta matéria. O TRT da Bahia resolve instaurar o IRDR. Uma parte, cujo processo tramita em São Paulo (no exemplo, poderia ser qualquer ente da administração pública direta), pede ao STF que suspenda todos os feitos que tramitam no território nacional no qual essa questão está sendo debatida. Daí se tem que os demais interessados, que litigam na Justiça do Trabalho, na Justiça Estadual ou Federal, poderão intervir neste IRDR (art. 983 do CPC/15). E, enquanto assistentes (ou *amicus curiae*), poderão interpor recurso.

Outro exemplo, o que bem revela a complexidade desta questão, que se lança apenas a título argumentativo. É sabido que a execução fiscal pode ter curso na Justiça Estadual, Federal e do Trabalho, neste último caso nas hipóteses mencionadas nos incisos VII e VIII do art. 114 da CF. Imaginem, então, que, numa execução fiscal na Justiça do Trabalho se debate sobre a incidência do prazo prescricional para cobrança de dívida não tributária decorrente de multa administrativa, na qual se discute ou não a aplicação da Súmula Vinculante 8 do STF[2]. Suscitado o IRDR sobre essa questão, a parte pode pedir a suspensão dos feitos em todo o território nacional, já que envolve questão constitucional. E como todos os entes públicos (Estados, Municípios, Distrito Federal e União) têm interesse na causa, todos eles poderiam intervir no IRDR em curso na Justiça do Trabalho. Lembrando que, se a execução fiscal está em curso na Justiça do Trabalho, a União necessariamente é parte.

Seguindo-se esses exemplos, então, a parte que eventualmente estava litigando na Justiça Federal, passa a demandar num incidente em curso na Justiça do Trabalho. O mesmo ocorrendo com o litigante na Justiça Estadual. E tudo vice-versa, sendo que se a União, suas autarquias e fundações, ou empresa pública federal intervir no feito, haverá deslocamento de competência do IRDR se instaurado na Justiça Estadual para a Federal. Lembre-se, porém, que em relação à Justiça do Trabalho não ocorre esse deslocamento.

Para agravar a situação, da decisão do regional trabalhista, ainda que seja em matéria constitucional[3], cabe recurso de revista para o TST. Daí se

---

2   No RE 816.084, a 1ª Turma do STF entendeu que não se aplica a Súmula Vinculante 8 aos créditos não tributários decorrentes de multa administrativa.

3   Salvo se se entender que esse cabimento é inconstitucional, já que o recurso de revista em matéria constitucional usurpa a competência do STF, ainda que de forma passageira.

tem, então, que os demais interessados, que originariamente litigavam na Justiça Federal ou Estadual, caso queiram se dirigir ao STF, terão antes de demandar em recurso no TST para, somente depois, dirigirem-se à corte maior. Aliás, a partir de tal procedimento (e tanto outros comuns no processo trabalhista) se chega à conclusão de que é urgente que se elimine o recurso de revista em matéria constitucional, visto que, na realidade, no Processo do Trabalho tem-se verdadeiramente dois recursos extraordinários!

Já o litigante na Justiça do Trabalho deverá se dirigir à Justiça Estadual ou Federal, para, depois de julgado o IRDR, interpor o recurso extraordinário para o STF.

Por fim, neste ponto, cabe destacar que o Novo CPC, no § 2º do art. 985, ainda estabelece que,

> se o incidente tiver por objeto questão relativa a prestação de serviço concedido, permitido ou autorizado, o resultado do julgamento será comunicado ao órgão, ao ente ou à agência reguladora competente para fiscalização da efetiva aplicação, por parte dos entes sujeitos a regulação, da tese adotada.

A decisão adotada no IRDR, portanto, também tem efeito vinculante para os órgãos, entes ou agências reguladoras de prestação de serviço concedido, permitido ou autorizado.

Diga-se, ainda, que, não adotada a tese jurídica acolhida no IRDR, caberá reclamação (§ 1º do art. 985 c/c o art. 988, IV, e o art. 928, I, todos do CPC/15), a ser apreciada pelo órgão colegiado que proferiu a decisão (§ 1º do art. 988 do CPC/15).

10. DA REVISÃO DA TESE

O art. 986 do Novo CPC permite que, de ofício ou mediante requerimento do Ministério Público ou da Defensoria Pública, o órgão julgador do IRDR possa rever sua decisão, adotando outra tese jurídica.

Tal procedimento não está regulado em lei. Caberá, assim, aos tribunais, em regimento interno, dispor a respeito.

De qualquer forma, cabe destacar que a revisão de ofício da tese jurídica poderá ocorrer quando da apreciação de outro feito qualquer pelo mesmo órgão julgador do IRDR. Independentemente, no entanto, dessa possibilidade, pode ser disciplinado um procedimento autônomo no qual qualquer membro do tribunal ou órgão possa provocar a revisão da tese, assim como a requerimento do Ministério Público ou da Defensoria Pública. Aqui teríamos um procedimento autônomo de revisão da tese jurídica ao molde do que já dispõe a Lei n. 11.417/06, que cuida da súmula vinculante, regras, inclusive, que podem ser aplicadas de forma analógica.

Importa, porém, ressaltar que, na forma do art. 927 do Novo CPC, a alteração de tese jurídica adotada em IRDR "poderá ser precedida de audiências públicas e da participação de pessoas, órgãos ou entidades que possam contribuir para a rediscussão da tese" (§ 2º do art. 927 do CPC/15).

Outrossim, em caso de revisão da tese, pode o tribunal modular "efeitos da alteração no interesse social e no da segurança jurídica" (§ 3º do art. 927 do CPC/15).

Tal revisão, por sua vez, deve observar "a necessidade de fundamentação adequada e específica, considerando os princípios da segurança jurídica, da proteção da confiança e da isonomia" (§ 4º do art. 927 do CPC/15).

Com essa última regra se busca evitar que a tese jurídica seja revista ao sabor da composição do órgão julgador. Daí por que "a necessidade de fundamentação adequada e específica" para se demonstrar, de forma razoável e consistente, a necessidade do afastamento dos fundamentos condutores da tese revisanda de modo a justificar a sua alteração. Não for assim, segurança jurídica, proteção da confiança e isonomia serão sacrificadas ao sabor da eventual maioria dos membros julgadores.

11. DOS RECURSOS

Muito já abordamos acima quanto aos recursos cabíveis, quando tratamos, em especial, da cessação da suspensão dos feitos repetitivos.

Vale, porém, tratar deste tema de forma concentrada, ainda que seja para repetir as lições.

No que se refere à legitimidade para interpor recurso, por óbvio que as partes que litigam no feito em que o IRDR foi decidido têm interesse em demandar o pronunciamento da corte recursal.

O mesmo se diga em relação ao *amicus curiae* (§ 3º do art. 138 do CPC/15). Da mesma forma, toda e qualquer pessoa que intervir no incidente na qualidade de assistente (art. 982, I, c/c o art. 983 do CPC/15) também poderá interpor recurso[4].

O art. 996 do CPC/15 permite ainda a interposição do recurso por terceiro interessado. E dentre estes está aquele que "possa discutir em juízo como substituto processual" a mesma questão jurídica. Logo, todos os legitimados para as ações coletivas podem interpor recurso neste incidente, bem como aqueles autorizados a substituir processualmente outrem em caráter individual. Nesta última hipótese, por exemplo, enquadra-se a entidade sindical, que, na forma do inciso III do art. 8º da CF, pode substituir qualquer membro da categoria que representa, inclusive em demanda individual.

Ressalte-se que, uma vez apreciado o mérito do recurso pelo tribunal superior, a tese jurídica adotada pelo STF, STJ ou TST "será aplicada no território nacional a todos os processos individuais ou coletivos que versem sobre idêntica questão de direito" (art. 987, § 2º do CPC/15).

Por lógica, o recurso deve ter efeito suspensivo, inclusive nos feitos trabalhistas. Isso porque, enquanto não firmada a tese jurídica, em última instância, descabe fazer incidir o entendimento do tribunal recorrido, sob pena de não se atingir o objetivo deste procedimento uniformizador da jurisprudência.

Tal efeito, inclusive, é expresso em lei (§ 1º do art. 987 do CPC/15), o que afasta qualquer regra em sentido contrário, inclusive em relação aos feitos trabalhistas.

Diga-se, ainda, que é presumida a repercussão geral no recurso extraordinário (art. 987, § 1º, do CPC/15).

Já quanto às hipóteses de cabimento, didaticamente iremos tratar deste tema a partir do órgão julgador do IRDR.

---

4 Assim também lecionam Luiz Guilherme Marinoni et al., *Novo curso de processo civil*, v. 2, p. 584.

a) IRDR julgado pelo TRT

Em relação aos Tribunais do Trabalho cabe repetir as lições acima, mas com acréscimos de fundamentação, dadas as peculiaridades dos processos do trabalho.

Assim é que, contra eventual decisão monocrática do Presidente do Tribunal que recebe o pedido de instauração do IRDR, cabe agravo regimental para o órgão colegiado definido no regimento interno. O mesmo se diga de qualquer decisão proferida pelo relator, salvo aquela que admite a participação do *amicus curiae* (art. 138 do CPC/15).

Já contra a decisão do órgão colegiado (art. 981 do CPC/15) que admite a instauração do IRDR não cabe recurso de modo imediato, por se cuidar de mera decisão interlocutória recorrível de forma diferida. Ou seja, contra a mesma não cabe recurso imediatamente após sua prolação, mas, sim, ao final do julgamento do incidente.

Se inadmitido o IRDR, tal decisão tem caráter definitivo, mas ela é de natureza interlocutória. Sendo de natureza interlocutória e conforme atual entendimento dominante no TST, contra a mesma, de forma imediata, somente caberia recurso se a decisão fosse contrária "à Súmula ou Orientação Jurisprudencial do Tribunal Superior do Trabalho" (alínea *a* da Súmula 214 do TST). Lembrando que o recurso de revista cabível contra a decisão regional tanto pode envolver matéria constitucional, como infraconstitucional.

Daí se tem, então, que, em tese, a persistir esse entendimento, somente caberia recorrer da decisão que não acolheu o IRDR depois de prolatada a decisão final na causa pelo órgão de segundo grau (originariamente ou em recurso), na qual foi suscitado o referido incidente. E se for assim, perderia o IRDR todo seu sentido, pois a demanda já teria sido julgada em decisão definitiva pelo tribunal regional, tendo sido a questão jurídica encaminhada ao tribunal superior para definição da tese a ser adotada, ao menos no feito respectivo.

Logo, neste caso, aplicando-se supletivamente o CPC e reinterpretando-se as regras do Processo do Trabalho, é de se ter cabível o recurso ordinário (nas causas de competência originária dos regionais) ou de revista (nas causas de competência originária das varas) contra a decisão do regional trabalhista que inadmite o IRDR.

Tal entendimento, ainda, deve ser aplicado, também, na hipótese de impugnação à decisão final de mérito adotada no IRDR, que também é de natureza interlocutória. Do contrário, todo o sistema de vinculação e suspensão dos demais feitos restaria prejudicado diante da provável demora da decisão final a ser adotada no feito respectivo (no qual foi instaurado o IRDR).

Diga-se, ainda, que, nas causas de competência originária dos regionais, a decisão do IRDR pode ser proferida no bojo do acórdão que julga a demanda em seus demais pedidos (decisão final). Logo, neste caso, contra a decisão caberá a interposição de recurso ordinário (com natureza de apelação) para o TST.

Contudo, como já lembrado anteriormente, em matéria infraconstitucional, o recurso de revista, na fase de liquidação, execução ou cumprimento da sentença, somente tem cabimento por violação à lei federal e por divergência jurisprudencial nas execuções fiscais e nas controvérsias da fase de execução que envolvam a certidão negativa de débitos trabalhistas (CNDT), conforme disposto no § 10 do art. 896 da CLT.

Daí se tem, então, que se instaurado IRDR na Justiça do Trabalho sobre matéria jurídica infraconstitucional relacionada à fase de liquidação, cumprimento da sentença ou execução, salvo nas execuções fiscais e nas controvérsias que envolvam a certidão de débitos trabalhistas, contra a decisão proferida em IRDR em causa de competência originária da vara do trabalho, descaberá a interposição de recurso de revista para o TST.

Pela via transversa, todavia, as questões relacionadas à liquidação, cumprimento de sentença e execução podem chegar ao TST, mesmo em IRDR. Tal pode ocorrer se o IRDR for instaurado a partir de uma ação de competência originária do TRT. Neste caso, contra a decisão do regional cabe a interposição do recurso ordinário para o TST. Assim, ter-se-á que admitir este recurso para atacar a decisão proferida no IRDR instaurado na ação de competência do TRT que cuida de questão relacionada à liquidação, cumprimento da sentença e execução.

Outrossim, já no procedimento sumaríssimo, na fase de conhecimento, "somente será admitido recurso de revista por contrariedade a súmula de jurisprudência uniforme do Tribunal Superior do Trabalho" (§ 9º do art.

896 da CLT) em matéria infraconstitucional. Daí se tem, então, que, se o IRDR for instaurado em procedimento sumaríssimo, o recurso de revista, na fase de conhecimento, somente terá lugar se a decisão adotada no IRDR contrariar súmula do Tribunal Superior do Trabalho.

A prudência manda, então, que não se suscite o IRDR em procedimento sumaríssimo. Dentre as causas repetitivas, faça-se a opção por aquela que segue o rito ordinário, quando possível. Óbvio, no entanto, que a questão jurídica pode ser em matéria processual somente debatida no procedimento sumaríssimo. Neste caso, então, dificilmente se estará diante de uma questão jurídica contra a qual cabe interpor recurso para o TST. Logo, dificilmente haverá possibilidade de haver uma uniformização da jurisprudência nacional sobre essas questões processuais infraconstitucionais próprias do procedimento sumaríssimo trabalhista.

Lembre-se, por fim, que em matéria constitucional, em qualquer hipótese (fase de conhecimento, liquidação, cumprimento de sentença e execução), cabe a interposição de recurso para o TST e/ou STF.

b) IRDR julgado originariamente no TST

Aqui as lições se repetem, com limitações.

Em resumo, contra eventual decisão monocrática do Presidente do Tribunal que recebe o pedido de instauração do IRDR cabe agravo regimental para o órgão colegiado definido no regimento interno. O mesmo se diga de qualquer decisão proferida pelo relator, salvo aquela que admite a participação do *amicus curiae* (art. 138 do CPC/15).

Já contra a decisão do órgão colegiado (art. 981 do CPC/15) que admite a instauração do IRDR não cabe recurso de modo imediato, por se cuidar de mera decisão interlocutória recorrível de forma diferida. Ou seja, contra a mesma não cabe recurso imediatamente após sua prolação, mas, sim, ao final do julgamento do incidente. Em tal hipótese, quando muito caberia recurso extraordinário na hipótese de cabimento previsto na CF.

Se inadmitido o IRDR, tal decisão tem caráter definitivo, daí por que contra a mesma pode caber a interposição do recurso extraordinário, preenchidos os pressupostos respectivos.

Da decisão final de mérito adotada no IRDR também pode caber a interposição do recurso extraordinário em matéria constitucional.

Lembre-se, ainda, que, em algumas hipóteses, tal como previstas na CF, contra a decisão do TST pode caber recurso ordinário para o STF. É o caso, então, de se observar essa regra constitucional.

c) IRDR julgado pelo STF

Por fim, no STF, enquanto órgão de última instância, quando muito somente caberia recurso contra as decisões monocráticas do Presidente do Tribunal ou do relator. De resto, suas decisões definitivas seriam irrecorríveis.

12. CABIMENTO NA JUSTIÇA DO TRABALHO

A partir do escrito acima facilmente se deduz que entendemos que é plenamente compatível com o Processo do Trabalho a incidência das regras que tratam do incidente de resolução de demandas repetitivas.

É compatível, já que através desse incidente se busca não só assegurar o tratamento isonômico que deve ser dispensado aos trabalhadores e empregadores, assim como em face da segurança jurídica visada, bem como por ser um procedimento que procura tornar concreta a cláusula da duração razoável do processo, além da eficiência da administração pública jurisdicional.

Vejam que, com este incidente, ainda que se retarde inicialmente o feito, após seu julgamento as causas que tratam de questão idêntica tenderão a ser mais céleres, diante da vinculação da tese jurídica adotada pelo tribunal.

Essa decisão, por sua vez, tenderá a evitar que novas ações (temerárias) sejam propostas para obter provimento em sentido contrário, assim como provavelmente provocará no eventual obrigado o constrangimento de respeitar o teor da tese jurídica prevalecente. Em suma, diante da segurança jurídica buscada, a tendência é a diminuição das ações tratando da mesma questão jurídica, o que contribui para maior eficiência da administração jurisdicional.

É certo, porém, que, para melhor e eficaz compatibilidade, será necessário se reinterpretar a regra da CLT que não admite recurso contra decisão interlocutória proferida pelos regionais, salvo quando contra a súmula ou orientação jurisprudencial do TST.

Ao TST caberá reinterpretar a regra processual, tal como procedeu o STF no AI 760.358-QO, Rel. Min. Gilmar Mendes, ao tratar da possibilidade de a parte interpor agravo contra a decisão que nega seguimento a recurso extraordinário após decidida a questão constitucional em outro recurso recebido em repercussão geral.

Nesta decisão, o STF, à luz das novas regras que cuidam do processamento do recurso extraordinário recebido em repercussão geral, entendeu que, após o julgamento deste, contra a decisão que nega seguimento a outro recurso extraordinário que cuida da mesma matéria e que busca obter provimento em sentido contrário ao decidido pela Corte Maior, descaberia admitir a interposição do agravo de instrumento contra o ato do presidente do tribunal inferior. O STF, assim, naquela oportunidade, reinterpretando o CPC, passou a admitir que, ao invés do agravo de instrumento, seria o caso de admitir o agravo regimental contra a decisão do presidente do tribunal inferior que nega seguimento ao recurso extraordinário.

Em suma, o que o STF fez foi proceder na reinterpretação da norma processual à luz das regras que cuidam da técnica do julgamento do recurso extraordinário em repercussão geral. Reinterpretou, inclusive, as regras aplicáveis ao Processo do Trabalho, pois, da mesma forma, já concluiu, em diversos julgados, que idêntica solução deve ser adotada nos feitos em trâmite na Justiça do Trabalho.

Espera-se, assim, que o TST aja da mesma forma e que reinterprete as regras processuais trabalhistas de modo a aceitar mais uma hipótese de cabimento imediato de recurso de revista contra decisão interlocutória proferida pelos Regionais Trabalhistas. Diga-se, aliás, que a própria exceção é mencionada na alínea *a* da Súmula 214 do TST, já que fruto de interpretação da regra da CLT, que, a bem da verdade, expressamente não menciona essa hipótese de cabimento imediato do recurso de revista.

Ultrapassada essa dificuldade em atingir a decisão final em IRDR instaurado no regional, de resto nada impede a sua incidência no processo trabalhista. Quando muito, poder-se-ia, ainda, pensar no fim do recurso de revista em matéria constitucional, já que nesta hipótese a tese jurídica somente se firmará após análise por dois juízos extraordinários de forma desnecessária.

REFERÊNCIA

MARINONI, Luiz Guilherme; ARENHART, Sérgio Cruz; MITIDIERO, Daniel. *Novo Curso de Processo Civil*. São Paulo: Revista dos Tribunais, 2015. v. 2.

O cumprimento da sentença no Novo CPC e algumas repercussões no Processo do Trabalho

Leonardo Dias Borges

Desembargador no TRT do Rio de Janeiro; Professor Universitário (Graduação e Pós-graduação); Pós-graduado (*lato e stricto sensu*); Membro Honorário do IAB – Instituto dos Advogados do Brasil (RJ); Coordenador da Pós-graduação em Processo do Trabalho da Faculdade de Direito de Valença; Membro do Instituto Latino-Americano de Direito do Trabalho; além de vários livros e artigos publicados.

1. INTRODUÇÃO

A minha proposta é a de fazer uma reflexão acerca dos novos rumos do Processo Civil, quanto ao cumprimento da sentença, e os seus reflexos no Processo do Trabalho, priorizando os fenômenos afetos ao mundo empírico, ou seja, aquilo que o campo prático tem consagrado e, a partir daí, buscar entender as implicações das alterações processuais, na construção de um sistema que possa ser aproveitado nos feitos que são submetidos, cotidianamente, ao Judiciário trabalhista.

A dogmática trabalhista tem se utilizado, muitas vezes, de pressupostos normativos construídos no ambiente do Processo Civil, sem se dar conta de que há um absoluto descompasso, entre os ideários que dão sustentação teórica aos distintos ramos processuais (trabalhista e civilista). A doutrina trabalhista, não raro, supervaloriza inúmeros institutos que são voltados para o Processo Civil, mas, em diversas situações, não consegue explicar por que os rituais judiciários trabalhistas desconsideram as avaliações doutrinárias, seguindo caminhos opostos aos sugeridos pelo campo dogmático, o que, em certa medida, também pode ocorrer com o cumprimento da sentença. Apenas para uma reflexão: o Processo Civil adotou a linha conceitual do processo sincrético. Mas será que esse raciocínio metodológico se aplica ao Processo do Trabalho?

É exatamente dentro dessa ideia que pretendo realizar minhas avaliações e comparações entre os sistemas processuais, quando assim for possível, considerando-se, por óbvio, o novo marco legal do Processo Civil.

A minha vivência no campo empírico, com mais de 22 (vinte e dois) anos na magistratura e no magistério, além de inúmeras outras publicações acadêmicas, tem sido fundamental para as minhas percepções do direito processual.

Este trabalho busca alcançar o público jurídico em geral, uma vez que o ensino no Brasil é muito interessante, para dizer o menos. Isto porque o estudante de direito fica cinco anos estudando e ao se formar não está preparado para advogar, consoante estatísticas acerca do elevado número de reprovados nos exames da Ordem dos Advogados do Brasil. O mesmo estudante, se desejar fazer um concurso para magistratura, certamente terá que fazer um "cursinho" preparatório, pois igualmente não se encontrará, ao menos em regra, preparado para o certame.

De qualquer sorte, vale lembrar que não é objeto deste trabalho a observação acima, ela serve apenas para indicar como desenvolverei minhas ideias, de modo que se possa compreender, dentro de uma perspectiva mais voltada para o campo empírico, a importância e o alcance das alterações do Processo Civil nos domínios do Processo do Trabalho. Até porque, em algumas poucas linhas, seria extremamente arriscado tentar uma profunda evolução temária acerca do Cumprimento da Sentença.

Afinal de contas, o Código de Processo Civil (ou qualquer outro Código), que é a fonte básica de qualquer estudo do Direito, nada mais é do que uma apresentação formal, legitimada pelo legislador, de uma teoria de procedimentos. Teoria esta que tem por finalidade educar os operadores do direito de como eles devem se comportar na prática forense.

Fica evidenciado, num primeiro momento, que a produção do Direito é monopólio do Estado, posto que é nele que o direito tem origem (legislador), bem como o seu ponto de chegada (tribunais), até porque a dogmática é uma criação que tem lugar inicial nos próprios tribunais ou, então, por pessoas consagradas pelo campo que dizem como os textos devem ser normatizados.

Certo ou errado o direito tem sido aquilo que os tribunais dizem que é, auxiliados pela doutrina, mesmo que esse caminho não seja o mais adequado. Ora, se o direito atinge todas as camadas sociais, não parece fazer muito sentido a afirmação de que apenas pessoas autorizadas pelo campo possam delimitar o seu alcance. Mas é assim que funciona, ainda que em termos de compreensão social tal assertiva, em muitas ocasiões, acabe por distanciar o direito da realidade.

A autoridade com a qual os tribunais dão normatividade ao texto legal pode bem ser demonstrada no voto proferido pelo Ministro Humberto Gomes de Barros, nos autos do agravo regimental nos embargos de divergência em recurso especial (AgReg em ERESP) n. 279.899/AL, a saber:

> Sr. Presidente, li, com extremo agrado, o belíssimo texto em que o Sr. Ministro Francisco Peçanha Martins expõe as suas razões, mas tenho velha convicção de que o art. 557 veio em boa hora, data vênia de S. Exa. Não me importa o que pensam os doutrinadores. Enquanto for Ministro do Superior Tribunal de Justiça, assumo a autoridade da minha jurisdição. O pensamento daqueles que não são Ministros deste Tribunal importa como orientação. A eles, porém, não me submeto. Interessa conhecer a doutrina de Barbosa Moreira ou Athos Carneiro. Decido, porém, conforme minha consciência. Precisamos estabelecer nossa autonomia intelectual, para que este Tribunal seja respeitado. É preciso consolidar o entendimento de que os Srs. Ministros Francisco Peçanha Martins e Humberto Gomes de Barros decidem assim, porque pensam assim. E o STJ decide assim, porque a maioria de seus integrantes pensa como esses Ministros. Esse é o pensamento do Superior Tribunal de Justiça, e a doutrina que se amolde a ele. É fundamental expressarmos o que somos. Ninguém nos dá lições. Não somos aprendizes de ninguém. Quando viemos para este Tribunal, corajosamente assumimos a declaração de que temos notável saber jurídico – uma imposição da Constituição Federal. Pode não ser verdade. Em relação a mim, certamente, não é, mas, para efeitos constitucionais, minha investidura obriga-me a pensar que assim seja. Peço vênia ao Sr. Ministro Francisco Peçanha Martins, porque ainda não me convenci dos argumentos de S. Exa. Muito obrigado.

É claro que a existência de ideias contraditórias, que muitas vezes se apresentam incongruentes ou mesmo paradoxais, afiguram-se como fenômenos sistêmicos naturais. O sistema jurídico legitima esta lógica, máxime na atual quadratura histórica em que vivemos, cujo fenômeno da jurisdição constitucional permite a construção de soluções distintas para o mesmo caso.

Não obstante a minha preocupação central tenha sido com o mundo empírico, também não pude deixar de lado o diálogo com outros campos do saber, como a doutrina e a jurisprudência.

De qualquer sorte, vale lembrar as palavras de Teori Albino Zavascki:

> A função de todo o processo é a de dar a quem tem direito tudo aquilo e exatamente aquilo a que tem direito. No que se refere especificamente ao processo de execução, que se origina invariavelmente em razão da existência de um estado de fato contrário ao direito, sua finalidade é a de modificar esse estado de fato, reconduzindo-o ao estado de direito e, desse modo, satisfazer o credor. Este, por sua vez, tem interesse em que a satisfação se dê em menor tempo possível e por modo que assemelhe a execução forçada ao cumprimento voluntário da obrigação pelo devedor[1].

Na esteira desse raciocínio, oportuna é a lição José Miguel Garcia Medina, na linha de que:

> A execução forçada tem por finalidade a satisfação do direito do exequente, e não a definição, para o caso concreto, do direito de uma das partes. Isto é, não é objetivo da execução forçada determinar quem tem razão. Pode-se dizer, assim, que, visualizada a tutela jurisdicional como resultado, na execução forçada tal ocorrerá, normalmente, com a entrega do bem devido ao exequente[2].

2. NOVO CÓDIGO DE PROCESSO CIVIL: UM POUCO DA SUA HISTÓRIA

O anteprojeto do Novo Código de Processo Civil teve origem no Ato do Presidente do Senado Federal – na época o Senador José Sarney –

---

1 *Processo de execução*. Parte Geral. 3. ed. São Paulo: RT, 2004. p. 91 e 92.
2 *Execução civil*: teoria geral / princípios fundamentais. 2. ed. São Paulo: RT, 2004. p. 34.

n. 379, de 2009, que criou uma Comissão de Juristas destinada a elaborar o novo diploma processual.

A Comissão foi formada pelo Ministro Luiz Fux, à época do Superior Tribunal de Justiça, a Doutora Teresa Wambier e os Doutores Adroaldo Fabrício, Benedito Pereira Filho, Bruno Dantas, Elpídio Nunes, Humberto Teodoro Júnior, Jansen Almeida, José Miguel Medina, José Roberto Bedaque, Marcus Vinícius Coelho e Paulo Cezar Carneiro.

Do referido Ato do Senado, é possível se ler:

> A harmonia entre os Poderes, princípio pétreo de nossa Constituição, em sua melhor acepção, significa uma estreita colaboração entre Legislativo, Judiciário e Executivo. O Senado Federal tem tido a sensibilidade de atuar em estreita colaboração com o Judiciário, seja no âmbito do Pacto Republicano – iniciativa entre os três Poderes para tomar medidas que agilizem a ação da Justiça –, seja propondo um conjunto de leis que tornam mais efetivos vários aspectos pontuais da aplicação da justiça.
>
> O Senado Federal, sempre atuando junto com o Judiciário, achou que chegara o momento de reformas mais profundas no processo judiciário, há muito reclamadas pela sociedade e especialmente pelos agentes do Direito, magistrados e advogados. Assim, avançamos na reforma do Código do Processo Penal, que está em processo de votação, e iniciamos a preparação de um anteprojeto de reforma do Código do Processo Civil. São passos fundamentais para a celeridade do Poder Judiciário, que atingem o cerne dos problemas processuais, e que possibilitarão uma Justiça mais rápida e, naturalmente, mais efetiva.

Mas não demorou muito para que alguns respeitáveis juristas fizessem coro contra a ideia de um Novo Código de Processo Civil. Em artigo publicado em jornal de grande circulação no Rio de Janeiro, intitulado "Código de Processo Civil: Mudança Inútil", o Professor Sérgio Bermudes faz severas críticas à ideia de um Novo Código de Processo Civil, vejamos:

> Vários processualistas esperam que, na próxima sessão legislativa, a Câmara dos Deputados não repita o erro do Senado Federal, aprovando um Novo Código de Processo Civil. A revogação do atual Código só dificultará a administração da justiça e prejudicará as pessoas que recorrerem ao Judiciário, sem vantagem para ninguém. O país não necessita, absolutamente, mudar o atual Código, nem conseguirá resolver os graves problemas das partes e de terceiros, mediante a substituição do atual CPC. O sábio Francesco Carnelutti reprovou a pretensão,

correntia na Itália do seu tempo, de transformar a realidade pela mudança das leis.

Essa crítica bem se aplica ao Brasil de hoje. O projeto do Código de Processo Civil, que mereceu a aprovação do Senado, coonestou, em larga parte, um anteprojeto superficial, feito com injustificável rapidez, sem a análise das carências do Judiciário do Brasil.

Tirante exposições a auditórios complacentes, ou desinformados, não houve qualquer consulta a grandes especialistas, como José Carlos Barbosa Moreira, no consenso unânime o maior processualista brasileiro e um dos melhores do mundo. Esta omissão, fruto do propósito de elaborar uma reforma a toque de caixa, é tão absurda quanto se criarem normas técnicas de arquitetura ou cirurgia plástica, sem pedir a opinião de Oscar Niemayer ou Ivo Pitanguy.

Esqueceram-se os autores do anteprojeto e os senadores, que aprovaram o projeto, de verificar se é conveniente a substituição do Código atual por um outro, diferente daquele pela introdução de cerca de 200 artigos, na maioria supérfluos, redigidos em mau vernáculo. Um Novo Código demandará a reformulação da doutrina, impondo a edição de novas obras, incompatíveis com o baixo poder aquisitivo dos interessados. Eles precisarão também frequentar cursos, palestras e seminários inevitavelmente dispendiosos e enfrentar problemas de aprendizado de toda ordem. Juízes e tribunais deverão adaptar sua jurisprudência à legislação superveniente, com perda lamentável de parte significativa do que construíram até agora. Convidado pela Editora Forense para atualizar os 17 tomos dos Comentários ao Código de Processo Civil, de Pontes de Miranda, tive que me limitar à publicação de dois ou, no máximo, três volumes por ano, a fim de evitar o encalhe dos demais, decorrente das dificuldades financeiras dos consulentes das obras, num país onde um professor de Direito recebe, em média, remuneração mensal que não ultrapassa R$ 3 mil e um advogado comum não embolsa mais de R$ 6 mil por mês.

O projeto acolhido pelo Senado absorveu muitos dos erros do anteprojeto que pecou pela sofreguidão, incompatível com os cuidados que se devem pôr na feitura de leis de longa duração. O Código de Processo Civil hoje vigente resultou de um anteprojeto, apresentado pelo professor Alfredo Buzaid, então o maior processualista brasileiro, em 1964, para converter-se, somente em 1973, na Lei 5.869, de 11 de janeiro daquele ano.

Mesmo um perfunctório exame do projeto agora aprovado mostrará que ele seguiu o anteprojeto, o qual, longe de empenhar-se no aperfeiçoamento da justiça civil, se preocupou na adoção do entendimento teórico dos seus autores acerca de institutos processuais. Veja-se, por exemplo, que, tal como o seu esboço, o projeto incluiu um título relativo à tutela de urgência e à tutela de evidência, matérias absolutamente desnecessárias, de difícil entendimento, apenas porque sobre elas versou a brilhante tese para a titularidade da cadeira de Direito Processual Civil da Faculdade de Direito da UERJ, do ilustre presidente da comissão incumbida de elaborar a nova lei.

Lamentavelmente, no Brasil, o quadro de operadores da máquina judiciária é composto, em inquietante parcela, de pessoas com dificuldade de compreender e aplicar institutos importados de países de maior cultura e tradição, como a Alemanha e a Áustria, cujas ordenações de Processo Civil datam, respectivamente, de 1877 e 1895.

Tal como o seu anteprojeto, o projeto extinguiu o agravo retido, ignorando a utilidade deste recurso, instituído, no sistema de direito positivo lusitano, em 1523, quando foi criado, na esteira da *supplicatio* romana. A admissibilidade do agravo de instrumento, limitado aos casos especificados no anteprojeto e no projeto, não funcionou, na vigência do CPC de 1939. Malogrará também no Novo Código, em decorrência da precariedade da postulação e da prestação da justiça no país. Isto levará, inevitavelmente, ao uso deturpado do mandado de segurança desviada, então, da sua finalidade esta ação onerosa para os cofres públicos, tudo por causa da impossibilidade de se estender o agravo a casos, muitos deles teratológicos, de violação e comprometimento de direitos, ocorrentes em todo o território nacional. É também inaceitável a possibilidade de execução da sentença, antes do julgamento da apelação que a impugnar.

Sem quebra do respeito aos redatores do anteprojeto e aos senadores que aprovaram o subsequente projeto, esses esboços recendem a um cientificismo oco, em muitos pontos de difícil compreensão e deficiente aplicação. Melhor seria prosseguir na tentativa de dar efetividade a institutos do atual Código, até hoje não aplicados na devida extensão, como a ação declaratória incidental, o julgamento conforme o estado do processo, o recurso adesivo, a execução por quantia certa contra devedor insolvente e certas ações especiais.

Aqui fica, por conseguinte, a sugestão aos deputados de que auscultem a comunidade jurídica nacional, particularmente os especialistas, sobre a conveniência da edição de uma lei que fatalmente trará mais problemas do que soluções.

Não obstante as críticas formuladas, que à baila eu trouxe apenas para mais uma reflexão, o fato é que o Novo Código de Processo Civil é uma realidade. E, evidentemente, este novo diploma legal deverá pautar nossas vidas doravante.

3. A IMPORTÂNCIA DE UM CÓDIGO DE PROCESSO CIVIL: QUALQUER QUE SEJA ELE

Costumo a dizer aos meus alunos, nas aulas presenciais, que sou um privilegiado, em quase todos os sentidos. Mas aqui, especificamente, um privilegiado operador do direito. Simplesmente porque aprendi o Direito na época do império dos manuais, vivenciei a crise do direito, e agora vivencio a superação da crise.

Não importa a ótica paradigmática pela qual procuremos identificar os novos rumos do direito ou as novas doutrinas que o alimentam, o que é realmente relevante, para este estudo, é o destaque que o processo merece. O Direito Processual, não obstante servir para atender ao Direito Material – e a visão instrumental não deve ser afastada –, o fato é que, especificamente, o Código de Processo Civil é o mais importante texto legal para os operadores do direito, depois da Constituição Federal, que se faça esta ressalva. Isto porque não importa o ramo de atuação do operador do direito, jamais deixará de consultar o Código de Processo Civil. Assim, se a atuação do profissional se fizer na área tributária, nestas lides, haverá o operador do direito de consultar o Código de Processo Civil. O mesmo raciocínio se dará para as lides relativas às supostas violações do Direito Civil, Direito Administrativo, Executivos Fiscais, Direito Penal e, claro, o Direito do Trabalho, já que o Processo Civil é fonte supletória do Processo do Trabalho, diante dos termos do conhecido art. 769 da Consolidação das Leis do Trabalho, a saber:

> Art. 769. Nos casos omissos, o direito processual comum será fonte subsidiária do direito processual do trabalho, exceto naquilo em que for incompatível com as normas deste Título.

Interessante registrar, para que não passe em branco, que o art. 15 do Novo Código de Processo Civil atribui a este Diploma a autorização legal para servir de fonte supletória do Processo do Trabalho naquilo em que houver omissões na CLT, a saber:

> Art. 15. Na ausência de normas que regulem processos eleitorais, trabalhistas ou administrativos, as disposições deste Código lhes serão aplicadas supletiva e subsidiariamente.

Esse dispositivo legal pode gerar um problema. Isto porque o texto do art. 769 da Consolidação das Leis do Trabalho já prevê o Processo Comum como fonte de subsidiariedade do Processo do Trabalho, nos casos de sua lacuna, como acima demonstrado.

Ora, se considerarmos a regra de aplicação de que lei nova revoga lei velha, poderemos ter casos que o Novo Código de Processo Civil se aplicará integralmente ao Processo do Trabalho, sem o cuidado de sua compatibilidade com este. Assim, por exemplo, não obstante a minha opinião pessoal de que é cabível no processo de execução trabalhista, a multa de 10% (dez por cento) quando intimado o executado ao pagamento da dívida fixada em liquidação, e este não promover voluntariamente o seu adimplemento, ao contrário do que tem decidido o Tribunal Superior do Trabalho, é possível que agora, diante do que dispõe o art. 15 do NCPC, a multa venha a ser aplicada, superando-se a jurisprudência do TST. Estes entre tantos outros problemas serão criados, diante da regra do referido art. 15.

Dessa forma, é preciso ter cuidado com a regra de subsidiariedade trazida pelo NCPC, sob pena de se ignorar uma lógica sistêmica construída ao longo do tempo, e muito caro tem custado ao Processo do Trabalho.

4. A DRAMÁTICA VIA EXECUTÓRIA E O CUMPRIMENTO DA SENTENÇA

Depois de uma análise, ainda que perfunctória, de algumas premissas acerca do Processo Civil e do Novo Código de Processo Civil, é chegado o momento de pensarmos um pouco na execução, afinal a proposta deste artigo é, de alguma forma, enfrentar um de seus institutos, qual o Cumprimento da Sentença.

A execução, durante um próspero período de tempo, não foi alvo de dedicação acadêmica. Lembro-me que enquanto eu era aluno universitário, raras também eram as obras que se dedicavam exclusivamente ao terreno executório. A fertilidade do terreno era dedicada ao plantio da cognição. A explicação para o estado de inércia acadêmica sobre os institutos da execução, provavelmente, se dava em razão da própria ideologia que nutria o processo.

A teoria processual foi construída sob o signo das ideias de Chiovenda, dentro de uma lógica que servia para atender aos ideários liberais e, portanto, para salvaguardar valores de um Estado liberal clássico. Apenas para se ter uma ideia do que estou a dizer, era impossível que o Estado, por meio da atividade jurisdicional, promovesse, coercitivamente, a invasão na esfera patrimonial de quem quer que fosse, sem a observância da regra da *nulla executio sine titulo*.

Em nome de um suposto exaurimento probatório e, por via de consequência, de um elastecimento procedimental, com perversos reflexos no tempo do processo, acreditava-se na "neutralidade" do julgador, e, por óbvio, para que a jurisdição se legitimasse, não poderia o magistrado convencer-se apenas pela adoção da técnica da verossimilhança, já que somente com a formação da coisa julgada material a execução tinha início.

A dicotômica ideia de separação entre a cognição e a execução firmou-se como uma consequência mais do que lógica dos referidos ideários que nutriram a formação das leis processuais do século XIX, com consequências em boa parte do século XX. Sim, porque, se pararmos para pensar, vamos concluir que o Código de Processo Civil de 1973 não é fruto de ideias da década de 70, já que a sua construção se iniciou na década de 60, por óbvio quando imperavam ideias distintas das que vigem na contemporaneidade, máxime se levarmos em conta que o Código de 1973 levou em consideração inspirações acadêmicas que serviram de base filosófica ao Processo Civil italiano daquela época.

Essas ideias foram se rompendo, e a materialização dessa ruptura foi ocorrendo de modo paulatino, por meio de inúmeras reformas ao Código de Processo Civil de 1973. Como bem lembrado por Theodoro Jr.:

> Num primeiro momento, a Lei n. 8.952, de 13-12-94, alterou o texto do art. 273 do CPC, acrescentando-lhe vários parágrafos (que viriam a sofrer adições da Lei n. 10.444, de 7-5-2002), com o que se implantou, em nosso ordenamento jurídico, uma verdadeira revolução, consubstanciada na antecipação de tutela. Com isso fraturou-se, em profundidade, o sistema dualístico que, até então, separava por sólida barreira o processo de conhecimento e o processo de execução, e confinava cada um deles em compartimentos estanques. É que, nos termos do art. 273 e seus parágrafos, tornava-se possível, para contornar o perigo de dano

e para coibir a defesa temerária, a obtenção imediata de medidas executivas (satisfativas do direito material do autor) dentro ainda do processo de cognição e antes mesmo de ser proferida a sentença definitiva de acolhimento do pedido deduzido em juízo...[3].

Depreende-se, por conseguinte, que a Lei n. 11.232, de 2005, de modo pioneiro, em nosso Processo Civil, aboliu a ação autônoma de execução de sentença condenatória, inaugurando a fase destinada ao cumprimento da obrigação de pagar quantia certa, sincreticamente, tendo seu arremate ocorrido com o advento da Lei n. 11.382, de 2006, pois a obrigação de fazer (positiva ou negativa), assim como a de dar (coisa certa ou incerta), foi inserida no contexto do sincretismo desde 1994, com a Lei n. 8.952 e, posteriormente, com a Lei n. 10.444, de 2002.

Como é, portanto, possível se depreender, a execução, ao menos com a sua natureza jurídica autônoma, dentro da ótica do Processo Civil, necessitava ser revista, de modo a se adequar aos novos ideais da sociedade contemporânea, que já não mais se contentava com a mera sentença.

5. O NOVO CÓDIGO DE PROCESSO CIVIL E O CUMPRIMENTO DA SENTENÇA

O Direito depende do resultado do mundo empírico, para que as experiências legislativas possam se mostrar eficazes. Lamentavelmente, no Brasil, o legislador, não raro, legisla casuisticamente ou com base no "achismo", na crença de que algo está errado e sem saber as consequências das mudanças que as leis impõem à sociedade, simplesmente as modifica!

Faltam estatísticas sérias no Brasil, para se saber, efetivamente, o que precisa ser mudado dentro do sistema processual. Mas não é só. Não basta saber o que necessita ser mudado, mas como mudar. Não é incomum mudar-se uma redação de texto da lei, para, saindo de lugar nenhum, se chegar a nenhum lugar. É o que ocorreu, por exemplo, com o art. 895 da CLT, que, em 2009, mediante a Lei n. 11.925, foi alterado, para dizer, expressamente, que o recurso ordinário tem lugar contra as decisões termi-

---

3 Humberto Theodoro Jr. *Processo de execução e cumprimento da sentença*. 24. ed. São Paulo: LEUD, 2004. p. 37.

nativas ou definitivas!? Qual a finalidade desta alteração? Dizer o que na prática todos já sabiam!?[4] Sem falar nas criações de institutos que não têm a menor serventia prática, como é o caso do procedimento sumaríssimo no Processo do Trabalho que, sem sombra de dúvida, é o mais ordinário de todos os procedimentos!

Dizem, por exemplo, que o sistema recursal brasileiro é um dos empecilhos da rápida solução dos litígios. Todavia, desde o primeiro Código de Processo Civil unificado, qual o de 1939, não se foi capaz de apresentar um sistema recursal útil. Todos são absurdamente enigmáticos. O mesmo com a execução. Acredita-se que algo deva ser mudado, mas não se sabe ao certo o que e como!? Simplesmente se muda! E por meio do velho critério da tentativa e acerto, vamos caminhando.

O Novo Código de Processo Civil passou a tratar, em Título próprio, sobre o Cumprimento da Sentença.

As alterações não foram de grande monta, ao menos do ponto de vista ideológico. A estrutura material foi pouco ou quase nada alterada; ocorrendo, igualmente, poucas mudanças em sua estrutura formal.

Vejamos algumas particularidades do Cumprimento da Sentença pela ótica do Novo Código de Processo Civil, a saber:

a) O cumprimento da sentença, quer seja provisório, quer seja definitivo, ficará adstrito a requerimento do credor.

b) Com relação à forma de comunicação do ato processual para fins de cumprimento, houve uma definição pelo legislador do Novo CPC, pois agora, aquela velha dúvida, se a sentença por si só serviria de base para fins do cumprimento, foi sanada, uma vez que o devedor deverá ser intimado pelo diário oficial; por carta com aviso de recebimento quando não tiver procurador constituído nos autos; por edital, quando tiver sido revel na fase de conhecimento.

---

4 Art. 895. Cabe recurso ordinário para a instância superior: (*Vide* Lei n. 5.584, de 1970)
   I – das decisões definitivas ou terminativas das Varas e Juízos, no prazo de 8 (oito) dias; e (Redação determinada pela Lei n. 11.925, de 2009).
   II – das decisões definitivas ou terminativas dos Tribunais Regionais, em processos de sua competência originária, no prazo de 8 (oito) dias, quer nos dissídios individuais, quer nos dissídios coletivos.

c) A exigência de manutenção do endereço atualizado é expressa.

d) O Novo CPC, assim como dispunha o art. 475-N do CPC/73, reconhece a existência dos títulos executivos judiciais.

e) Conhecida como execução provisória, sob o signo do CPC/73, agora vem regulada com o Título "Do cumprimento provisório da sentença condenatória em quantia certa".

f) Mais adiante, o Novo CPC, 'Do cumprimento definitivo da sentença condenatória em quantia certa", passa a descortinar sobre o tema, cuja redação merece destaque, a saber:

    f.1.) a impugnação, que é o meio de inconformismo do executado, se manteve com a mesma estrutura, inclusive, sem a necessidade de penhora;

    f.2.) a apresentação de impugnação não impede a prática de atos executivos e de expropriação, podendo o juiz atribuir-lhe efeito suspensivo desde que relevantes seus fundamentos e o prosseguimento da execução seja manifestamente suscetível de causar ao executado grave dano de difícil ou incerta reparação;

    f.3.) ainda que atribuído efeito suspensivo à impugnação, é lícito ao exequente requerer o prosseguimento da execução, oferecendo e prestando caução suficiente e idônea, arbitrada pelo juiz e prestada nos próprios autos.

Ainda dentro dessa linha, vale ressaltar que a intimação para o cumprimento da sentença, tema que dava margens para inúmeras discussões, inclusive no próprio Superior Tribunal de Justiça, já que a matéria se mostrou muito pendular, passa a ser realizada na pessoa do advogado, salvo por conta de algumas situações atípicas, a saber:

> Art. 513. O cumprimento da sentença será feito segundo as regras deste Título, observando-se, no que couber e conforme a natureza da obrigação, o disposto no Livro II da Parte Especial deste Código.
>
> § 1º O cumprimento da sentença que reconhece o dever de pagar quantia, provisório ou definitivo, far-se-á a requerimento do exequente.
>
> § 2º O devedor será intimado para cumprir a sentença:
>
> I – pelo *Diário da Justiça*, na pessoa de seu advogado constituído nos autos;

II – por carta com aviso de recebimento, quando representado pela Defensoria Pública ou quando não tiver procurador constituído nos autos, ressalvada a hipótese do inciso IV;

III – por meio eletrônico, quando, no caso do § 1º do art. 246, não tiver procurador constituído nos autos;

IV – por edital, quando, citado na forma do art. 256, tiver sido revel na fase de conhecimento.

§ 3º Na hipótese do § 2º, incisos II e III, considera-se realizada a intimação quando o devedor houver mudado de endereço sem prévia comunicação ao juízo, observado o disposto no parágrafo único do art. 274.

§ 4º Se o requerimento a que alude o § 1º for formulado após um ano do trânsito em julgado da sentença, a intimação será feita na pessoa do devedor, por meio de carta com aviso de recebimento encaminhada ao endereço constante dos autos, observado o disposto no parágrafo único do art. 274 e no § 3º deste artigo.

§ 5º O cumprimento da sentença não poderá ser promovido em face do fiador, do coobrigado ou do corresponsável que não tiver participado da fase de conhecimento.

A possibilidade de se levar a protesto a sentença condenatória, quando da ocorrência de seu trânsito em julgado, é outra questão abarcada pelo Novo Código de Processo Civil, pois acredita-se que com tal medida o devedor poderá sentir mais a necessidade de adimplir com a sua obrigação contraída, vejamos:

Art. 517. A decisão judicial transitada em julgado poderá ser levada a protesto, nos termos da lei, depois de transcorrido o prazo para pagamento voluntário previsto no art. 523.

§ 1º Para efetivar o protesto, incumbe ao exequente apresentar certidão de teor da decisão.

§ 2º A certidão de teor da decisão deverá ser fornecida no prazo de três dias e indicará o nome e a qualificação do exequente e do executado, o número do processo, o valor da dívida e a data de decurso do prazo para pagamento voluntário.

§ 3º O executado que tiver proposto ação rescisória para impugnar a decisão exequenda pode requerer, a suas expensas e sob sua responsabilidade, a anotação da propositura da ação à margem do título protestado.

§ 4º A requerimento do executado, o protesto será cancelado por determinação do juiz, mediante ofício a ser expedido ao cartório, no prazo de três dias, contado da data de protocolo do requerimento, desde que comprovada a satisfação integral da obrigação.

A simplicidade das formas processuais também se mostra presente em diversas passagens do cumprimento da sentença, como, aliás, já era previsto no CPC/73. Todavia, merece destaque, pela novidade que apresenta o disposto no art. 518, que permite, sem maiores formalidades, que as matérias relativas à validade da fase destinada ao cumprimento da sentença possam ser visitadas nos próprios autos, vejamos:

> Art. 518. Todas as questões relativas à validade do procedimento de cumprimento da sentença e dos atos executivos subsequentes poderão ser arguidas pelo executado nos próprios autos e nestes serão decididas pelo juiz.

A tão decantada multa de 10% (dez por cento), prevista pelo antigo CPC de 1973, em seu art. 475-J, que muita controvérsia gerou no Processo do Trabalho, foi repetida no Novo Código de Processo Civil, vejamos:

> Art. 523. No caso de condenação em quantia certa, ou já fixada em liquidação, e no caso de decisão sobre parcela incontroversa, o cumprimento definitivo da sentença far-se-á a requerimento do exequente, sendo o executado intimado para pagar o débito, no prazo de quinze dias, acrescido de custas, se houver.
>
> § 1º Não ocorrendo pagamento voluntário no prazo do *caput*, o débito será acrescido de multa de dez por cento e, também, de honorários de advogado de dez por cento.
>
> § 2º Efetuado o pagamento parcial no prazo previsto no *caput*, a multa e os honorários previstos no § 1º incidirão sobre o restante.
>
> § 3º Não efetuado tempestivamente o pagamento voluntário, será expedido, desde logo, mandado de penhora e avaliação, seguindo-se os atos de expropriação.

A novidade fica por conta de que a referida multa agora tem lugar nas execuções provisórias, intituladas pelo NCPC de cumprimentos provisórios de sentença, sepultando antigas controvérsias[5].

---

5 Lembrando que no Processo do Trabalho o entendimento do TST é pelo incabimento da multa de 10% (dez por cento) em execução definitiva, o que, por óbvio, leva a conclusão de que com mais razão não é possível a sua aplicação no cumprimento provisório da sentença.

Art. 520. O cumprimento provisório da sentença impugnada por recurso desprovido de efeito suspensivo será realizado da mesma forma que o cumprimento definitivo, sujeitando-se ao seguinte regime:

I – corre por iniciativa e responsabilidade do exequente, que se obriga, se a sentença for reformada, a reparar os danos que o executado haja sofrido;

II – fica sem efeito, sobrevindo decisão que modifique ou anule a sentença objeto da execução, restituindo-se as partes ao estado anterior e liquidados eventuais prejuízos nos mesmos autos;

III – se a sentença objeto de cumprimento provisório for modificada ou anulada apenas em parte, somente nesta ficará sem efeito a execução;

IV – o levantamento de depósito em dinheiro e a prática de atos que importem transferência de posse ou alienação de propriedade ou de outro direito real, ou dos quais possa resultar grave dano ao executado, dependem de caução suficiente e idônea, arbitrada de plano pelo juiz e prestada nos próprios autos.

§ 1º No cumprimento provisório da sentença, o executado será intimado para apresentar impugnação, se quiser, nos termos do art. 525.

§ 2º A multa e os honorários a que se refere o § 1º do art. 523 são devidos no cumprimento provisório de sentença condenatória ao pagamento de quantia certa.

§ 3º Se o executado comparecer tempestivamente e depositar o valor, com a finalidade de isentar-se da multa, o ato não será havido como incompatível com o recurso por ele interposto.

§ 4º A restituição ao estado anterior a que se refere o inciso II não implica o desfazimento da transferência de posse ou da alienação de propriedade ou de outro direito real eventualmente já realizada, ressalvado, sempre, o direito à reparação dos prejuízos causados ao executado.

§ 5º Ao cumprimento provisório de sentença que reconheça obrigação de fazer, não fazer ou dar coisa aplica-se, no que couber, o disposto neste Capítulo.

Resta saber como caminhará a jurisprudência trabalhista, no particular.

Esclarecida a questão relativa à desnecessidade de realização constritiva ou mesmo de garantia do juízo – no Processo Civil, não no Processo do Trabalho, assim entendo – para o insurgimento do executado em face da execução, conhecida no Processo Civil como "impugnação", em substituição nomenclatural aos embargos à execução, quando vinculada a execução ao título executivo judicial, é no art. 525 que iremos encontrar as hipóteses de cabimento de defesa do executado, a saber:

> Art. 525. Transcorrido o prazo previsto no art. 523 sem o pagamento voluntário, inicia-se o prazo de quinze dias para que o executado, independentemente de penhora ou nova intimação, apresente, nos próprios autos, sua impugnação.
>
> § 1º Na impugnação, o executado poderá alegar:
>
> I – falta ou nulidade da citação, se, na fase de conhecimento, o processo correu à revelia;
>
> II – ilegitimidade de parte;
>
> III – inexequibilidade do título ou inexigibilidade da obrigação;
>
> IV – penhora incorreta ou avaliação errônea;
>
> V – excesso de execução ou cumulação indevida de execuções;
>
> VI – incompetência absoluta ou relativa do juízo da execução;
>
> VII – qualquer causa, modificativa ou extintiva da obrigação, como pagamento, novação, compensação, transação ou prescrição, desde que supervenientes à sentença.
>
> § 2º A alegação de impedimento ou suspeição observará o disposto nos arts. 146 e 148.
>
> § 3º Aplica-se à impugnação o disposto no art. 229.
>
> § 4º Quando o executado alegar que o exequente, em excesso de execução, pleiteia quantia superior à resultante da sentença, cumprir-lhe-á declarar de imediato o valor que entende correto, apresentando demonstrativo discriminado e atualizado de seu cálculo.
>
> § 5º Na hipótese do § 4º, não apontado o valor correto ou não apresentado o demonstrativo, a impugnação será liminarmente rejeitada, se o excesso de execução for o seu único fundamento, ou, se houver outro, a impugnação será processada, mas o juiz não examinará a alegação de excesso de execução.
>
> § 6º A apresentação de impugnação não impede a prática dos atos executivos, inclusive os de expropriação, podendo o juiz, a requerimento do executado e desde que garantido o juízo com penhora, caução ou depósito suficientes, atribuir-lhe efeito suspensivo, se seus fundamentos forem relevantes e se o prosseguimento da execução for manifestamente suscetível de causar ao executado grave dano de difícil ou incerta reparação.

§ 7º A concessão de efeito suspensivo a que se refere o § 6º não impedirá a efetivação dos atos de substituição, de reforço ou de redução da penhora e de avaliação dos bens

§ 8º Quando o efeito suspensivo atribuído à impugnação disser respeito apenas a parte do objeto da execução, esta prosseguirá quanto à parte restante.

§ 9º A concessão de efeito suspensivo à impugnação deduzida por um dos executados não suspenderá a execução contra os que não impugnaram, quando o respectivo fundamento disser respeito exclusivamente ao impugnante.

§ 10. Ainda que atribuído efeito suspensivo à impugnação, é lícito ao exequente requerer o prosseguimento da execução, oferecendo e prestando, nos próprios autos, caução suficiente e idônea a ser arbitrada pelo juiz.

§ 11. As questões relativas a fato superveniente ao término do prazo para apresentação da impugnação, assim como aquelas relativas à validade e à adequação da penhora, da avaliação e dos atos executivos subsequentes, podem ser arguidas por simples petição, tendo o executado, em qualquer dos casos, o prazo de 15 (quinze) dias para formular esta arguição, contado da comprovada ciência do fato ou da intimação do ato.

§ 12. Para efeito do disposto no inciso III do § 1º deste artigo, considera-se também inexigível a obrigação reconhecida em título executivo judicial fundado em lei ou ato normativo considerado inconstitucional pelo Supremo Tribunal Federal, ou fundado em aplicação ou interpretação da lei ou do ato normativo tido pelo Supremo Tribunal Federal como incompatível com a Constituição Federal, em controle de constitucionalidade concentrado ou difuso.

Como se pode depreender, não houve significativa alteração estrutural ou mesmo ideológica com relação ao cumprimento da sentença, em comparação com o mesmo instituto em face do Código de Processo Civil de 1973.

6. O CUMPRIMENTO DA SENTENÇA E O PROCESSO DO TRABALHO

A primeira questão que deve ser refletida é a de se saber qual a natureza jurídica da execução no Processo do Trabalho. No Processo Civil, a bem da verdade, nunca houve discordância. Enquanto vigorava o CPC/73, antes da ideia do sincretismo processual, inaugurada nas obrigações de fazer ou não fazer, pela Lei n. 8.952, de 1994, e complementada pela Lei n. 10.444, de 2002, e posteriormente elastecida a todo o Processo Civil, pela Lei n. 11.232, de 2005, todos eram unânimes em dizer que a execução era autônoma, em comparação com a cognição. Posteriormente, com a adoção do já mencionado sincretismo, todos passaram, igualmente, a dizer que a execução se tornou uma mera fase do processo.

Mas e no Processo do Trabalho?

Não obstante a cizânia doutrinária, cujas mais variadas teses não comportam lugar neste breve estudo, sempre me filiei – e ainda continuo a me filiar – entre aqueles que defendem a ideia de que a execução trabalhista é autônoma. Assentada, portanto, a ideia de que a execução trabalhista é autônoma, pouco ou quase nada resta de aproveitamento, no particular, do Novo Código de Processo Civil, quanto ao cumprimento da sentença.

Se partirmos da ideia de que, mesmo antes do Novo CPC, o sincretismo já tinha sido adotado no Processo Civil e a sua aplicação havia sido rejeitada no Processo do Trabalho, não há razão para se mudar de entendimento agora, apenas porque temos um Novo CPC. Nem mesmo o art. 15 do NCPC pode servir de base argumentativa para a incidência do cumprimento da sentença no Processo do Trabalho, já que nenhuma autorização é possível se extrair dele, para que se permita o cumprimento da sentença no Processo do Trabalho, tal qual previsto, na íntegra, pelo Código de Processo Civil.

A execução trabalhista, que ainda continua a ser considerada como autônoma, consoante dito mais acima, é tratada pelos arts. 876 a 892 da CLT, e o deslocamento da execução cível, lastreada em título executivo judicial – ou seu equivalente – para a chamada fase cognitiva, não nos faz pensar que houve omissão no Processo do Trabalho. Tal premissa seria equivocada. Diante desta assertiva, tenho, por exemplo, que, no Processo do Trabalho, os embargos à execução, com a necessária garantia do juízo, ainda se afiguram como meio apropriado para o executado se insurgir contra a execução. A impugnação no processo de execução trabalhista deve ser vista como o meio de inconformismo do exequente em face da decisão homologatória em liquidação, o que se mostra contrária ao Processo Civil, que tem na impugnação uma substituição aos embargos à execução em face da execução fundada em título executivo judicial.

Discutir se a lógica adotada pelo Processo Civil – tanto pelo revogado como pelo atual CPC – é ou não mais eficiente, em termos de resultado, do que o sistema adotado pelo processo de execução trabalhista é outra coisa, que nada tem a ver com a suposta omissão sistêmica da CLT.

Isso não quer dizer que, aqui ou acolá, não se autorize a aplicação supletória do Processo Civil executório, ilustrado pelas regras do Novo Código de Processo Civil. Para tanto, basta que se observe a própria CLT, que autoriza, de modo supletório, a aplicação do CPC, ainda que por arrasto, à execução trabalhista. Digo por arrasto porque, em caso de omissão, nem sequer se aplica, num primeiro momento, o Código de Processo Civil, nos domínios da execução trabalhista como fonte subsidiária, uma vez que é a Lei de Executivos Fiscais de que iremos nos valer para suprir as lacunosas situações deixadas pela CLT.

A execução fiscal, de outra quadra, é regulada pela Lei n. 6.830, de 1980, que em seu artigo primeiro dispõe que nos casos em que ela, LEF, for omissa, o CPC será fonte supletória. Assim temos a seguinte lógica estrutural: em casos de omissão da CLT, a primeira fonte supletória tem lugar na Lei de Executivos Fiscais (CLT, art. 889); no caso de omissão da LEF (Lei n. 6.830/80), aplicar-se-á o CPC (art. 1º da LEF). Vejamos os textos legais mencionados, para uma melhor ilustração, a saber:

> CLT – Art. 889. Aos trâmites e incidentes do processo da execução são aplicáveis, naquilo em que não contravierem ao presente Título, os preceitos que regem o processo dos executivos fiscais para a cobrança judicial da dívida ativa da Fazenda Pública Federal.
>
> LEF – Art. 1º A execução judicial para cobrança da Dívida Ativa da União, dos Estados, do Distrito Federal, dos Municípios e respectivas autarquias será regida por esta Lei e, subsidiariamente, pelo Código de Processo Civil.

Diante das premissas acima lançadas, penso em algumas situações que podem ser utilizadas no processo de execução trabalhista, que digam respeito ao cumprimento da sentença, vejamos:

a) a multa de 10% (dez por cento) pelo não pagamento da dívida;

b) boa parte das regras relativas ao cumprimento provisório da sentença;

c) a definitividade da execução em razão de sentença transitada em julgado;

d) a definitividade da execução em razão de interposição de recurso em execução ao qual não foi atribuído efeito suspensivo, como é o caso do recurso de revista;

e) a possibilidade de rejeição liminar dos embargos à execução, quando o executado, ao alegar excesso, não demonstrar o mesmo;

f) a possibilidade de se dar continuidade à execução definitiva, nos casos de interposição de agravo de petição, mediante a prestação de caução suficiente e idônea;

g) os títulos executivos judiciais, que servem de base para o cumprimento de sentença, inclusive, a sentença penal condenatória transitada em julgado, desde que a matéria de fundo tenha por competência originária o Judiciário trabalhista, excepcionando-se a sentença arbitral, pois se tem entendido que o juízo arbitral não cabe nos domínios do Direito do Trabalho e, por corolário lógico, no Processo do Trabalho, bem como a sentença estrangeira e o formal ou certidão de partilha, pois não é competente a Justiça do Trabalho para processar e julgar ações relativas a estas causas.

7. CONCLUSÃO

A necessidade de um Novo Código de Processo Civil já não é mais tão importante, uma vez que a realidade, no particular, suplantou as discussões. Assim, em que pesem os argumentos daqueles que entendiam – e provavelmente ainda irão continuar a entender –, a discussão deixou o campo empírico e assumiu contornos meramente acadêmicos.

Considerando-se que o Novo Código de Processo Civil é uma realidade, é preciso saber o seu alcance, diante das lacunas contidas no Processo do Trabalho, levando-se em conta o que dispõe o art. 769 da CLT em confronto com o art. 15 do NCPC. A aplicação subsidiária do NCPC ainda torna-se mais enigmática, ao menos no início das interpretações jurídicas, diante dos termos do art. 889 da CLT, em que permite a aplicação supletória, no terreno executório, das regras previstas na Lei de Executivo Fiscal (Lei n. 6.830/80), e somente no caso de sua omissão se lança mão do Código de Processo Civil (art. 1º da LEF).

De qualquer sorte, como pouca coisa foi alterada no que diz respeito ao cumprimento da sentença e a aplicação de seus institutos nos domínios do Processo do Trabalho já havia sido limitada por força interpretativa do Tribunal Superior do Trabalho, igualmente, pouco ou quase nada deve mudar, não obstante, ao se ponderar mais refletidamente, seja possível se concluir que algumas questões inseridas no contexto do cumprimento da sentença possam ser utilizadas no processo de execução trabalhista.

REFERÊNCIAS

ALEXY, Robert. *Teoria da argumentação jurídica*. Tradução de Zilda Hutchinson Schild Silva. São Paulo: Landy, 2001.

_____. *Teoria dos direitos fundamentais*. Tradução de Virgilio Afonso da Silva. São Paulo: Malheiros, 2008.

BAUMAN, Zygmunt. *La sociedad sitiada*. Tradução de Mirta Rosenberg. Buenos Aires: Fondo de cultura económica, 2006.

_____. *Modernidade líquida*. Rio de Janeiro: Jorge Zahar, 2001.

_____. *O mal-estar da pós-modernidade*. Tradução de Mauro Gama e Cláudia Martinelli Gama. Rio de Janeiro: Jorge Zahar, 1998.

_____. *Vida líquida*. Trad. de Albino Santos Mosquera. 4. reimp. Buenos Aires: Paidós, 2009.

BEDAQUE, José Roberto dos Santos. *Efetividade do processo e técnica processual*. 3. ed. São Paulo: Malheiros, 2006.

_____. *Efetividade do processo e técnica processual*. 2. ed. São Paulo: Malheiros, 2007.

BERIZONCE, Roberto Omar. *As garantias do cidadão na justiça*. Coord. Sálvio de Figueiredo Teixeira, São Paulo: Saraiva, 1993.

BOBBIO, Norberto. *El futuro de la democracia*. Tradução de José F. Fernández Santillán. México: Fondo de cultura económica, 1999.

_____. *O positivismo jurídico*: lições de filosofia do direito. Tradução de Márcio Pugliesi, Edson Bini e Carlos E. Rodrigues. São Paulo: Ícone, 1995.

_____. *Teoria do ordenamento jurídico*. Tradução de Maria Celeste Cordeiro Leite dos Santos. 10. ed. Brasília: Editora Universidade de Brasília, 1999.

BONAVIDES, Paulo. *A Constituição aberta*. Belo Horizonte: Del Rey, 1993.

BOURDIEU, Pierre. *Campo de poder*: campo intelectual. Buenos Aires: Estroboas copia, 2003.

MEDINA, José Miguel Garcia. *Execução civil*: teoria geral / princípios fundamentais. 2. ed. São Paulo: Revista dos Tribunais, 2004.

THEODORO JR., Humberto. *Processo de execução e cumprimento da sentença*. 24. ed. São Paulo: LEUD, 2004.

ZAVASCKI, Teori Albino. *Processo de execução*. Parte Geral. 3. ed. São Paulo: Revista dos Tribunais, 2004.

Tutela específica de prestações de fazer e de não fazer: as regras do Novo CPC e seus impactos no âmbito das relações de trabalho

Sérgio Torres Teixeira

Desembargador do Trabalho (TRT 6). Doutor em Direito. Professor Adjunto da FDR/UFPE e UNICAP. Diretor da ESMATRA 6. Coordenador do Curso de Direito da Faculdade Marista do Recife. Membro da Academia Brasileira de Direito do Trabalho e da Academia Pernambucana de Direito do Trabalho.

1. INTRODUÇÃO

Ao lado do seu escopo magno de pacificar com justiça, o processo judicial tem como objetivo técnico a entrega de uma tutela jurisdicional adequada para aquele litigante cujo direito foi reconhecido em juízo, proporcionando a este dentro de um prazo razoável aquela proteção estatal apta a gerar a sua plena satisfação. Ou, ao menos, uma satisfação materialmente possível, alcançável pela atividade jurisdicional do Estado, considerando as dificuldades inerentes ao fenômeno processual, desde obstáculos intrínsecos como os relacionados à retratação nos autos do quadro fático mais fiel possível à "verdade real", até os problemas extrínsecos ligados à passagem do tempo durante o curso da relação processual.

A efetividade do processo judicial, a sua eficiência na consecução das suas metas originalmente planejadas, é diretamente vinculada à sua capacidade de gerar tal satisfação do jurisdicionado cuja pretensão foi acolhida. A aferição do grau de efetividade do modelo processual pela sua aptidão em atender às expectativas dos "vencedores" da demanda judicial, aliás, tende a ser um dos critérios mais adequados para a análise crítica acerca das várias dimensões de acesso à justiça.

Dentro de tal contexto, entretanto, mesmo considerando o nível de satisfação dita "possível" (em contraponto à satisfação plena idealizada pela doutrina processual, contudo), nem sempre é fácil a obtenção de tal contentamento ao final de um processo judicial.

Especialmente quando a prestação jurisdicional a ser cumprida pelo litigante condenado a adimplir a respectiva obrigação consiste em uma conduta comissiva ou omissiva. Ou seja, quando se trata de uma prestação de fazer ou de não fazer a ser realizada por aquele sentenciado a cumprir a determinação judicial.

Vários são os obstáculos enfrentados pelo Estado-Juiz ao buscar impor ao devedor o cumprimento de tal espécie de prestação, desde as limitações relacionadas aos meios de coerção que podem ser utilizados para estimular o adimplemento da obrigação até a própria dependência na colaboração do jurisdicionado "derrotado" para se obter o cumprimento específico da prestação. Em virtude de tais empecilhos, o legislador pátrio tem oferecido aos usuários do sistema processual uma série de ferramentas destinadas exatamente a superar tais dificuldades e garantir a entrega de uma tutela jurisdicional satisfatória.

Tal disciplina legal diferenciada, se é bastante útil no âmbito das relações civis em geral, se revela absolutamente essencial no âmbito das relações de trabalho. As peculiaridades que marcam as relações empregatícias, dentre as quais a pessoalidade inerente ao respectivo contrato, tornam excepcionalmente complexa a atuação da Justiça do Trabalho na concretização da tutela de prestações de fazer e não fazer.

E o presente texto se destina exatamente a examinar os impactos gerados pelo Novo Código de Processo Civil sobre a tutela jurisdicional de prestações de fazer e não fazer no âmbito das relações de trabalho.

2. TUTELA ESPECÍFICA ENVOLVENDO PRESTAÇÕES DE FAZER E DE NÃO FAZER

A tutela a ser promovida por provimentos judiciais geradores de efeitos que "acolhem" a pretensão do "vencedor" beneficiado pelo julgamento do Estado-Juiz deve preferencialmente ser a chamada tutela específica.

Segundo Ada Pellegrini Grinover, a tutela específica deve ser

> entendida como conjunto de remédios e providências tendente a proporcionar àquele em cujo benefício se estabeleceu a obrigação o preciso resultado prático que seria pelo adimplemento. Assim, o próprio conceito de tutela específica é praticamente coincidente com a ideia da efetividade do processo e da utilidade das decisões, pois nela, por definição, a atividade jurisdicional tende a proporcionar ao credor o exato resultado prático atingível pelo adimplemento. Essa coincidência leva a doutrina a proclamar a preferência de que goza a tutela específica sobre qualquer outra (1995, p. 1026).

Noutras palavras, a tutela específica é exatamente aquela tutela jurisdicional adequada, conforme previsão em lei ou em contrato, para reparar o dano já causado (quando uma tutela reparatória) ou prevenir o dano que ameaçava se materializar (quando uma tutela preventiva).

A tutela específica, assim, ocorre quando o provimento jurisdicional proporcionar, na medida do possível na prática, exata e precisamente aquilo que, segundo o ordenamento jurídico, o vencedor da demanda deveria ter recebido desde o início (ou seja, caso tivesse surgido o conflito). Tal modalidade de tutela jurisdicional se harmoniza com a lição de Giuseppe Chiovenda (1998, p. 67), segundo o qual "o processo deve dar, quanto for possível praticamente, a quem tenha um direito, tudo aquilo e exatamente aquilo que ele tenha direito de conseguir".

É este, inclusive, o pensamento enfatizado por Cândido Rangel Dinamarco:

> O direito moderno vem progressivamente impondo a tutela específica, a partir da ideia de que *na medida do que for possível na prática, o processo deve dar a quem tem um direito tudo aquilo e precisamente aquilo que ele tem o direito de obter*. Essa sapientíssima lição (Giuseppe Chiovenda), lançada no início do século, figura hoje como verdadeiro slogan da moderna escola do processo civil de resultados, que puna pela efetividade do processo como meio de acesso à justiça e proscreve toda imperfeição evitável (2001, p. 153).

A entrega da tutela específica, por conseguinte, representa o objetivo de qualquer modelo processual que almeja ser efetivo, pois é por seu intermédio que a atuação do Estado-Juiz resulta em efetivo acesso à justiça.

Usualmente, a tutela jurisdicional envolve qualquer uma das seguintes espécies de prestações: a) de pagar uma quantia em dinheiro; b) de fazer ou de não fazer; e c) de entregar coisa.

Em cada caso, a tutela específica corresponderá exatamente àquilo que o jurisdicionado "vencedor" da demanda deveria ter recebido antes mesmo da disputa judicial, seja o recebimento de um valor em pecúnia, seja a entrega de determinado bem de sua propriedade, ou mesmo a prática pelo jurisdicionado "derrotado" de um ato em favor do credor ou a sua abstenção quanto a determinada conduta de forma a atender ao interesse deste mesmo litigante.

Quando a tutela específica corresponde a uma reparação pecuniária, por seu turno, as dificuldades enfrentadas pelo Estado-Juiz em proporcionar ao vencedor a sua proteção são usualmente de menor porte, pois para gerar a consequência almejada (o pagamento do valor devido ao vencedor da demanda), o Judiciário não depende da colaboração do devedor, podendo utilizar medidas executivas que resultem na apropriação judicial de uma quantia em dinheiro (como o gerado pelo bloqueio de uma conta bancária) ou na alienação judicial de um bem penhorado em hasta pública, com a subsequente transferência do numerário ao respectivo credor.

É evidente que a colaboração do devedor facilita tal procedimento, como ocorre quando ele voluntariamente cumpre a sentença ao pagar o dinheiro devido ao credor ou (ao menos) indica bens para penhora. Mas mesmo com a recusa do devedor em colaborar, o Estado-Juiz dispõe de ferramentas eficientes para proporcionar a tutela específica, encontrando dificuldades apenas quando o devedor consegue de alguma forma "esconder" o seu patrimônio, ou, então, quando revela um estado de insolvência que impede o cumprimento da prestação de pagar a quantia devida.

A colaboração do devedor, de qualquer modo, não se revela imprescindível à consecução da tutela específica quando esta envolver uma prestação de pagar uma quantia em pecúnia.

O mesmo ocorre, via de regra, com uma prestação envolvendo a entrega de uma coisa. Se o devedor não colaborar, o Estado-Juiz tem como usar medidas de constrição para obter a concretização da tutela específica independentemente da vontade deste, pois uma medida de busca e apreensão usualmente resolve qualquer obstáculo decorrente da falta de colaboração do devedor.

O mesmo não pode ser afirmado, por outro lado, em relação à tutela específica envolvendo prestações de fazer e de não fazer. A não ser quando fungíveis, tais prestações dependem diretamente da colaboração do respectivo devedor para o seu adequado cumprimento.

Quando a prestação jurisdicional de fazer ou de não fazer é infungível, apenas o próprio jurisdicionado "derrotado" na disputa judicial pode adimplir a respectiva obrigação mediante a sua conduta comissiva ou omissiva. Tão somente o próprio condenado, em tais casos, pode praticar o ato ou se abster de praticar determinado ato. O cumprimento da respectiva prestação, portanto, se encontra condicionado à colaboração do próprio litigante condenado.

E é tal quadro de dependência que leva o legislador a tratar de forma diferenciada a tutela específica envolvendo ações que tenham por objeto prestações de fazer e de não fazer.

3. PECULIARIDADES DAS PRESTAÇÕES DE FAZER E DE NÃO FAZER NO ÂMBITO DAS RELAÇÕES DE TRABALHO

Quando a prestação de fazer ou de não fazer é fungível, ou seja, pode ser cumprida por outra pessoa que não o devedor, a entrega da tutela específica normalmente se revela perfeitamente acessível ao Estado-Juiz exatamente por não exigir a colaboração do devedor.

A construção de um simples muro ou a conduta de abstenção relativa à não poluição de um rio, por exemplo, são prestações que, se não cumpridas condenado pelo condenado, ainda assim o Judiciário pode alcançar a tutela específica sem grandes dificuldades, ao menos em tese. Um magistrado pode determinar que um terceiro construa o muro por conta do devedor, que depois deverá arcar com as despesas respectivas e, eventualmente, se sujeitar a medidas executivas aptas a gerar o dinheiro necessário para pagar tais despesas. Da mesma forma, se a prestação de não poluir um rio depender exclusivamente do ato de colocar um filtro em algum cano de esgoto ou de simplesmente redirecionar tal cano de esgoto para uma unidade de tratamento de água, o juiz pode determinar que outra pessoa realize tais atos para alcançar a prestação de "não poluir".

O quadro muda quando a prestação de fazer ou de não fazer a ser cumprida se revela como material ou contratualmente infungível. A criação de uma obra de arte como a pintura de um quadro por um pintor famoso ou a abstenção de uma conduta abusiva como a de praticar agressões verbais a determinada pessoa, por exemplo, envolvem prestações evidentemente infungíveis. Ou seja, são prestações que somente podem ser cumpridas pelos próprios devedores, sendo inadmissível atribuir o cumprimento delas a um terceiro. Somente o pintor contratado para pintar um quadro pode cumprir a respectiva prestação de fazer de forma a proporcionar uma tutela específica na hipótese de uma condenação judicial com tal objeto. De igual forma, apenas o próprio condenado pode deixar de fazer as agressões verbais que anteriormente estava praticando.

No âmbito das relações de trabalho, por sua vez, são várias as espécies de prestações infungíveis envolvendo atos de fazer ou de não fazer, se não pelo aspecto material da respectiva conduta, então pelo aspecto contratual que vincula especificamente aquele empregado àquele empregador.

É certo que a prestação de fazer mais comum em demandas trabalhistas, a de efetuar anotações na Carteira de Trabalho do empregado, é uma prestação fungível, pois o respectivo registro pode ser feito pelo Diretor da Vara ou por outro servidor, por ordem do juiz do trabalho. Mas tal exceção não se sobrepõe à regra, uma vez que na maior parte dos casos de prestações de fazer ou de não fazer estas são essencialmente infungíveis. Por envolver condutas peculiares à figura da entidade patronal, hipóteses como a promoção do retorno de um empregado reintegrado ou a abstenção de transferir o empregado para outro local somente podem ser cumpridas pelo próprio empregador.

A reintegração no emprego, no tocante à parte da prestação envolvendo o retorno físico do empregado ao seu antigo posto empregatício após ser ilegalmente despojado do emprego, é uma prestação de fazer tanto material como contratualmente infungível. Como a principal prestação decorrente da reintegração no emprego é o retorno ao *status quo ante*, a volta do obreiro ao seu emprego com a restauração plena da relação irregularmente rompida, apenas o próprio empregador que despediu o empregado pode o reintegrar no seu antigo posto.

Não há como imaginar um empregado sendo reintegrado em outro emprego diante de outro empregador. É da essência da reintegração a restauração do vínculo primitivo, ressuscitando o elo ilicitamente destruído. A única ressalva envolve uma situação realmente excepcionalíssima: quando uma empresa é sucedida por outra (como no caso de uma incorporação de empresas) e a sucedida é quem deve assumir a obrigação de reintegrar o obreiro.

Nos demais casos, não há como fugir à regra da infungibilidade da respectiva prestação, pois só o próprio empregador pode reintegrar o seu antigo empregado, restabelecendo o vínculo original, fazendo retornar o liame empregatício aos mesmos moldes de antes.

Prestações de não fazer, especialmente aquelas relacionadas a uma medida de inibição a uma conduta patronal ilícita, têm surgido com uma frequência cada vez maior em condenações na Justiça do Trabalho. Variando de vedações como as de não discriminar até proibições como as de não constranger o empregado ao praticar este ou aquele ato (como o de fiscalizar a atuação dos seus empregados ou praticar a revista íntima na saída do local de trabalho), tais prestações de abstenção hoje fazem parte do cotidiano das empresas do país, seja voluntariamente, seja em virtude de uma condenação judicial imputando tal prestação de não fazer.

E como são condutas impostas à própria entidade patronal, não há como fugir à infungibilidade que as caracteriza.

Uma prestação de não fazer na seara laboral que hoje em dia não tem revelado a mesma frequência de anos atrás, mas, ainda assim, continua a merecer uma atenção especial, é a representada pela vedação do empregador a promover uma transferência abusiva, deslocando o seu empregado em violação a algum dos dispositivos do art. 469 consolidado.

A infungibilidade de tal prestação de não fazer é patente, pois apenas o próprio empregador pode se abster de transferir abusivamente o seu empregado.

Como o Estado moderno assume uma contundente repulsa pelo uso de medidas de coerção física para impor o cumprimento de uma prestação de fazer ou de não fazer (como castigos físicos), e como as medidas de privação de liberdade para combater a inércia do devedor de tais prestações são igualmente recusadas, há uma evidente dependência da colaboração do devedor, mesmo que tal colaboração tenha que ser "incentivada" por medidas financeiras que possam atingir o bolso do devedor (TALAMINI, 2001).

E, como consequência, tanto em casos de prestações de fazer como de não fazer no âmbito das relações laborais, a regra é que os órgãos da Justiça do Trabalho dependem da vontade dos devedores para poder entregar a tutela específica no caso de uma condenação judicial.

4. DISCIPLINA DA CLT RELACIONADA À TUTELA ESPECÍFICA DE PRESTAÇÕES DE FAZER E DE NÃO FAZER

A Consolidação das Leis do Trabalho (Decreto-Lei n. 5.452, de 1º de maio de 1943), usualmente omissa em normas processuais envolvendo a disciplina de tutelas jurisdicionais diferenciadas, curiosamente apresenta cinco dispositivos que tratam da tutela específica de prestações de fazer e não fazer. Dois são incisos do art. 659 consolidado (originalmente um artigo especificando a competência funcional privativa do magistrado no exercício da presidência de uma Junta de Conciliação e Julgamento), acrescentados ao texto original por leis posteriores, que preveem a possibilidade de concessão de medidas liminares satisfativas. Dois outros dispositivos da CLT que disciplinam a matéria, por sua vez, são artigos estipulando a admissibilidade de aplicação multas pecuniárias em casos de descumprimento da prestação de conceder férias ou da prestação de reintegrar um empregado, quando fixadas as respectivas obrigações judicialmente. E, por fim, há o art. 496 consolidado, que trata da possibilidade de converter em indenização reparatória uma obrigação envolvendo prestação de fazer, quando o cumprimento desta se revelar desaconselhável.

O inciso IX do art. 659 da CLT, acrescido a tal dispositivo pela Lei n. 6.203, de 17 de abril de 1975, prevê a possibilidade de concessão liminar (ou seja, logo no início da demanda e sem ouvir a parte adversa, isto é, *initio litis* e *inaudita parte*), pelo juiz do trabalho, de um provimento de natureza antecipatória por meio do qual é proporcionado o adiantamento dos efeitos de uma tutela específica envolvendo uma prestação de não fazer:

> IX – conceder medida liminar, até decisão final do processo, em reclamações trabalhistas que visem a tornar sem efeito transferência disciplinada pelos parágrafos do art. 469 desta Consolidação;

A primeira norma da CLT a disciplinar a admissibilidade de uma antecipação de tutela (ou tutela provisória antecipada, na terminologia adotada pelo Novo CPC), portanto, tem por objeto uma conduta de abstenção: não transferir um empregado enquanto não for decidida a demanda na qual se postula a decretar a nulidade da respectiva transferência promovida pelo empregador.

O inciso X do mesmo art. 659 consolidado, por sua vez, foi acrescentado pela Lei n. 9.270, de 17 de abril de 1996:

> X – conceder liminar, até decisão final do processo, em reclamações trabalhistas que visem reintegrar no emprego dirigente sindical afastado, suspenso ou dispensado pelo empregador.

A regra em tela, assim, autoriza o juiz a conceder uma medida, novamente de forma liminar, para proporcionar incidentalmente uma tutela específica, mas agora envolvendo uma prestação de fazer: reintegrar o empregado no emprego, quando se tratar de um portador da estabilidade sindical que foi irregularmente despojado do seu posto empregatício em virtude de qualquer uma de três hipóteses: a) um afastamento, quando mantém o contrato intacto, mas não prossegue prestando serviços, ocorrendo uma interrupção contratual; b) uma suspensão, seja a decorrente da aplicação de uma pena disciplina, seja a suspensão preventiva que é facultado ao empregador que deseja manter fora do ambiente laboral um empregado para fins de propositura de um inquérito judicial; e c) uma dispensa, quando o contrato foi resilido por ato unilateral da entidade patronal.

Apesar de o texto legal restringir a respectiva tutela (provisória) antecipada a casos envolvendo o empregado protegido pela estabilidade prevista no art. 8º, inciso VIII, da Constituição de 1988 (é vedada a dispensa do empregado sindicalizado a partir do registro da candidatura a cargo de direção ou representação sindical e, se eleito, ainda que suplente, até um ano após o final do mandato, salvo se cometer falta grave nos termos da lei), a jurisprudência consolidada sedimentou o entendimento da admissibilidade de tal ferramenta processual para proteger o portador de qualquer espécie de estabilidade no emprego, conforme cristalizado na Orientação Jurisprudencial n. 64 da Seção Especializada em Dissídios Individuais 2 do TST:

> MANDADO DE SEGURANÇA. REINTEGRAÇÃO LIMINARMENTE CONCEDIDA. Não fere direito líquido e certo a concessão de tutela antecipada para reintegração de empregado protegido por estabilidade provisória decorrente de lei ou norma coletiva.

Não foi por acaso que esses dois dispositivos, os primeiros da CLT a tratar de hipóteses de antecipação de tutela (mediante medidas liminares de caráter satisfativo, ora tratado no Novo CPC como medidas de tutela provisória antecipada), têm por objeto tutelas específicas envolvendo prestações de fazer (no inciso X) e de não fazer (no inciso IX) e não estipularam maiores exigências para a concessão liminar dos respectivos provimentos.

Considerando as dificuldades enfrentadas pelos órgãos jurisdicionais para proporcionar a tutela específica em condenações judiciais com tais espécies de prestações, a expressa previsão da admissibilidade de tais ferramentas processuais é uma evidente tentativa do legislador brasileiro de proporcionar ao juiz do trabalho instrumentos aptos a superar os obstáculos anteriormente enfatizados, admitindo a concessão liminar de medidas de natureza satisfativa por entender que a antecipação dos efeitos da tutela nesses casos pode representar uma diminuição dos riscos de ineficácia do provimento final almejado.

Nesse sentido, a Lei n. 8.952, de 13.12.1994, ao introduzir um novo texto ao art. 461 do CPC de 1973, destinado a disciplinar peculiaridades relacionadas às ações que tenham por objeto o cumprimento de obrigações de fazer ou de não fazer, incluiu a seguinte norma no seu § 3º:

> Sendo relevante o fundamento da demanda e havendo justificado receio de ineficácia do provimento final, é lícito ao juiz conceder a tutela liminarmente ou mediante justificação prévia, citado o réu. A medida liminar poderá ser revogada ou modificada, a qualquer tempo, em decisão fundamentada.

A primeira frase de tal parágrafo, aliás, é praticamente uma repetição literal do texto do § 3º do art. 84 do Código de Defesa do Consumidor (Lei n. 8.078 de 1990), igualmente destinada às ações envolvendo o cumprimento de obrigações de fazer ou de não fazer, que estabelece que "sendo relevante o fundamento da demanda e havendo justificado receio de ineficácia do provimento final, é lícito ao juiz conceder a tutela liminarmente ou após justificação prévia, citado o réu".

Em ambos os dispositivos, sobressai a acessibilidade dos requisitos exigidos para concessão da antecipação de tutela específica da prestação de fazer ou de não fazer, sendo suficiente a satisfação de duas exigências de conteúdo genérico: a) relevante fundamento da demanda; e b) justificado receio de ineficácia do provimento final.

"Relevante fundamento da demanda"?

Toda demanda, de uma forma ou outra, não tem a sua relevância? Qual o critério para definir o grau de relevância? Valor econômico? Peso político? Alcance transindividual?

"Justificado receio de ineficácia do provimento final"?

Em que termos? Toda demora não representa um perigo para a eficácia da tutela jurisdicional final? Em que circunstâncias se considera fundado o respectivo temor?

Evidente a amplíssima dimensão dos contornos das respectivas exigências. Os conceitos são tão abstratos que, na prática, o legislador acabou proporcionando ao magistrado amplíssimo campo de interpretação para a definição da questão em cada caso concreto submetido à sua apreciação. Equivale, na realidade, a um "conceito vago" ou "conceito jurídico indeterminado", que o juiz deverá preencher segundo o que determina a ordem jurídica naquele caso concreto. Envolve, pois, o exercício daquilo que parte da doutrina costuma denominar "discricionariedade judicial".

E tal abstração foi delineada de forma proposital, pois o legislador almejou assegurar uma liberdade de atuação do magistrado na definição da forma mais adequada para se concretizar a tutela específica e assim materializar o acesso à justiça, cumprindo o seu dever estatal de prestar uma tutela jurisdicional efetiva.

As medidas liminares envolvendo a vedação à transferência e à reintegração do empregado, tipificadas nos incisos IX e X do art. 659 consolidado, por conseguinte, seguem essa mesma diretriz: são ferramentas processuais previstas pelo legislador sem maiores exigências formais para a sua concessão, sendo outorgado ao juiz do trabalho amplo poder decisório para a efetivação dos respectivos provimentos nos casos nos quais tais instrumentos se revelam úteis à materialização de tutelas específicas envolvendo essas espécies de prestação.

O § 2º do art. 137 da CLT, por outro lado, prevê uma outra ferramenta processual destinada a servir como instrumento para a obtenção da tutela específica envolvendo uma prestação de fazer: a multa pecuniária em caso de descumprimento da obrigação de conceder férias ao empregado, quando judicialmente fixado o respectivo período concessivo.

E mais: estipula ainda a necessidade de enviar à autoridade local do Ministério do Trabalho uma cópia da decisão judicial reconhecido o direito às férias para fins de aplicação de multa administrativa.

O texto do mencionado artigo, na íntegra:

> Art. 137. Sempre que as férias forem concedidas após o prazo de que trata o art. 134, o empregador pagará em dobro a respectiva remuneração. (Redação dada pelo Decreto-lei n. 1.535, de 13.4.1977)
>
> § 1º Vencido o mencionado prazo sem que o empregador tenha concedido as férias, o empregado poderá ajuizar reclamação pedindo a fixação, por sentença, da época de gozo das mesmas. (Redação dada pelo Decreto-lei n. 1.535, de 13.4.1977)
>
> § 2º A sentença cominará pena diária de 5% (cinco por cento) do salário mínimo da região, devida ao empregado até que seja cumprida. (Redação dada pelo Decreto-lei n. 1.535, de 13.4.1977)
>
> § 3º Cópia da decisão judicial transitada em julgado será remetida ao órgão local do Ministério do Trabalho, para fins de aplicação da multa de caráter administrativo. (Redação dada pelo Decreto-lei n. 1.535, de 13.4.1977)

O § 2º não faculta ao magistrado a estipulação de *astreintes* na sentença condenatória, mas impõe imperativamente tal previsão ao estabelecer que "A sentença dominará pena diária". Ao prever expressamente a imposição de tal sanção, destarte, o legislador dotou a decisão judicial de uma ferramenta destinada a persuadir o empregador devedor a cumprir a respectiva prestação de fazer (conceder férias) mediante a ameaça de uma punição pecuniária.

Idêntico caminho foi adotado pelo legislador em relação à tutela específica envolvendo a prestação de reintegrar um empregado no emprego, quando objeto de uma sentença judicial transitada em julgado.

Nesse sentido, outro dispositivo da CLT que trata expressamente do cumprimento de uma prestação envolvendo conduta comissiva é o *caput* do art. 729 da CLT:

> O empregador que deixar de cumprir decisão passada em julgado sobre a readmissão ou reintegração de empregado, além do pagamento dos salários deste, incorrerá na multa de Cr$ 10,00 (dez cruzeiros) a Cr$ 50,00 (cinquenta cruzeiros) por dia, até que seja cumprida a decisão.

O "estímulo forçado" decorrente da aplicação obrigatória de uma penalidade financeira em caso de mora no adimplemento da obrigação de conceder férias ou de reintegrar um empregado, portanto, constitui a fórmula prevista no ordenamento jurídico trabalhista para assegurar a obtenção da tutela específica em cada caso. Em virtude da inadmissibilidade de medidas como punições físicas ou privações de liberdade, o uso de *astreintes*, sanções pecuniárias correspondentes a multas diárias pelo atraso no cumprimento de prestações, nos casos envolvendo obrigações de fazer (ou de não fazer) acaba representando uma das opções mais adequadas para alcançar a tutela específica.

No âmbito da CLT, assim, as ameaças por meio da estipulação de penas pecuniárias representam a fórmula procedimental adotada para proporcionar a adequada satisfação do jurisdicionado vencedor da demanda.

O CPC de 1973, por meio da redação dada ao § 4º do art. 461 pela Lei n. 8.952, de 1994, por sua vez, igualmente segue tal diretriz normativa:

> O juiz poderá, na hipótese do parágrafo anterior ou na sentença, impor multa diária ao réu, independentemente de pedido do autor, se for suficiente ou compatível com a obrigação, fixando-lhe prazo razoável para o cumprimento do preceito.

Importante notar que, além de prever a fixação de tal sanção pecuniária na sentença condenatória, tal parágrafo autoriza a fixação da *astreinte* em decisão interlocutória concessiva de uma tutela (provisória) antecipada, ao fazer referência expressa ao § 3º do art. 461, dispositivo este já examinado acima.

A Lei n. 10.444, de 2002, por seu turno, ainda acrescentou um § 6º ao mesmo art. 461 do CPC de 1973, outorgando ao magistrado poderes para revogar ou alterar a sanção pecuniária estabelecida, atendendo a provocação do interessado ou agindo *ex officio*, ao ditar que "O juiz poderá, de ofício, modificar o valor ou a periodicidade da multa, caso verifique que se tornou insuficiente ou excessiva".

Inequívoca, assim, a opção do legislador pelo caminho das sanções pecuniárias como um dos principais instrumentos destinados a proporcionar a tutela específica de prestações de fazer e de não fazer, seja no âmbito do Código de Processo Civil de 1973, seja na seara da legislação trabalhista consolidada.

Por fim, o art. 496 da CLT traduz uma regra acerca da conversão de uma prestação de fazer para uma prestação de pagar, quando o cumprimento da respectiva obrigação de fazer se revela desaconselhável no entender do magistrado.

O § 1º do art. 461 do CPC de 1973, na redação dada pela Lei n. 8.952, de 1994, ao abordar casos de conversão de prestações de fazer ou de não fazer em obrigações de pagar uma indenização a título de perdas e danos decorrentes do inadimplemento da respectiva obrigação original, estabelece que "A obrigação somente se converterá em perdas e danos se o autor o requerer ou se impossível a tutela específica ou a obtenção do resultado prático correspondente".

O surgimento de uma tutela ressarcitória em sentido estrito, pois, foi condicionado ao requerimento da parte interessada ou à constatação da impossibilidade de se proporcionar a tutela específica ou uma tutela de equivalência que produz um resultado prático equivalente ao do adimplemento.

O texto do art. 496 da CLT, conforme sua redação original, segue essa mesma diretriz geral, mas não prevê a preferência do credor como justificativa pela conversão:

Quando a reintegração do empregado estável for desaconselhável, dado o grau de incompatibilidade resultante do dissídio, especialmente quando for o empregador pessoa física, o tribunal do trabalho poderá converter aquela obrigação em indenização devida nos termos do artigo seguinte.

O respectivo dispositivo consolidado, assim, expressamente autoriza o magistrado a converter a obrigação de reintegrar em uma obrigação de pagar uma indenização compensatória de uma despedida ilegal, mas apenas quando o juízo entender que, em face da animosidade entre os litigantes, o retorno do empregado ao ambiente de trabalho não seria aconselhável.

Inexiste autorização legal para a conversão da respectiva obrigação de fazer numa obrigação de pagar, portanto, pela mera manifestação da vontade do empregado.

Esta opção entre a reintegração no emprego ou uma indenização reparatória, por outro lado, é prevista no art. 4º da Lei n. 9.029, de 1995:

> Art. 4º O rompimento da relação de trabalho por ato discriminatório, nos moldes desta Lei, além do direito à reparação pelo dano moral, faculta ao empregado optar entre:
> I – a readmissão com ressarcimento integral de todo o período de afastamento, mediante pagamento das remunerações devidas, corrigidas monetariamente, acrescidas dos juros legais;
> II – a percepção, em dobro, da remuneração do período de afastamento, corrigida monetariamente e acrescida dos juros legais.

Enquanto no art. 496 consolidado o legislador prevê a possibilidade de conversão da obrigação de fazer (reintegrar) em uma obrigação de pagar (uma indenização reparatória), levando em consideração a interpretação do magistrado acerca da compatibilidade (ou não) entre os litigantes diante das repercussões que seriam geradas pelo retorno do empregado ao seu antigo posto empregatício, no art. 4º da Lei n. 9.029, de 1995, o legislador preferiu dar esta opção diretamente ao empregado.

O motivo de tal distinção de tratamento, contudo, é óbvio.

No caso de uma dispensa discriminatória, é evidente que o impacto de tal forma de despedida abusiva sobre o quadro emocional do empregado pode levá-lo a se sentir incapaz de sustentar um retorno ao ambiente laboral, considerando o constrangimento pelo que passou antes e ao ser desligado da empresa.

Nada mais lógico. É certo que, em princípio, a busca pela tutela específica nos leva a uma natural preferência pela reintegração do empregado ilegalmente despojado do seu emprego, mas não há como negar que é preferível um empregado física e mentalmente sadio, sem o seu antigo emprego mas com o dinheiro decorrente de uma indenização compensatória, em comparação com um empregado reintegrado na empresa mas vítima de hostilidades no ambiente de trabalho que, em alguns casos, podem gerar danos físicos e cicatrizes emocionais irreversíveis.

Tanto a sistemática adotada pela CLT já em 1943 com a preferência pela tutela específica mas a admissibilidade por uma tutela ressarcitória quando desaconselhável aquela no entender do magistrado, bem como a fórmula consagrada no art. 4º da Lei n. 9.029, de 1995, que proporciona tal opção alternativa ao próprio empregado, guardam plena harmonia com os postulados da dignidade da pessoa humana do trabalhador e do valor social do trabalho, consagrados no art. 1º da Constituição da República de 1988.

A regra da CLT, de qualquer forma, antecedeu a disciplina legal encontrada no CPC de 1973 ao estabelecer a admissibilidade da conversão de prestação de fazer em uma prestação de pagar, evidenciando a posição precursora do modelo processual trabalhista, estabelecendo diretrizes posteriormente adotadas pelo CPC de 1973.

E no Novo CPC, consagrado por meio da Lei n. 13.105, de 2015? Quais foram as fórmulas prestigiadas pelo legislador e seus impactos no âmbito das relações de trabalho?

5. DISCIPLINA DA TUTELA ESPECÍFICA DE PRESTAÇÕES DE FAZER E DE NÃO FAZER NA LEI N. 13.105, DE 2015 (NOVO CPC), E SUA APLICABILIDADE NO ÂMBITO DO MODELO PROCESSUAL TRABALHISTA

A Lei n. 13.105, de 2015, o Novo Código de Processo Civil brasileiro, contém uma disciplina própria para a tutela específica de prestações de fazer e não fazer em três setores distintos do seu corpo, todas encontradas na Parte Especial do novo diploma.

Primeiro, a Seção IV (Do Julgamento das Ações Relativas às Prestações de Fazer, de Não Fazer e de Entegar Coisa) do Capítulo XIII (Da Sentença e da Coisa Julgada) do Título I (Do Procedimento Comum) do Livro I (Do Processo de Conhecimento e do Cumprimento de Sentença). Em seguida, a Seção I (Do Cumprimento de Sentença que Reconheça a Exigibilidade de Obrigação de Fazer ou de Não Fazer) do Capítulo VI (Do Cumprimento de Sentença que Reconheça a Exigibilidade de Obrigação de Fazer, de Não Fazer ou de Entregar Coisa) do Título II (Do Cumprimento da Sentença) do mesmo Livro I da Parte Especial. Por fim, as Seções I, II e III do Capítulo III (Da Execução das Obrigações de Fazer e de Não Fazer) do Título II (Das Diversas Espécies de Execução) do Livro II (Do Processo de Execução) da Parte Especial do Novo CPC.

Formada pelos arts. 497 a 501, a Seção IV do Capítulo XIII do Título I do Livro I da Parte Especial do Novo CPC é adequadamente denominada de "Do Julgamento das Ações Relativas às Prestações de Fazer, de Não Fazer e de Entregar Coisa" e apresenta na sua composição dispositivos em perfeita harmonia com os artigos da CLT examinados anteriormente e uma adequada sintonia com as demais regras e princípios que orientam o sistema processual trabalhista, deixando clara a satisfação da exigência de compatibilidade estabelecido no art. 769 consolidado como requisito para a admissibilidade da aplicação de institutos do processo comum no âmbito do processo laboral:

> Nos casos omissos, o direito processual comum será fonte subsidiária do Direito Processual do Trabalho, exceto naquilo em que for incompatível com as normas deste Título.

O art. 497 do Novo CPC, no seu *caput*, segue a mesma diretriz antes adotada pelo *caput* dos arts. 84 do Código de Defesa do Consumidor e 461 do Código de Processo Civil de 1973 (com a redação dada pela Lei n. 8.952 de 1994), estabelecendo uma ordem hierárquica preferencial quanto à espécie de tutela que o magistrado deve proporcionar ao jurisdicionado vencedor da demanda.

A similitude do texto literal dos respectivos dispositivos é quase absoluto:

> Na ação que tenha por objeto o cumprimento da obrigação de fazer ou não fazer, o juiz concederá a tutela específica da obrigação ou determinará providências que assegurem o resultado prático equivalente ao do adimplemento. (Art. 84, *caput*, do CDC)
>
> Na ação que tenha por objeto o cumprimento de obrigação de fazer ou não fazer, o juiz concederá a tutela específica da obrigação ou, se procedente o pedido, determinará providências que assegurem o resultado prático equivalente ao do adimplemento. (Art. 461, *caput*, do CPC de 1973)
>
> Na ação que tenha por objeto a prestação de fazer ou de não fazer, o juiz, se procedente o pedido, concederá a tutela específica ou determinará providências que assegurem a obtenção de tutela pelo resultado prático equivalente. (Art. 497 do CPC de 2015)

O legislador de 2015, assim, continuou no mesmo caminho já consagrado em 1990 com o Código de Defesa do Consumidor e ratificado no CPC de 1973 pela Lei n. 8.952, de 1994, conforme se deduz pela semelhança dos respectivos textos legais, deixando em clarividência que o órgão jurisdicional, ao julgar uma demanda na qual se reconhece o direito do jurisdicionado vencedor ao benefício de uma prestação de fazer ou de não fazer a ser cumprida pelo litigante vencido, deve procurar em primeiro lugar proporcionar ao vitorioso a tutela específica, isto é, exatamente aquela tutela jurisdicional adequada, conforme previsão em lei ou em contrato, para reparar o dano já causado (quando uma tutela reparatória) ou prevenir o dano que ameaçava se materializar (quando uma tutela preventiva).

Quando não for possível proporcionar a tutela específica, por outro lado, deve o magistrado proporcionar uma tutela de equivalência como segunda opção, gerando um resultado prático equivalente ao do adimplemento da obrigação. Trata-se de uma tutela que, mesmo que não proporcionando exata e precisamente aquilo que, segundo o ordenamento jurídico, o vencedor da demanda deveria ter recebido desde o início (ou seja, caso tivesse surgido o conflito), proporciona um resultado final que, empiricamente, produz os mesmos efeitos do cumprimento da obrigação.

Exemplo típico de tal fórmula de preferência na tutela jurisdicional proporcionada ocorre, conforme anteriormente destacado, em casos como o de anotação da carteira profissional do empregado. Acolhida a respectiva pretensão em uma demanda judicial proposta pelo empregado, a primeira opção de tutela a ser concedida pelo órgão jurisdicional será, naturalmente, a tutela específica, com o próprio empregador efetuando os respectivos registros. Ao cumprir a respectiva prestação de fazer à qual foi condenado a adimplir, o empregador realizará o ato apto a proporcionar exatamente aquilo que o empregado tem direito a obter. Mas, em caso de impossibilidade do empregador de efetuar as anotações na CTPS (seja em face de uma recusa insuperável da entidade patronal, seja em virtude de hipóteses como o falecimento do empregador pessoa física ou o total desparecimento de uma empresa que nem sequer deixou sócios responsáveis), a segunda opção será a de uma tutela de equivalência, que ocorrerá quando a anotação for efetuada pelo diretor da Vara ou um outro servidor, cumprindo a determinação do juiz. Nesta última hipótese, a tutela específica não foi alcançada, uma vez que a anotação não saiu das mãos do próprio empregador, mas foi feita pelo Diretor ou servidor, o que produz um resultado prático equivalente ao do adimplemento.

No caso de uma prestação de fazer como a reintegração no emprego, entretanto, tal alternativa secundária por uma tutela de equivalência será mais difícil de ser materializada, considerando a natureza infungível da respectiva prestação no plano material e no âmbito pessoal. Contudo, ainda assim será possível proporcionar uma tutela de equivalência em alguns casos nos quais se torna impossível alcançar uma tutela específica, como na hipótese de uma empresa que despediu ilegalmente um empregado estável e posteriormente foi incorporado a uma outra empresa. A reintegração na antiga empregadora é impossível, pois esta não existe mais. No entanto, com a reintegração do empregado no quadro funcional da empresa sucessora, o resultado final produz efeitos práticos ao menos próximos do adimplemento pelo empregador original. Ou então, no caso de extinção do cargo primitivo do empregado a ser reintegrado, quando o setor no qual antes trabalhava o empregado ilegalmente despedido foi extinto e a sua reintegração tiver que ocorrer em um outro setor e em um novo posto empregatício. Em ambos os casos, a tutela específica não foi possível, mas a reintegração do empregado na empresa sucessora ou no novo cargo em outro setor representa algo que produz um efeito prático final correspondente ao do adimplemento da obrigação de reintegrar pelo empregador primitivo, constituindo uma verdadeira tutela de equivalência.

Em casos de prestações de não fazer infungíveis, por outro lado, a opção secundária pela tutela de equivalência é praticamente impossível. Em regra, apenas o próprio sujeito condenado a cumprir uma prestação de não fazer pode se abster de praticar a conduta indesejada. Somente o empregador pode deixar de praticar atos discriminatórios ou constrangedores contra seus empregados. Unicamente o empregado pode adotar uma conduta omissiva de forma a não praticar atos que geram danos ao seu empregador.

Apenas em casos excepcionalíssimos, quando a prestação de não fazer pressupõe uma prestação de fazer antecedente (e fungível) para alcançar o estado de abstenção, será possível imaginar uma tutela de equivalência. Algo como, numa hipótese de ser condenada a empresa a não poluir o ambiente de trabalho dos seus empregados, o inadimplemento da empresa quanto à prestação for suprida quando o magistrado determinar que um terceiro implante um filtro em um exaustor na empresa de forma a permitir um resultado prático equivalente ao do adimplemento da respectiva obrigação de não fazer.

Para garantir ao órgão jurisdicional maior facilidade na busca pelo cumprimento do dever estatal de, prioritariamente, proporcionar a tutela específica ao jurisdicionado vencedor em casos de tutela inibitória envolvendo prestação de fazer para evitar ilicitudes, o parágrafo único do art. 497 do Novo CPC deixou expressa a desnecessidade de evidenciar a materialização do dano ou a conduta culposa ou dolosa do respectivo destinatário da ordem mandamental de abstenção:

> Parágrafo único. Para a concessão da tutela específica destinada a inibir a prática, a reiteração ou a continuação de um ilícito, ou a sua remoção, é irrelevante a demonstração da ocorrência de dano ou da existência de culpa ou dolo.

Nesse sentido, quando a tutela específica a ser materializada envolve a abstenção de uma conduta de prosseguimento ou de repetição ou de efetiva prática de uma atividade ilícita, inexiste a necessidade de demonstrar que já ocorreu qualquer lesão nem a exigência de comprovar a intenção ou negligência/imprudência do agente cujo comportamento se almeja inibir. Suficiente é o receio de dano decorrente de um comportamento tipificado como ilícito para que o órgão jurisdicional conceda a tutela específica por meio da qual o destinatário da ordem terá que cumprir uma prestação de não fazer, ou seja, abster-se de praticar, prosseguir ou reiterar uma conduta tida como ilícita pelo juízo.

Tal simplicidade na fórmula procedimental para a concessão da tutela específica inibitória envolvendo prestação de fazer, por sua vez, evidentemente se destina a facilitar a atuação do magistrado na busca pela prevenção do dano.

Em havendo uma postulação judicial para que o empregador não prossiga em determinada atividade considerada como nociva à saúde dos seus empregados, destarte, para a concessão de uma tutela inibitória com o objetivo de prevenir a lesão mediante a imposição de uma conduta de abstenção envolvendo um prestação de não fazer, não haverá necessidade de demonstrar a ocorrência de dano ou a existência de culpa ou dolo da entidade patronal. A simples constatação do justificado receio de ocorrência de uma lesão já será suficiente para autorizar ao magistrado a concessão da respectiva tutela específica.

Nada mais adequado, pois, às necessidades de urgência e às peculiaridades próprias do ambiente no qual se desenvolvem as relações laborais.

O artigo subsequente do Novo CPC, por seu turno, disciplina a tutela envolvendo prestação de entregar coisa:

> Art. 498. Na ação que tenha por objeto a entrega de coisa, o juiz, ao conceder a tutela específica, fixará o prazo para o cumprimento da obrigação.
> Parágrafo único. Tratando-se de entrega de coisa determinada pelo gênero e pela quantidade, o autor individualizá-la-á na petição inicial, se lhe couber a escolha, ou, se a escolha couber ao réu, este a entregará individualizada, no prazo fixado pelo juiz.

Mesmo fugindo ao objeto do presente trabalho, por não envolver imediatamente a tutela de prestações de fazer e de não fazer, é oportuno enfatizar a preocupação do legislador, mais uma vez, em estabelecer a prioridade pela concessão da tutela específica, almejando providências tendentes a proporcionar àquele em cujo benefício se estabeleceu a obrigação o preciso resultado prático que seria pelo adimplemento.

O art. 499 do Novo CPC, por outro lado, disciplina exatamente uma das questões essenciais à tutela específica das prestações de fazer e de não fazer, as condições para a conversão de tais prestações em prestações de pagar em pecúnia uma indenização por perdas e danos:

> A obrigação somente será convertida em perdas e danos se o autor o requerer ou se impossível a tutela específica ou a obtenção de tutela pelo resultado prático equivalente.

Seguindo a diretriz já adotada pela CLT no seu texto original de 1943, quanto ao art. 496 consolidado e repetido pela Lei n. 8.952, de 1994, quando da alteração do texto do art. 461 do CPC de 1973, o legislador de 2015 estabeleceu a admissibilidade da conversão em perdas e danos (tutela ressarcitória *stricto sensu*) de uma obrigação de fazer ou de não fazer apenas quando não for possível proporcionar a tutela específica ou, secundariamente, uma tutela de equivalência.

No âmbito das relações de trabalho, portanto, persiste a mesma linha de raciocínio antes destacado: a conversão em uma indenização reparatória de uma obrigação de reintegrar o empregado no emprego somente pode ocorrer quando efetivamente desaconselhável o retorno do obreiro em virtude da incompatibilidade evidenciada entre as partes de um processo judicial, na interpretação de um juiz do trabalho, ou, no caso de uma dispensa discriminatória, pela opção assegurada pelo legislador ao próprio empregado vítima da discriminação nos moldes da Lei n. 9.029, de 1995.

Prossegue prevalecendo no modelo brasileiro de Processo do Trabalho, por conseguinte, a ordem hierárquica preferencial de tutelas na qual há a primazia da busca pela concessão da tutela específica, sendo a segunda opção do órgão jurisdicional a via substitutiva da tutela de equivalência, e, por fim, como terceira e última opção, a tutela ressarcitória em sentido estrito, admissível apenas quando o magistrado entender impossível proporcionar as duas primeiras, ou, no caso específico de uma despedida do empregado motivada por alguma forma de discriminação, quando tal opção for eleita pelo próprio empregado vítima da respectiva conduta abusiva.

O art. 500 do Novo CPC, por outro lado, apresenta o seguinte texto:

> A indenização por perdas e danos dar-se-á sem prejuízo da multa fixada periodicamente para compelir o réu ao cumprimento específico da obrigação.

A respectiva norma, assim, ao admitir a possibilidade de cumulação da reparação por perdas e danos com uma multa cominatória para incentivar o devedor a cumprir a prestação de fazer ou de não fazer, prevê a possibilidade da estipulação de *astreintes*, nos moldes já expressamente previstos no âmbito da CLT para estimular o empregador a cumprir as prestações de fazer ordenadas em decisões mandamentais estabelecendo o período de concessão de férias (art. 139, § 2º) ou a reintegração do empregado (art. 729), seguindo a diretriz antes adotada no CPC de 1973, no § 4º do seu art. 461.

O último dispositivo da Seção IV, o art. 501 do Novo CPC, prevê que, com o trânsito em julgado da sentença que tenha por objeto um conteúdo meramente declaratório envolvendo a emissão de declaração de vontade, serão considerados como produzidos todos os efeitos da declaração não emitida, sendo desnecessária qualquer atividade executiva *a posteriori*:

> Na ação que tenha por objeto a emissão de declaração de vontade, a sentença que julgar procedente o pedido, uma vez transitada em julgado, produzirá todos os efeitos da declaração não emitida.

Os arts. 536 e 537 do Novo CPC formam o conteúdo da Seção I do Capítulo VI do Título II, tratando especificamente do tema objeto do seu título: Cumprimento de Sentença que Reconheça a Exigibilidade de Obrigação de Fazer ou de Não Fazer.

O *caput* do art. 536 disciplina um dos instrumentos processuais de maior relevância na busca pela consecução da tutela específica, as chamadas "medidas necessárias":

> No cumprimento de sentença que reconheça a exigibilidade de obrigação de fazer ou de não fazer, o juiz poderá, de ofício ou a requerimento, para a efetivação da tutela específica ou a obtenção de tutela pelo resultado prático equivalente, determinar as medidas necessárias à satisfação do exequente.

Correspondendo a uma verdadeira cláusula geral, por meio da qual o legislador assegura ao magistrado um poder discricionário de amplo alcance na definição de quais os provimentos adequados para atender às necessidades de concretização da tutela jurisdicional, "as medidas necessárias" podem ser decretadas *ex officio* ou em atendimento a requerimento da parte interessada. Tendo como objetivo final a satisfação do exequente, ou seja, apresentando como escopo oferecer uma tutela jurisdicional efetiva, tais medidas almejam proporcionar preferencialmente a tutela específica e, se esta não for possível, uma tutela de equivalência apta a produzir um resultado prático correspondente ao do adimplemento.

Os parágrafos do mesmo art. 536, por outro lado, apresentam uma disciplina destinada a assegurar o cumprimento de tal objetivo. O § 1º, por exemplo, apresenta uma relação meramente exemplificativa de provimentos que podem ser decretados como medidas necessárias:

> Para atender ao disposto no *caput*, o juiz poderá determinar, entre outras medidas, a imposição de multa, a busca e apreensão, a remoção de pessoas e coisas, o desfazimento de obras e o impedimento de atividade nociva, podendo, caso necessário, requisitar o auxílio de força policial.

Dentro de tal contexto, assim, para assegurar a reintegração no emprego do empregado, a decisão judicial pode fixar, além de uma multa diária em caso de mora no cumprimento da respectiva prestação de fazer, a previsão de uma reintegração *manu militari*, cumprida por oficiais de justiça com reforço policial. Esta última forma de coerção estatal, contudo, não tem tido boa receptividade na experiência brasileira, em virtude das evidentes e inevitáveis consequências negativas (PAMPLONA FILHO e SOUZA, 2013. p. 580).

A criatividade do magistrado na edição de outras medidas além dessas nominadas no § 1º, contudo, encontra limites apenas à luz dos critérios da legalidade e da necessidade de proporcionar uma tutela satisfativa, inexistindo impedimento a provimentos que, mesmo não usuais, conseguem proporcionar o cumprimento da prestação de fazer ou de não fazer sem ultrapassar as linhas da razoabilidade. Quem sabe, por exemplo, uma determinação vedando o funcionamento de um setor da entidade patronal ou proibindo a entrada de diretores nas suas salas na sede da empresa até que efetivada a reintegração do obreiro?

O alcance das "medidas necessárias" é, assim, de limites para além da imaginação ainda tímida de boa parte da magistratura nacional.

E mais: a inércia sem justificativa do devedor, recusando-se sem motivo a cumprir a prestação de fazer (como a de reintegrar o empregado) ou a de não fazer (como a de não transferir o obreiro para outro local de trabalho) pode até acabar com o empregador na cadeia!

Deve ser destacado, nesse sentido, que o § 3º do mesmo art. 536 estipula que o descumprimento injustificado da prestação de fazer ou de não fazer enseja, além da aplicação das sanções próprias da litigância de má-fé, a possível configuração do crime de desobediência, enfatizando a seriedade com a qual o legislador tratou a disciplina legal da matéria:

> O executado incidirá nas penas de litigância de má-fé quando injustificadamente descumprir a ordem judicial, sem prejuízo de sua responsabilização por crime de desobediência.

A previsão explícita de tal possibilidade, antes não prevista no âmbito da CLT e tampouco no art. 461 do CPC de 1973 (em que pese o parágrafo único do seu art. 14, conforme redação da Lei n. 10.358, de 2001, ao tratar da sanção por ato atentatório ao exercício da jurisdição, utilizou a expressão "... sem prejuízo de sanções criminais ..."), é de grande valor simbólico. Representa, assim, um passo em direção à efetiva responsabilidade criminal processual, prevendo de modo expresso a possibilidade de criminalização do ato de descumprir sem justificativa de uma sentença judicial estipulando uma prestação de fazer ou de não fazer.

Os demais parágrafos do art. 536 do Novo CPC, por sua vez, tratam de questões procedimentais secundárias (§§ 2º e 4º) e a aplicabilidade da disciplina do mencionado artigo, no que couber, às decisões que reconhecem deveres de fazer e de não fazer de natureza não obrigacional (§ 5º):

> § 2º O mandado de busca e apreensão de pessoas e coisas será cumprido por 2 (dois) oficiais de justiça, observando-se o disposto no art. 846, §§ 1º a 4º, se houver necessidade de arrombamento.
>
> § 4º No cumprimento de sentença que reconheça a exigibilidade de obrigação de fazer ou de não fazer, aplica-se o art. 525, no que couber.
>
> § 5º O disposto neste artigo aplica-se, no que couber, ao cumprimento de sentença que reconheça deveres de fazer e de não fazer de natureza não obrigacional.

O art. 537, por seu turno, apresenta a disciplina específica envolvendo a aplicação de multas pecuniárias, ou seja, as sanções *astreintes* em casos de prestações de fazer ou de não fazer:

Art. 537. A multa independe de requerimento da parte e poderá ser aplicada na fase de conhecimento, em tutela provisória ou na sentença, ou na fase de execução, desde que seja suficiente e compatível com a obrigação e que se determine prazo razoável para cumprimento do preceito.

§ 1º O juiz poderá, de ofício ou a requerimento, modificar o valor ou a periodicidade da multa vincenda ou excluí-la, caso verifique que:

I – se tornou insuficiente ou excessiva;

II – o obrigado demonstrou cumprimento parcial superveniente da obrigação ou justa causa para o descumprimento.

§ 2º O valor da multa será devido ao exequente.

§ 3º A decisão que fixa a multa é passível de cumprimento provisório, devendo ser depositada em juízo, permitido o levantamento do valor após o trânsito em julgado da sentença favorável à parte ou na pendência do agravo fundado nos incisos II ou III do art. 1.042.

§ 4º A multa será devida desde o dia em que se configurar o descumprimento da decisão e incidirá enquanto não for cumprida a decisão que a tiver cominado.

§ 5º O disposto neste artigo aplica-se, no que couber, ao cumprimento de sentença que reconheça deveres de fazer e de não fazer de natureza não obrigacional.

O exame do respectivo conteúdo normativo, por conseguinte, demonstra a ampla liberdade do magistrado na aplicação de tais penas pecuniárias, seja em casos de tutela provisória ou de cumprimento de sentença e mesmo em processos autônomos de execução, podendo fixar, alterar ou excluir tais sanções de ofício ou mediante provocação da parte interessada, sendo os respectivos valores devidos ao litigante prejudicado pelo descumprimento da respectiva prestação. O órgão jurisdicional também terá liberdade para fixar o *quantum*, o prazo e a periodicidade das sanções, mas sempre em harmonia com a obrigação que se almeja fazer cumprir.

Tal disciplina das *astreintes*, por sua vez, se revela em perfeita sintonia com a disciplina encontrada nos arts. 137 e 729 da CLT, anteriormente examinados, sendo admissível a sua aplicação supletiva para complementar o conteúdo normativo ainda abstrato do diploma trabalhista.

Os últimos dispositivos do Novo CPC a tratarem da tutela específica das prestações de fazer e de não fazer são os seus arts. 814 a 823, que formam as

Seções I a III do Capítulo III do Título II do Livro III da Parte Especial, que apresentam a disciplina da execução das obrigações de fazer e de não fazer.

Como os arts. 536 e 537 do Novo CPC, acima examinados, tratam do cumprimento de sentença que tenham por objeto prestações de fazer e de não fazer, os mesmos se dirigem a uma fase executiva endoprocessual, própria de um processo sincrético (LEITE, 2011, p. 988).

Os arts. 814 a 823 do Novo CPC, por outro lado, se dirigem a processos autônomos de execução não precedidos por uma fase cognitiva de jurisdição. No modelo processual do trabalho, execuções de tal espécie são uma exceção, considerando que o art. 876 da CLT, na redação dada pela Lei n. 9.958, de 2000, limitou os títulos executivos extrajudiciais admissíveis no processo trabalhista aos termos de ajuste de conduta celebrado pelo Ministério Público do Trabalho e os termos de conciliação celebrado perante comissões de conciliação prévia. Eventualmente, para aqueles que admitem tal fórmula alternativa à jurisdição estatal para solucionar conflitos individuais trabalhistas, uma sentença arbitral, tendo por objeto uma prestação de fazer ou de não fazer, seria submetida à respectiva disciplina legal.

O art. 814 do Novo CPC, no seu *caput* e parágrafo único, estabelece que, ao iniciar uma execução fundada em título executivo extrajudicial envolvendo obrigação de fazer ou de não fazer, o magistrado deverá fixar uma sanção pecuniária em caso de mora no adimplemento e definir a data a partir da qual a mesma será devida, podendo reduzir o valor da multa prevista no título na hipótese do respectivo montante ser excessivo:

> Art. 814. Na execução de obrigação de fazer ou de não fazer fundada em título extrajudicial, ao despachar a inicial, o juiz fixará multa por período de atraso no cumprimento da obrigação e a data a partir da qual será devida.
>
> Parágrafo único. Se o valor da multa estiver previsto no título e for excessivo, o juiz poderá reduzi-lo.

Os arts. 815 a 821 do Novo CPC, por outro lado, disciplinam peculiaridades procedimentais afetas à execução de título extrajudicial envolvendo prestação de fazer, inclusive a fórmulas de obter um resultado prático correspondente ao do adimplemento mediante a realização da obrigação por terceiro ou pelo próprio credor:

Art. 815. Quando o objeto da execução for obrigação de fazer, o executado será citado para satisfazê-la no prazo que o juiz lhe designar, se outro não estiver determinado no título executivo.

Art. 816. Se o executado não satisfizer a obrigação no prazo designado, é lícito ao exequente, nos próprios autos do processo, requerer a satisfação da obrigação à custa do executado ou perdas e danos, hipótese em que se converterá em indenização.

Parágrafo único. O valor das perdas e danos será apurado em liquidação, seguindo-se a execução para cobrança de quantia certa.

Art. 817. Se a obrigação puder ser satisfeita por terceiro, é lícito ao juiz autorizar, a requerimento do exequente, que aquele a satisfaça à custa do executado.

Parágrafo único. O exequente adiantará as quantias previstas na proposta que, ouvidas as partes, o juiz houver aprovado.

Art. 818. Realizada a prestação, o juiz ouvirá as partes no prazo de 10 (dez) dias e, não havendo impugnação, considerará satisfeita a obrigação.

Parágrafo único. Caso haja impugnação, o juiz a decidirá.

Art. 819. Se o terceiro contratado não realizar a prestação no prazo ou se o fizer de modo incompleto ou defeituoso, poderá o exequente requerer ao juiz, no prazo de 15 (quinze) dias, que o autorize a concluí-la ou a repará-la à custa do contratante.

Parágrafo único. Ouvido o contratante no prazo de 15 (quinze) dias, o juiz mandará avaliar o custo das despesas necessárias e o condenará a pagá-lo.

Art. 820. Se o exequente quiser executar ou mandar executar, sob sua direção e vigilância, as obras e os trabalhos necessários à realização da prestação, terá preferência, em igualdade de condições de oferta, em relação ao terceiro.

Parágrafo único. O direito de preferência deverá ser exercido no prazo de 5 (cinco) dias, após aprovada a proposta do terceiro.

Art. 821. Na obrigação de fazer, quando se convencionar que o executado a satisfaça pessoalmente, o exequente poderá requerer ao juiz que lhe assine prazo para cumpri-la.

Parágrafo único. Havendo recusa ou mora do executado, sua obrigação pessoal será convertida em perdas e danos, caso em que se observará o procedimento de execução por quantia certa.

E, por fim, os arts. 822 e 823 do Novo CPC disciplinam a execução de título executivo extrajudicial envolvendo obrigação de não fazer, prevendo a possibilidade de proceder ao desfazimento do ato ou à conversão em perdas e danos na hipótese de recusa ou mora do executado:

> Art. 822. Se o executado praticou ato a cuja abstenção estava obrigado por lei ou por contrato, o exequente requererá ao juiz que assine prazo ao executado para desfazê-lo.
>
> Art. 823. Havendo recusa ou mora do executado, o exequente requererá ao juiz que mande desfazer o ato à custa daquele, que responderá por perdas e danos.
>
> Parágrafo único. Não sendo possível desfazer-se o ato, a obrigação resolve-se em perdas e danos, caso em que, após a liquidação, se observará o procedimento de execução por quantia certa.

Em que pese a excepcionalidade do processamento na Justiça do Trabalho de execuções autônomas envolvendo títulos executivos extrajudiciais cujos objetos sejam obrigações de fazer ou de não fazer, a aplicação das regras constantes dos arts. 814 a 823 do Novo CPC se revela plenamente admissível no âmbito do modelo processual do trabalho, em virtude da omissão da legislação especializada e da compatibilidade de tal disciplina com as normas que regem o sistema brasileiro de processo laboral.

6. CONCLUSÕES

O exame dos vários dispositivos do Novo Código de Processo Civil que disciplinam a tutela específica de prestações de fazer e de não fazer, sejam aquelas normas próprias da fase cognitiva originária, sejam aquelas regras típicas da fase de cumprimento de sentença (efetivação endoprocessual ou fase executiva de uma relação processual sincrética) ou de uma execução autônoma de título executivo extrajudicial, revela uma sintonia entre tais diretrizes normativas do processo comum e os (poucos) dispositivos da legislação processual trabalhista consolidada que tratam de idêntica matéria.

Os incisos IX e X do art. 659 da CLT, ao estipularem medidas liminares de cunho satisfativo envolvendo prestações de não fazer (não transferir um empregado) e de fazer (reintegrar um empregado). Os arts. 137 e 729 da CLT, ao estipularem multas *astreintes* como ferramentas para buscar a tutela específica em execuções trabalhistas envolvendo a concessão de férias ou a reintegração no emprego. E o art. 496 consolidado, que autoriza o magistrado a converter em perdas e danos a obrigação de reintegrar quando esta se revela desaconselhável. Todos os dispositivos encontrados na legislação processual trabalhista guardam harmonia com a disciplina consagrada na Lei n. 13.105, de 2015, quanto às fórmulas procedimentais previstas para assegurar a tutela específica das prestações de fazer e de não fazer.

Seja a ordem hierárquica preferencial das tutelas (primeiro a tutela específica, em seguida a tutela de equivalência e como última opção a tutela ressarcitória *stricto sensu*), seja no uso de ferramentas, como as multas diárias e as "medidas necessárias" para promover a entrega da tutela específica, as normas do Novo CPC integram o corpo normativo do modelo processual do trabalho, servindo como fonte subsidiária (preenchendo as lacunas decorrentes das omissões normativas, ontológicas e axiológicas) e fonte supletiva (complementando o sistema processual trabalhista mediante a maior densificação das normas incompletas de tal legislação especializada), de forma a permitir uma melhor atuação jurisdicional dos órgãos da Justiça do Trabalho.

E tal heterointegração, com o uso de institutos oriundos de uma disciplina processual própria das prestações de fazer e de não fazer, é absolutamente imprescindível à consecução da missão de promover, sempre que possível, uma tutela jurisdicional efetiva, entregando ao jurisdicionado vencedor exata e precisamente aquilo que lhe é devido mediante o adimplemento da obrigação correspondente.

Somente assim será possível alcançar o objetivo da plena satisfação do destinatário dos serviços judiciais.

REFERÊNCIAS

CHIOVENDA, Giuseppe. *Instituições do direito processual civil*. Campinas: Bookseller, 1998. v. I.

DINAMARCO, Cândido Rangel. *Instituições de direito processual civil*. São Paulo: Malheiros, 2001. v. I.

GAIO JÚNIOR, Antônio Pereira. *Tutela específica das obrigações de fazer*. Rio de Janeiro: Forense, 2000.

GRINOVER, Ada Pellegrini. Tutela jurisdicional das obrigações de fazer e não fazer. *Revista LTr.* v. 59, n. 8. São Paulo, agosto/1995.

LEITE, Carlos Henrique Bezerra. *Curso de direito processual do trabalho.* 9. ed. São Paulo: LTr, 2011.

PAMPLONA FILHO, Rodolfo; SOUZA, Tércio. *Curso de direito processual do trabalho.* São Paulo: Marcial Pons, 2013.

TALAMINI, Eduardo. *Tutela relativa aos deveres de fazer e de não fazer.* São Paulo: Revista dos Tribunais, 2001.

Os recursos repetitivos no **Novo CPC** e seus reflexos no Processo do Trabalho

Cláudio Mascarenhas Brandão

Ministro do Tribunal Superior do Trabalho. Mestre em Direito pela Universidade Federal da Bahia – UFBA. Membro da Asociación Iberoamericana de Derecho del Trabajo e do Instituto Baiano de Direito do Trabalho. Professor de Direito do Trabalho e Direito Processual do Trabalho da Faculdade Ruy Barbosa. Professor convidado da Escola Judicial do Tribunal Regional do Trabalho da 5ª Região. Professor convidado da Pós-Graduação da Faculdade Baiana de Direito e da Fundação Faculdade de Direito da Bahia.

1. INTRODUÇÃO

Dentre as muitas características que marcam a sociedade atual, notadamente no Brasil, destaca-se o elevado grau de litigiosidade, fenômeno que, há muito, provoca o crescimento exponencial do número de processos que chegam às portas do Poder Judiciário, o que pode ser facilmente comprovado pelos dados anualmente divulgados pelo Conselho Nacional de Justiça, por meio do Programa Justiça em Números, relacionados às demandas que ingressam na primeira instância, as quais se desdobram em recursos interpostos das decisões proferidas e abarrotam os escaninhos – ainda que digitais – dos tribunais de segundo grau e superiores, e justificam a manifestação contida no relatório "Justiça em Números – 2014":

> Tramitaram aproximadamente 95,14 milhões de processos na Justiça, sendo que, dentre eles, 70%, ou seja, 66,8 milhões já estavam pendentes desde o início de 2013, com ingresso no decorrer do ano de 28,3 milhões

de casos novos (30%). É preocupante constatar o progressivo e constante aumento do acervo processual, que tem crescido a cada ano, a um percentual médio de 3,4%. Some-se a isto o aumento gradual dos casos novos, e se tem como resultado que o total de processos em tramitação cresceu, em números absolutos, em quase 12 milhões em relação ao observado em 2009 (variação no quinquênio de 13,9%). Apenas para que se tenha uma dimensão desse incremento de processos, a cifra acrescida no último quinquênio equivale a soma do acervo total existente, no início do ano de 2013, em dois dos três maiores tribunais da Justiça Estadual, quais sejam: TJRJ e TJMG.[1]

Não é objeto do presente trabalho a análise das causas desse fenômeno, mas, entre muitas, pode ser apontada a ocorrência de lesões de massa – compreendidas como as que atingem, de uma só vez, grupos ou coletividade de pessoas –, motivadas pelos mais diversos fatores, a exemplo das que atingem consumidores[2] e trabalhadores[3].

Esse estado de coisas quase caótico, de outro modo, compromete o princípio constitucional que assegura a cada cidadão o direito fundamental à duração razoável do processo (art. 5º, LXXVIII[4]) e contribui para o crescimento do sentimento de injustiça, diante da ausência de solução rápida e efetiva, e de descrença no Judiciário, como Poder do Estado, pela impossibilidade de responder às demandas, além de afetar o modelo de tutela individual, clássica do processo dos séculos XVIII e XIX, como assinala Raimundo Simão de Melo[5]:

---

1   Disponível em: <ftp://ftp.cnj.jus.br/Justica_em_Numeros/relatorio_jn2014.pdf>. Acesso em: 30 maio 2015.
2   Recordem-se as milhares, quiçá milhões, de ações ajuizadas na década de 1990, nas quais foram discutidos percentuais de reajustes das prestações dos contratos de financiamento habitacional atrelados à equivalência salarial.
3   Exemplo típico foram as demandas relacionadas ao direito aos reajustes salariais suprimidos ou alterados pelos Planos Econômicos das décadas de 1980 a 2000.
4   "LXXVIII – a todos, no âmbito judicial e administrativo, são assegurados a razoável duração do processo e os meios que garantam a celeridade de sua tramitação." (Incluído pela Emenda Constitucional n. 45, de 8-12-2004)
5   Raimundo Simão de Melo. *Coletivização das ações individuais no âmbito da Justiça do Trabalho*. Disponível em: <http://www.conjur.com.br/2014-out-03/reflexoes-trabalhistas-coletivizacao-acoes-individuais-ambito-justica-trabalho>. Acesso em: 30 mar. 2015.

As relações interpessoais na sociedade contemporânea se intensificaram e tornaram o tecido social, antes apenas individualista, numa sociedade de massa e os grupos organizados ganharam voz e força. Hoje os movimentos sociais instigam as massas e o vigor de sua coesão, incentivando sua atuação e fortalecimento. Com isso, surgiu a necessidade da tutela coletiva, com instrumentos de defesa dos interesses da coletividade, por meio das ações coletivas.

O fenômeno aludido – da coletivização das ações como modalidade de resposta para as demandas de massa –, segundo abalizada doutrina[6], é criação judicial alemã, nas décadas de 1960, 1970 e 1980, com a adoção do denominado *Musterverfahren*, procedimento-modelo[7], forma de reação ao elevado número de objeções formuladas por pessoas contrárias à construção de centrais nucleares e aeroportos em várias cidades importantes da Alemanha, as quais chegaram a alcançar 100.000 impugnações administrativas, perante a administração pública, e, posteriormente, ao Poder Judiciário.

Ainda segundo Aluísio Gonçalves de Castro Mendes, o Tribunal de 1º Grau de Munique recebeu 5.724 reclamações voltadas contra a obra do aeroporto daquela cidade e adotou o aludido procedimento-modelo, consistente na seleção de trinta casos como amostra representativa, nos quais foram apreciadas as questões jurídicas e fixada a *ratio decidendi*[8], aplicada aos demais processos que se encontravam suspensos.

---

6   A afirmação constou de palestra proferida no TST por Aluísio Gonçalves de Castro Mendes, Desembargador Federal do TRF da 2ª Região, sob o título "Sistema de Solução dos Recursos Repetitivos", durante o simpósio "O Novo CPC e o Processo do Trabalho", organizado pela Escola Nacional de Formação e Aperfeiçoamento de Magistrados – ENAMAT, nos dias 15 e 16 de setembro de 2014.

7   Também chamado de causas-piloto ou processos-teste.

8   Segundo Fredie Didier Jr., Paula Sarno Braga e Rafael Alexandria de Oliveira: "A *ratio decidendi* – ou, para os norte-americanos, a *holding* – são os fundamentos jurídicos que sustentam a decisão; a opção hermenêutica adotada na sentença, sem a qual a decisão não teria sido proferida como foi; trata-se da tese jurídica acolhida pelo órgão julgador no caso concreto. 'A *ratio decidendi* (...) constitui a essência da tese jurídica suficiente para decidir o caso concreto (*rule of law*)'. Ela é composta: (i) da indicação dos fatos relevantes da causa (*statement of material facts*), (ii) do raciocínio lógico-jurídico da decisão (*legal reasoning*) e (iii) do juízo decisório (*judgement*)" (Fredie Didier Jr.; Paula Sarno Braga; Rafael Alexandria de Oliveira. *Curso de direito processual civil*. 9. ed. Salvador: JusPodivm, 2015. p. 406-407).

A iniciativa despertou intenso debate no meio jurídico. De um lado, críticas, sob o fundamento de não haver sido observado o devido processo legal, no julgamento dos demais processos; de outro, elogios, em especial pela criatividade, capaz de solucionar o problema, sem o risco de decisões contraditórias.

Em 1980, a Corte Constitucional Alemã pronunciou-se no sentido da constitucionalidade do procedimento da escolha dos casos e de suspensão dos demais processos. Finalmente, em 1991, o legislador chancelou-o, para a justiça administrativa, em 2005, regulamentou-o no âmbito do mercado mobiliário[9] e, em 2008, para toda a Justiça Social, responsável pelos casos de previdência social na Alemanha[10].

No Brasil, procedimento semelhante teve lugar com a repercussão geral, introduzida pela Emenda Constitucional n. 45/2004, que acrescentou o § 3º ao art. 102 da Constituição, e, posteriormente, por meio da Lei n. 11.418/2006, que introduziu o art. 543-B no CPC, em cujo § 1º é prevista a possibilidade de o Tribunal de origem selecionar, para remessa ao Supremo Tribunal Federal, um ou mais recursos representativos, quando houver multiplicidade deles com fundamento em idêntica controvérsia[11], o que foi regulamentado pela Emenda Regimental n. 21, de 3-5-2007, e pela Portaria n. 138, de 23-7-2009, ambas do STF.

Posteriormente, também no âmbito do Superior Tribunal de Justiça e em outra reforma pela qual passou o CPC, neste caso por intermédio da Lei n. 11.672/2008, o procedimento passou a fazer parte do julgamento dos

---

9   Lei de Introdução do Procedimento-Modelo para os investidores em mercados de capitais (*Gesetz zur Einführung von Kapitalanleger-Musterverfahren*, abreviada para KapMuG).
10 Informações extraídas da palestra mencionada acima.
11 "Art. 543-B. Quando houver multiplicidade de recursos com fundamento em idêntica controvérsia, a análise da repercussão geral será processada nos termos do Regimento Interno do Supremo Tribunal Federal, observado o disposto neste artigo. (Incluído pela Lei n. 11.418, de 2006)
    § 1º Caberá ao Tribunal de origem selecionar um ou mais recursos representativos da controvérsia e encaminhá-los ao Supremo Tribunal Federal, sobrestando os demais até o pronunciamento definitivo da Corte". (Incluído pela Lei n. 11.418, de 2006)

recursos especiais, em face da alteração do art. 543-C[12], objeto de regulamentação por meio das Resoluções n. 8, de 7-8-2008, do STJ e n. 160, de

---

12 "Art. 543-C. Quando houver multiplicidade de recursos com fundamento em idêntica questão de direito, o recurso especial será processado nos termos deste artigo. (Incluído pela Lei n. 11.672, de 2008)
§ 1º Caberá ao presidente do tribunal de origem admitir um ou mais recursos representativos da controvérsia, os quais serão encaminhados ao Superior Tribunal de Justiça, ficando suspensos os demais recursos especiais até o pronunciamento definitivo do Superior Tribunal de Justiça. (Incluído pela Lei n. 11.672, de 2008)
§ 2º Não adotada a providência descrita no § 1º deste artigo, o relator no Superior Tribunal de Justiça, ao identificar que sobre a controvérsia já existe jurisprudência dominante ou que a matéria já está afeta ao colegiado, poderá determinar a suspensão, nos tribunais de segunda instância, dos recursos nos quais a controvérsia esteja estabelecida. (Incluído pela Lei n. 11.672, de 2008)
§ 3º O relator poderá solicitar informações, a serem prestadas no prazo de quinze dias, aos tribunais federais ou estaduais a respeito da controvérsia. (Incluído pela Lei n. 11.672, de 2008)
§ 4º O relator, conforme dispuser o regimento interno do Superior Tribunal de Justiça e considerando a relevância da matéria, poderá admitir manifestação de pessoas, órgãos ou entidades com interesse na controvérsia. (Incluído pela Lei n. 11.672, de 2008)
§ 5º Recebidas as informações e, se for o caso, após cumprido o disposto no § 4º deste artigo, terá vista o Ministério Público pelo prazo de quinze dias. (Incluída pela Lei n. 11.672, de 2008)
§ 6º Transcorrido o prazo para o Ministério Público e remetida cópia do relatório aos demais Ministros, o processo será incluído em pauta na seção ou na Corte Especial, devendo ser julgado com preferência sobre os demais feitos, ressalvados os que envolvam réu preso e os pedidos de *habeas corpus*. (Incluído pela Lei n. 11.672, de 2008)
§ 7º Publicado o acórdão do Superior Tribunal de Justiça, os recursos especiais sobrestados na origem: (Incluído pela Lei n. 11.672, de 2008).
I – terão seguimento denegado na hipótese de o acórdão recorrido coincidir com a orientação do Superior Tribunal de Justiça; ou (Incluído pela Lei n. 11.672, de 2008)
II – serão novamente examinados pelo tribunal de origem na hipótese de o acórdão recorrido divergir da orientação do Superior Tribunal de Justiça. (Incluído pela Lei n. 11.672, de 2008)
§ 8º Na hipótese prevista no inciso II do § 7º deste artigo, mantida a decisão divergente pelo tribunal de origem, far-se-á o exame de admissibilidade do recurso especial. (Incluído pela Lei n. 11.672, de 2008)
§ 9º O Superior Tribunal de Justiça e os tribunais de segunda instância regulamentarão, no âmbito de suas competências, os procedimentos relativos ao processamento e julgamento do recurso especial nos casos previstos neste artigo." (Incluído pela Lei n. 11.672, de 2008)

19-12-2012, do CNJ, esta última sobre a organização do Núcleo de Repercussão Geral e Recursos Repetitivos, não apenas nesse Tribunal, como também nos demais Tribunais Superiores, Tribunais de Justiça dos Estados e do Distrito Federal e nos Tribunais Regionais Federais.

Em 2014, mais uma iniciativa na direção do conhecido sistema do *common law*. Foi editada a Lei n. 13.015/2014 que, além de antecipar algumas das novidades contempladas no Novo CPC[13], introduziu-o de modo pioneiro e definitivo na Justiça do Trabalho e certamente inspirada na ideia de criar solução de massa para as demandas igualmente de massa, marca da sociedade brasileira, como assinalado.

A análise comparativa dos reflexos produzidos pelo Novo CPC no processamento dos Recursos de Revista repetitivos permite concluir, inicialmente, que muito pouco consistirá verdadeiramente novidade e por vários motivos.

O primeiro deles é a inspiração comum de ambos: introdução de forma plena, no sistema jurídico brasileiro, da teoria dos precedentes judiciais e a sua força obrigatória.

O segundo são os princípios igualmente semelhantes que orientaram o legislador. Procura-se alcançar a segurança jurídica; a igualdade entre os cidadãos; a previsibilidade e coerência na atuação do Poder Judiciário, como consequência da interpretação idêntica para a mesma regra jurídica; o respeito à hierarquia, diante da tese jurídica fixada pelos Tribunais Superiores; a economia processual e a maior eficiência, neste caso, em face da possibilidade de julgamento de grande número de processos.

O terceiro diz respeito à grande semelhança de conteúdo entre os dois diplomas legais, observadas algumas singularidades da lei processual trabalhista.

Quarto, o fato de haver sido editado o Ato n. 491/2014 que, a título de regulamentar, em linhas gerais, o novo procedimento, complementou-o com disposições contidas no Novo CPC, cuja vigência transportará para o plano da lei as regras que, de forma antecedente, foram originadas de ato interno do Tribunal Superior do Trabalho.

---

[13]   Lei n. 13.105, de 16 de março de 2015.

Portanto, no presente trabalho, não se fará a análise da Lei n. 13.015/2014, objeto, aliás, de obra anteriormente publicada[14]. Optou-se pela apreciação dos dispositivos do Novo CPC que afetam o procedimento trabalhista ou com ele são incompatíveis, de maneira a aferir o grau de interseção da sistemática adotada nos dois diplomas normativos.

2. APLICAÇÃO SUPLETIVA DO CPC

> Art. 15. Na ausência de normas que regulem processos eleitorais, trabalhistas ou administrativos, as disposições deste Código lhes serão aplicadas supletiva e subsidiariamente.

Esse é um dos dispositivos do NCPC que mais debates tem suscitado na seara trabalhista entre magistrados e doutrinadores e, em torno dele, diversas teses têm ocupado lugar de destaque em palestras, artigos e livros que analisam o tema.

Cite-se, a respeito, a lição de Edilton Meireles, para quem não há como serem estudadas as regras de competência, legitimidade, capacidade, invalidade processual, procedimento, jurisdição, ação, relação jurídica processual, provas, impugnações, dentre outros institutos no Processo do Trabalho, de maneira diversa do que se faz no Processo Civil e, especificamente quanto ao dispositivo em foco, após afirmar ser a subsidiariedade caracterizada pela possibilidade de aplicação de normas provenientes de outras fontes, diante da ausência plena de dispositivo específico capaz de solucionar o impasse, ou lacuna absoluta, afirma, quanto ao caráter supletivo, também previsto no dispositivo citado:

> Para fins de direito processual, no entanto, essa definição não se adequa aos fins previstos no art. 15 do Novo CPC. Daí porque se pode ter que a regra supletiva processual é aquela que visa a complementar uma regra principal (a regra mais especial incompleta). Aqui não se estará diante de uma lacuna absoluta do complexo normativo. Ao contrário, estar-se-á diante da presença de uma regra, contida num determinado subsistema normativo, regulando determinada situação/instituto, mas

---

14 Cláudio Brandão. *Reforma do sistema recursal trabalhista:* comentários à Lei n. 13.015/2014. São Paulo: LTr, 2015.

cuja disciplina não se revela completa, atraindo, assim, a aplicação supletiva de outras normas[15].

Pensadores como Sérgio Torres[16] apontam que o comando da incidência de normas alienígenas será traçado a partir do art. 769 da CLT, no sentido da observância dos princípios e limites específicos do Processo do Trabalho.

Há muito, Luciano Athayde Chaves assinalava a importância do diálogo das fontes próprias do Processo do Trabalho com as provenientes do Processo Civil, em busca da maior efetividade e alcance dos seus objetivos. Para ele, a omissão mencionada no art. 769 da CLT deve ser interpretada à luz das modernas teorias das lacunas, de modo a preservar a efetividade do Direito Processual do Trabalho e permitir a sua revitalização, a partir do influxo de novos valores, princípios, técnicas, institutos e ferramentas que lhe conservem a celeridade e viabilizem o atingimento dos seus objetivos[17].

Esse pensamento é compartilhado por Carolina Tupinambá, que sintetiza:

> Com frequência, os termos "aplicação supletiva" e "aplicação subsidiária" têm sido usados como sinônimos, quando, na verdade, não o são. Aplicação subsidiária significa a integração da legislação subsidiária na legislação principal, de modo a preencher as lacunas da lei principal, enquanto a aplicação supletiva remete à complementação de uma lei por outra.
>
> A integração do Direito a serviço do preenchimento de lacunas do ordenamento poderá neutralizar (i) lacunas normativas, quando ausente norma para subsunção ao caso concreto; (ii) lacunas ontológicas, em casos de existência de lei envelhecida e incompatível com a realidade e respectivos valores sociais, políticos e econômicos; e (iii) lacunas axiológica, se a aplicação da lei existente revelar-se manifestamente injusta para solução do caso.

---

15 Edilton Meireles. *O Novo CPC e sua aplicação supletiva e subsidiária no processo do trabalho*. No prelo.

16 Desembargador do Trabalho do TRT de Pernambuco, Professor e Doutor em Direito, em aula proferida para servidores do meu Gabinete sobre Tutela Antecipada.

17 Luciano Athayde Chaves. Interpretação, aplicação e integração do direito processual do trabalho. In: Luciano Athayde Chaves (org.). *Curso de direito processual do trabalho*. 2. ed. São Paulo: LTr, 2012. p. 69.

A aplicação supletiva e subsidiária determinada pelo artigo 15, portanto, atendidos os *standarts* acima contextualizados, importa admitir, em prol da efetividade como fim unitário do direito processual, que a regulamentação do Novo CPC colmatará lacunas normativas, ontológicas e axiológicas das demais legislações especiais de índole processual, as quais não se acomodarão com interpretações isoladas ou apegadas à eventual reputação de autonomia de seus respectivos ramos de processo. Doravante, a partir da literalidade do art. 15 do Código, a construção de soluções de aparentes antinomias do ordenamento do direito processual como um todo não se desvendará exclusivamente pelo critério de especialidade.

A partir do art. 15 do Novo Código de Processo Civil, inaugura-se diálogo sistemático de complementariedade e subsidiariedade de antinomias aparentes ou reais, permitindo-se, ainda, o reconhecimento de uma relação complementar entre leis integrantes de microssistemas supostamente conflitantes. Exsurge, portanto, dinâmica de coordenação entre as leis, culminando até mesmo na possibilidade de aproveitamento recíproco de disposições[18].

Com maior ou menor amplitude, porém, não há como se negar que o cenário é novo, ou seja, a linha evolutiva traçada, há algum tempo, pela doutrina especializada trabalhista[19] foi encampada pelo legislador, e o julgador, doravante, dispõe de um rico arsenal normativo do qual pode se valer para tornar efetivo o Processo do Trabalho, observado o alerta feito por Edilton Meireles:

> Contudo, duas ressalvas devem ser postas de modo a não incidir a regra supletiva mesmo quando diante de uma suposta omissão. Primeiro porque, da norma mais especial se pode extrair a impossibilidade de

---

18 Carolina Tupinambá. *A aplicação do CPC ao processo do trabalho*. No prelo.
19 Enunciado n. 66 aprovado na Primeira Jornada de Direito Material e Processual do Trabalho: "APLICAÇÃO SUBSIDIÁRIA DE NORMAS DO PROCESSO COMUM AO PROCESSO TRABALHISTA. OMISSÕES ONTOLÓGICA E AXIOLÓGICA. ADMISSIBILIDADE. Diante do atual estágio de desenvolvimento do processo comum e da necessidade de se conferir aplicabilidade à garantia constitucional da duração razoável do processo, os artigos 769 e 889 da CLT comportam interpretação conforme a Constituição Federal, permitindo a aplicação de normas processuais mais adequadas à efetivação do direito. Aplicação dos princípios da instrumentalidade, efetividade e não retrocesso social".

aplicação da regra supletiva dada a própria disciplina da matéria. Tal ocorre quando a legislação mais especial esgota a matéria, não deixando margem para aplicação supletiva.

[...]

A segunda ressalva a ser destacada é quando estamos de uma omissão que configura o silêncio eloquente. Silêncio eloquente é aquela situação na qual "a hipótese contemplada é a única a que se aplica o preceito legal, não se admitindo, portanto, aí o emprego da analogia" (STF, in RE 0130.552-5, ac. 1ª. T., Rel. Min. Moreira Alves, in LTr 55-12/1.442) ou de qualquer regra supletiva ou subsidiária[20].

3. FORMAÇÃO DO PRECEDENTE – UNIDADE SISTÊMICA: RACIONALIDADE DO SISTEMA E REGRAS GERAIS

Como afirmei em outra oportunidade, importante ponto a ser considerado na compreensão da reforma recursal diz respeito ao que se pode denominar *Unidade Sistêmica*, introduzida na Lei n. 13.015/2014 e relacionada à imprescindibilidade de fixação de *tese jurídica prevalecente* nos tribunais sobre uma mesma questão jurídica. A partir da análise dos novos incidentes processuais por ela criados, ou dos antigos que foram alterados, pode-se concluir que, uma vez provocado, caberá ao tribunal eliminar a diversidade de interpretações possíveis em torno da questão jurídica posta ao seu exame e fixar uma única, a qual se imporá, de modo obrigatório, nos planos *horizontal* (internamente ao tribunal) e *vertical* (instâncias inferiores).

Tal assertiva é comprovada a partir do exame do sistema concentrado de formação de precedentes por ela concebido, o que nada mais é do que a antecipação do previsto no Novo CPC.

Leonardo Carneiro da Cunha e Fredie Didier Jr., ao dissertarem sobre o incidente de assunção de competência e nele identificarem pontos de contato com o julgamento de recursos repetitivos, assinalam comporem, ambos, o *microssistema de formação concentrada de precedentes obrigatórios*:

> Há uma unidade e coerência sistêmicas entre o incidente de assunção de competência e o julgamento de casos repetitivos, cumprindo lembrar

---

20   Edilton Meireles. Obra citada.

que o termo "julgamento de casos repetitivos" abrange a decisão proferida em incidente de resolução de demandas repetitivas e em recursos repetitivos (Novo CPC, art. 928).

Em outras palavras, existe um *microssistema de formação concentrada de precedentes obrigatórios*, formado pelo incidente de assunção de competência e pelo julgamento de casos repetitivos. Suas respectivas normas intercomunicam-se e formam um microssistema, garantindo, assim, unidade e coerência. Para que se formem precedentes obrigatórios, devem ser aplicadas as normas que compõem esse microssistema, tal como se passa a demonstrar nos subitens a seguir destacados.

O incidente de assunção de competência não pertence ao microssistema de gestão e julgamento de casos repetitivos (Novo CPC, art. 928). A informação é relevante. O julgamento de casos repetitivos é gênero de incidentes que possuem natureza híbrida: servem para gerir e julgar casos repetitivos e, também, para formar precedentes obrigatórios. Por isso, esses incidentes pertencem a dois microssistemas: o de gestão e julgamento de casos repetitivos e o de formação concentrada de precedentes obrigatórios; o incidente de assunção de competência pertence apenas ao último desses microssistemas. Por isso, apenas as normas que dizem respeito à função de formação e aplicação de precedentes obrigatórios devem aplicar-se ao incidente de assunção de competência; as normas relativas à gestão e julgamento de casos repetitivos (como a paralisação de processos a espera da decisão paradigma) não se lhe aplicam[21].

Portanto, vários são os aspectos semelhantes dos diversos incidentes processuais criados no NCPC, embora a análise se limite ao julgamento de recursos de revista repetitivos.

Embora seja inteiramente desnecessário, mostra-se prudente enfatizar que não se trata de um novo recurso, mas de incidente processual relativo à tramitação e julgamento do recurso de revista, com a peculiaridade de serem idênticas as questões nele veiculadas, que se repetem em diversos outros e autoriza a tramitação sob rito especial.

Em outro texto, Fredie Didier Jr. e Lucas Buril de Macêdo sinalizam para a alteração da concepção do julgamento sob a sistemática procedi-

---

[21] Leonardo Carneiro da Cunha; Fredie Didier Jr. *Incidente de assunção de competência e o processo do trabalho*. No prelo.

mental referida, ao destacarem o objetivo de definição da tese jurídica a ser adotada para julgá-los:

> Não se decidem, apenas, os casos concretos trazidos ao Tribunal Superior do Trabalho, mas sim as questões jurídicas versadas em grande número de recursos de revista, repetitivamente. Há, em outras palavras, um procedimento que tem por principal objetivo a geração de um precedente, isto é, o que é efetivamente decidido no procedimento para julgamento de recursos repetitivos não são os casos em si, mas a tese que deve ser utilizada para julgá-los. Trata-se, portanto, de um *processo voltado à facilitação da decisão de um grupo de casos*[22].
> (grifos do autor)

A coerência e a força normativa do precedente judicial, se dúvidas pudessem haver, foram expressamente previstas no art. 926 do NCPC, que não apenas afirmou o dever de os tribunais uniformizarem a sua jurisprudência, à semelhança do que ocorre com o art. 896, § 3º, da CLT[23], como o ampliou para que seja mantida "estável, íntegra e coerente":

> Art. 926. Os tribunais devem uniformizar sua jurisprudência e mantê-la estável, íntegra e coerente.
>
> § 1º Na forma estabelecida e segundo os pressupostos fixados no regimento interno, os tribunais editarão enunciados de súmula correspondentes a sua jurisprudência dominante.
>
> § 2º Ao editar enunciados de súmula, os tribunais devem ater-se às circunstâncias fáticas dos precedentes que motivaram sua criação.

Tais predicados possuem relação intrínseca com a garantia de isonomia na criação e interpretação dos precedentes. O primeiro, a *estabilidade*, diz respeito à necessidade de sua fiel observância, a fim de que sejam evitadas

---

22 Fredie Didier Jr.; Lucas Buril de Macêdo. Reforma no processo trabalhista brasileiro em direção aos precedentes obrigatórios: a Lei n. 13.015/2014. *Revista do Tribunal Superior do Trabalho*. v. 21, n. 1. Rio de Janeiro: Imprensa Nacional, 2015, p. 153-154.

23 "§ 3º Os Tribunais Regionais do Trabalho procederão, obrigatoriamente, à uniformização de sua jurisprudência e aplicarão, nas causas da competência da Justiça do Trabalho, no que couber, o incidente de uniformização de jurisprudência previsto nos termos do Capítulo I do Título IX do Livro I da Lei n. 5.869, de 11 de janeiro de 1973 (Código de Processo Civil)".

mudanças ocasionais de posicionamentos ou julgados que destoem do entendimento hegemônico, a exemplo do que se denomina, pejorativamente, no jargão forense, de "jurisprudência de verão", ou ocasional. A *integridade*, por sua vez, se relaciona com a preservação, na sua inteireza, da *ratio decidendi* neles contida; finalmente, a *coerência* toca à interpretação de temas conexos, pois, conquanto não decorram diretamente do que já foi decidido, devem guardar correspondência com os precedentes editados e seguir a mesma linha decisória neles adotada.

> Art. 927. Os juízes e os tribunais observarão:
>
> I – as decisões do Supremo Tribunal Federal em controle concentrado de constitucionalidade;
>
> II – os enunciados de súmula vinculante;
>
> III – os acórdãos em incidente de assunção de competência ou de resolução de demandas repetitivas e em julgamento de recursos extraordinário e especial repetitivos;
>
> IV – os enunciados das súmulas do Supremo Tribunal Federal em matéria constitucional e do Superior Tribunal de Justiça em matéria infraconstitucional;
>
> V – a orientação do plenário ou do órgão especial aos quais estiverem vinculados.
>
> § 1º Os juízes e os tribunais observarão o disposto no art. 10 e no art. 489, § 1º, quando decidirem com fundamento neste artigo.
>
> § 2º A alteração de tese jurídica adotada em enunciado de súmula ou em julgamento de casos repetitivos poderá ser precedida de audiências públicas e da participação de pessoas, órgãos ou entidades que possam contribuir para a rediscussão da tese.
>
> § 3º Na hipótese de alteração de jurisprudência dominante do Supremo Tribunal Federal e dos tribunais superiores ou daquela oriunda de julgamento de casos repetitivos, pode haver modulação dos efeitos da alteração no interesse social e no da segurança jurídica.
>
> § 4º A modificação de enunciado de súmula, de jurisprudência pacificada ou de tese adotada em julgamento de casos repetitivos observará a necessidade de fundamentação adequada e específica, considerando os princípios da segurança jurídica, da proteção da confiança e da isonomia.
>
> (...)

No art. 927, a unidade do sistema é reafirmada, ao prever a necessidade de serem observados os precedentes firmados pelo Supremo Tribunal

Federal e pelos Tribunais Superiores. Observe-se a referência expressa no inciso III aos acórdãos proferidos no julgamento de recursos especiais repetitivos, o que pode ser lido como recursos de revista repetitivos, diante da equivalência havida entre o Superior Tribunal de Justiça, que aprecia os primeiros, e o Tribunal Superior do Trabalho, que julga os últimos, com a peculiaridade de também examinar matéria constitucional.

Por aperfeiçoarem a regra contida na CLT, aplicam-se também ao Processo do Trabalho, como mandamento de otimização dirigido aos tribunais, no sentido de traçar uma linha de coerência com as teses fixadas e os julgamentos que se lhe seguirem.

De logo, destaco a regra prevista no § 1º do art. 489, mencionada no § 1º do citado art. 927, também dirigida aos tribunais. Tal como o art. 15, tem sido alvo de acirradas críticas, que chegam até mesmo a proclamar a sua inconstitucionalidade.

> § 1º Não se considera fundamentada qualquer decisão judicial, seja ela interlocutória, sentença ou acórdão, que:
>
> I – se limitar à indicação, à reprodução ou à paráfrase de ato normativo, sem explicar sua relação com a causa ou a questão decidida;
>
> II – empregar conceitos jurídicos indeterminados, sem explicar o motivo concreto de sua incidência no caso;
>
> III – invocar motivos que se prestariam a justificar qualquer outra decisão;
>
> IV – não enfrentar todos os argumentos deduzidos no processo capazes de, em tese, infirmar a conclusão adotada pelo julgador;
>
> V – se limitar a invocar precedente ou enunciado de súmula, sem identificar seus fundamentos determinantes nem demonstrar que o caso sob julgamento se ajusta àqueles fundamentos;
>
> VI – deixar de seguir enunciado de súmula, jurisprudência ou precedente invocado pela parte, sem demonstrar a existência de distinção no caso em julgamento ou a superação do entendimento.

Sinceramente, tenho outra opinião.

Em primeiro lugar, não vislumbro inconstitucionalidade no dispositivo em foco. Isso porque não indica ao magistrado como fundamentar a sua decisão, nem tolhe ou cerceia o exercício da função jurisdicional, especificamente quanto ao ato de julgar. Apenas indica o que não constitui fundamento de decisão judicial ou, em outras palavras, relaciona defeitos de natureza grave nela contidos, capazes de levar à sua nulidade.

A ausência de fundamentação, muito mais do que simples nulidade, constitui violação de expresso direito fundamental contido no art. 93, IX, da Constituição[24], pois todo cidadão tem o direito inalienável de saber qual foi a motivação adotada pelo julgador para condená-lo, para lhe impor o cumprimento de determinada prestação contida na decisão.

E a pergunta que deve ser feita é: o que verdadeiramente significa fundamentar uma decisão? A resposta não pode ser outra: fundamentar é indicar como, a partir dos elementos contidos no processo, o julgador, singular ou colegiado, chegou a determinada conclusão em detrimento de outras possíveis, com amparo no sistema jurídico; significa dizer ao cidadão quais foram os motivos, contidos nos autos e amparados no sistema jurídico, que levaram o Estado-juiz a pronunciar determinada solução da controvérsia posta à sua apreciação, em função de regras previamente estabelecidas, sejam de direito material, sejam de direito processual.

Fundamentar não é construir decisão de forma vaga e imprecisa de tal modo que não explique onde, nos autos, se encontra a conclusão; não é, por exemplo, o emprego de textos genéricos nos quais a simples inserção da negativa conduziria a solução distinta, tais como: "a prova dos autos permite concluir que o autor tem razão" ou, em sentido contrário, "a prova dos autos permite concluir que o autor não tem razão". Nas duas situações não há fundamento; *são decisões inconstitucionais.*

E o que indicam os incisos do questionado parágrafo? Informam que não é fundamento e que, portanto, atingem a Constituição:

a) decisão genérica, construída ou não sob a forma de paráfrase de lei ou qualquer outro ato normativo (inciso I), de enunciado de súmula de

---

24 "IX – todos os julgamentos dos órgãos do Poder Judiciário serão públicos, e fundamentadas todas as decisões, sob pena de nulidade, podendo a lei limitar a presença, em determinados atos, às próprias partes e a seus advogados, ou somente a estes, em casos nos quais a preservação do direito à intimidade do interessado no sigilo não prejudique o interesse público à informação;" (Redação dada pela Emenda Constitucional n. 45, de 2004).

jurisprudência de tribunal superior (inciso V) ou mediante a utilização de motivação aplicável em qualquer caso (inciso III). Decisão, portanto, aplicável a qualquer caso porque não aprecia os elementos efetivos da controvérsia, mas construída a partir de fórmulas preconcebidas e se limita a dizer com outras palavras o que está dito no texto normativo que, supostamente, se aplicaria ao caso;

b) decisão que se vale de conceitos jurídicos indeterminados sem promover a necessária e imprescindível adequação ao caso concreto (inciso II), como ocorre, por exemplo, com a utilização dos princípios da razoabilidade e proporcionalidade, sem indicar por que é razoável e por que é proporcional a solução adotada, a alternativa escolhida. Neste caso, é aquela que se resume a repetir o conceito sem particularizar a sua incidência no caso concreto;

c) decisão que não analisa todos os argumentos relevantes da causa, capazes de conduzir a solução diversa (inciso IV). A respeito desse inciso, aliás, tem-se dito que, a partir dele, o julgador estará obrigado a analisar, um a um, os argumentos contidos na petição inicial e na defesa, tal qual um autômato, olvidando, quem assim pensa, que menciona "argumentos deduzidos no processo capazes de, em tese, infirmar a conclusão adotada pelo julgador". Não são, portanto, todos, mas aqueles que, se fossem acolhidos, possibilitariam solução distinta, ou seja, *argumentos relevantes* e, nesse aspecto, nada há de novo.

Não houve inovação significativa na forma de apreciação da prova pelo julgador, quando comparada à atual redação do art. 131 do CPC/73[25] com a do art. 371 do NCPC[26]. Neste último, menciona-se que o julgador, ao fazê-lo – no seu conjunto ("apreciará a prova constante dos autos") –, deverá indicar "as razões da formação do seu convencimento" e, naquele,

---

25 "Art. 131. O juiz apreciará livremente a prova, atendendo aos fatos e circunstâncias constantes dos autos, ainda que não alegados pelas partes; mas deverá indicar, na sentença, os motivos que lhe formaram o convencimento." (Redação dada pela Lei n. 5.925, de 1973)

26 "Art. 371. O juiz apreciará a prova constante dos autos, independentemente do sujeito que a tiver promovido, e indicará na decisão as razões da formação de seu convencimento."

embora houvesse referência à apreciação livre da prova produzida nos autos, também se diz que lhe incumbe "indicar, na sentença, os motivos que lhe formaram o convencimento". Em ambos os casos se mantém a prerrogativa do julgador quanto à interpretação dos fatos e aplicação da norma, a sua autonomia e liberdade de *valoração da prova*, de lhe atribuir o significado que os autos permitem e igualmente em ambos se identifica o dever de apontar a motivação.

Evidentemente, também é necessário que os argumentos das partes sejam coerentes entre si e guardem pertinência com a questão jurídica controvertida. Argumentação irrelevante, ainda que faça parte da defesa ou da petição inicial, carecerá de exame, pois não será capaz de alterar a decisão; se o for, a obrigação de hoje será a de amanhã: apreciá-la e nisso não há nada de novo, repita-se.

Uma palavra também deve ser dirigida aos argumentos genéricos formulados pelas partes, lançados sem qualquer correlação com o tema controvertido. Em quase todos os recursos de revista interpostos, consta preliminar de nulidade por negativa de prestação jurisdicional, sem que seja indicado, de modo preciso, o defeito contido na decisão, como também faz parte dos agravos de instrumento a alegação de usurpação de competência por parte do Presidente do TRT, ao negar seguimento ao recurso de revista. Evidente que, para tais afirmações, a resposta deve ser prestada de maneira idêntica;

d) decisão que deixar de observar a força obrigatória do precedente judicial, sem apontar as razões da distinção ou da superação, elementos comuns à teoria consagrada, de modo expresso, desde a Lei n. 13.015/2014, e que constitui a grande inovação do dispositivo: impor ao magistrado o dever de apontar as razões com base nas quais o caso por ele examinado não se enquadra no precedente sobre o tema expedido pelo tribunal e a este último indicar os fundamentos que evidenciam a superação do precedente, técnicas próprias do sistema de precedentes judiciais. Portanto, a novidade do NCPC faz parte do Processo do Trabalho desde setembro de 2014.

Retornando ao art. 927, a realização de audiências públicas na fase de revisão do precedente judicial (§ 2º) é prevista no Processo do Trabalho desde a etapa inicial de formação (art. 16 do Ato n. 491/2014)[27]. Constitui mais um exemplo da proximidade dos dois diplomas normativos e, por dedução lógica, faz com que também possa ser aplicado na seara laboral, diante de, na essência, ser o mesmo sistema de composição do precedente. Significa dizer que, em sendo adotado o procedimento, o Ministro Relator, no TST, ao se deparar com a possibilidade de superação do precedente, pela modificação dos fatos que o originaram, pode realizar audiências públicas e permitir o ingresso de *amici curiae*.

Saliente-se, nesse aspecto, que a adoção dessa regra provocará impacto no Regimento Interno do TST, especificamente nos arts. 156 e 157, que disciplinam o procedimento de revisão de suas súmulas, orientações jurisprudenciais e precedentes normativos[28].

---

27 "Art. 16. Para instruir o procedimento, pode o Relator fixar data para, em audiência pública, ouvir depoimentos de pessoas com experiência e conhecimento na matéria."

28 "Art. 156. O incidente de uniformização reger-se-á pelos preceitos dos arts. 476 a 479 do Código de Processo Civil.

§ 1º O incidente será suscitado quando a Seção Especializada constatar que a decisão se inclina contrariamente a reiteradas decisões dos órgãos fracionários sobre interpretação de regra jurídica, não necessariamente sobre matéria de mérito.

§ 2º O incidente somente poderá ser suscitado por Ministro ao proferir seu voto perante a Seção Especializada, pela parte, ou pelo Ministério Público do Trabalho, pressupondo, nos dois últimos casos, divergência jurisprudencial já configurada.

§ 3º A petição da parte e do Ministério Público, devidamente fundamentada, poderá ser apresentada até o momento da sustentação oral, competindo à Seção Especializada apreciar preliminarmente o requerimento.

§ 4º Verificando a Seção Especializada que a maioria conclui contrariamente a decisões reiteradas de órgãos fracionários sobre tema relevante de natureza material ou processual, deixará de proclamar o resultado e suscitará o incidente de uniformização de jurisprudência ao Tribunal Pleno. A decisão constará de simples certidão.

§ 5º A determinação de remessa ao Tribunal Pleno é irrecorrível, assegurada às partes a faculdade de sustentação oral por ocasião do julgamento.

§ 6º Será Relator no Tribunal Pleno, o Ministro originariamente sorteado para relatar o feito em que se verifica o incidente de uniformização; se vencido, o Ministro que primeiro proferiu o voto prevalecente. Caso o Relator originário não componha o Tribunal Pleno, o feito será distribuído a um dos membros deste Colegiado.

§ 7º Os autos serão remetidos à Comissão de Jurisprudência para emissão de parecer e apresentação da proposta relativa ao conteúdo e redação da Súmula ou do Precedente Normativo a ser submetido ao Tribunal Pleno, e, após, serão conclusos ao Relator para exame e inclusão em pauta.

§ 8º As cópias da certidão referente ao incidente de uniformização e do parecer da Comissão de Jurisprudência serão remetidas aos Ministros da Corte, tão logo incluído em pauta o processo.

§ 9º Como matéria preliminar, o Tribunal Pleno decidirá sobre a configuração da contrariedade, passando, caso admitida, a deliberar sobre as teses em conflito.

§ 10. A decisão do Tribunal Pleno sobre o tema é irrecorrível, cabendo à Seção Especializada, na qual foi suscitado o incidente, quando do prosseguimento do julgamento, aplicar a interpretação fixada.

§ 11. A decisão do Tribunal Pleno sobre o incidente de uniformização de jurisprudência constará de certidão, juntando-se o voto prevalecente aos autos. As cópias da certidão e do voto deverão ser juntadas ao projeto de proposta formulado pela Comissão de Jurisprudência e Precedentes Normativos para redação final da Súmula ou do Precedente Normativo que daí decorrerá.

Art. 157. Observar-se-á, no que couber, o disposto no art. 156 quanto ao procedimento de revisão da jurisprudência uniformizada do Tribunal, objeto de Súmula, de Orientação Jurisprudencial e de Precedente Normativo.

Art. 158. A revisão ou cancelamento da jurisprudência uniformizada do Tribunal, objeto de Súmula, de Orientação Jurisprudencial e de Precedente Normativo, será suscitada pela Seção Especializada, ao constatar que a decisão se inclina contrariamente a Súmula, a Orientação Jurisprudencial ou a Precedente Normativo, ou por proposta firmada por pelo menos dez Ministros da Corte, ou por projeto formulado pela Comissão de Jurisprudência e Precedentes Normativos.

§ 1º Verificando a Seção Especializada que a maioria se inclina contrariamente a Súmula, a Orientação Jurisprudencial ou a Precedente Normativo, deixará de proclamar o resultado e encaminhará o feito à Comissão de Jurisprudência e Precedentes Normativos para, em trinta dias, apresentar parecer sobre a sua revisão ou cancelamento, após o que os autos irão ao Relator para preparação do voto e inclusão do feito em pauta do Tribunal Pleno.

§ 2º A determinação de remessa à Comissão de Jurisprudência e Precedentes Normativos e ao Tribunal Pleno é irrecorrível, assegurada às partes a faculdade de sustentação oral por ocasião do julgamento.

§ 3º Será relator no Tribunal Pleno o Ministro originariamente sorteado para relatar o feito em que se processa a revisão ou o cancelamento da Súmula, da Orientação Jurisprudencial ou do Precedente Normativo; se vencido, o Ministro que primeiro proferiu o voto prevalecente. Caso o relator originário não componha o Tribunal Pleno, o feito será distribuído a um dos membros deste Colegiado.

§ 4º As cópias da certidão referente à revisão ou cancelamento da Súmula, da Orientação Jurisprudencial ou do Precedente Normativo, e do parecer da Comissão de Jurisprudência e Precedentes Normativos serão remetidas aos Ministros da Corte, tão logo incluído em pauta o processo."

Outra regra compatível com o Processo do Trabalho está contida no § 3º do mesmo art. 927[29], em que se permite (mais do que permissão, constitui recomendação, digo eu) a modulação de efeitos, quando houver modificação da jurisprudência até então dominante.

Esse dispositivo, todavia, não encontra lugar no Processo do Trabalho, em face da existência de regra específica no § 17 do art. 896-C da CLT[30]. Vale ressaltar a maior amplitude dos fundamentos que a justificam, pois, enquanto no CPC somente se prevê o interesse social, no caso da CLT, além deste, também foram incluídos os de natureza econômica ou jurídica. Em ambos, todavia, deve ser preservada a segurança jurídica.

Ainda no campo das disposições gerais, o § 4º do comentado art. 927 prevê a necessidade de "fundamentação adequada e específica" da decisão que fixa o precedente, o que já constava do art. 17 do Ato n. 491/2014[31].

Como disse em outra oportunidade, é necessário para que se possa conhecer a interpretação atribuída à questão jurídica por cada julgador e, com isso, dimensionar o alcance da tese jurídica firmada pela Corte mediante a análise de todos os fundamentos integrantes do debate, favoráveis ou contrários. Deve ser, por conseguinte, exaustiva a fundamentação, para definir a abrangência da tese fixada e, com isso, permitir que, a partir dela, seja solucionado o maior número possível de recursos.

O legislador inspirou-se na imprescindível observância dos princípios da segurança jurídica, proteção da confiança e da isonomia, que, conquanto não tenham sido expressamente mencionados no citado Ato, se incorporam como pilares de sustentação do regulamento nele contido.

---

29 "§ 3º Na hipótese de alteração de jurisprudência dominante do Supremo Tribunal Federal e dos tribunais superiores ou daquela oriunda de julgamento de casos repetitivos, pode haver modulação dos efeitos da alteração no interesse social e no da segurança jurídica."

30 "§ 17. Caberá revisão da decisão firmada em julgamento de recursos repetitivos quando se alterar a situação econômica, social ou jurídica, caso em que será respeitada a segurança jurídica das relações firmadas sob a égide da decisão anterior, podendo o Tribunal Superior do Trabalho modular os efeitos da decisão que a tenha alterado."

31 "Art. 17. O conteúdo do acórdão paradigma abrangerá a análise de todos os fundamentos suscitados à tese jurídica discutida, favoráveis ou contrários."

Completa o arcabouço geral da formação do precedente a necessária e imprescindível divulgação das teses fixadas pelo tribunal, contemplada, antes, no art. 22 do Ato n. 491/2014[32], e, agora, no § 5º do art. 927:

> § 5º Os tribunais darão publicidade a seus precedentes, organizando-os por questão jurídica decidida e divulgando-os, preferencialmente, na rede mundial de computadores.

Por mim denominado, "banco de teses", representa o registro na rede mundial de computadores das decisões do tribunal que definiram a tese jurídica prevalecente, além das já conhecidas orientações jurisprudenciais das Subseções Especializadas e súmulas do Tribunal Pleno.

O inciso II do art. 928 corresponde, na essência, ao *caput* do art. 896-C, ao definir o procedimento de julgamento de casos repetitivos, neles incluindo os recursos especiais repetitivos:

> Art. 928. Para os fins deste Código, considera-se julgamento de casos repetitivos a decisão proferida em:
> I – incidente de resolução de demandas repetitivas;
> II – recursos especial e extraordinário repetitivos.
> Parágrafo único. O julgamento de casos repetitivos tem por objeto questão de direito material ou processual.

O parágrafo único desse artigo fixa o seu objeto – questão de direito material ou processual –, o qual, apesar de compatível e, pois, aplicável ao Processo do Trabalho, nada representa de novidade, na medida em que não se pensa de modo contrário, diante da inexistência de qualquer interpretação restritiva da legislação regente. É, pois, dispositivo irrelevante quanto à repercussão na seara processual laboral.

4. ORDEM CRONOLÓGICA DE JULGAMENTOS

Outro dispositivo que poderia afetar o procedimento adotado na lei processual trabalhista diz respeito à ordem cronológica dos julgamentos,

---

32 "Art. 22. O Tribunal Superior do Trabalho deverá manter e dar publicidade às questões de direito objeto dos recursos repetitivos já julgados, pendentes de julgamento ou já reputadas sem relevância, bem como daquelas objeto das decisões proferidas nos termos do § 13 do art. 896 da CLT."

determinada pelo art. 12 do NCPC, a ser observada, ainda consoante o que nele se contém, também nos tribunais, como se constata no *caput*. Contudo, dentre as exceções nele contempladas, encontra-se exatamente o julgamento de recursos repetitivos (§ 2º, III), motivo pelo qual não provocará repercussões:

> Art. 12. Os juízes e os tribunais deverão obedecer à ordem cronológica de conclusão para proferir sentença ou acórdão.
>
> § 1º A lista de processos aptos a julgamento deverá estar permanentemente à disposição para consulta pública em cartório e na rede mundial de computadores.
>
> § 2º Estão excluídos da regra do *caput*:
>
> [...]
>
> III – o julgamento de recursos repetitivos ou de incidente de resolução de demandas repetitivas;

5. PROCESSAMENTO DO INCIDENTE

Existem diferenças substanciais no processamento do incidente de julgamento dos recursos repetitivos no Processo do Trabalho e no Processo Civil, o que tornará incompatíveis diversas regras contidas do NCPC. Isso porque, fundamentalmente, o primeiro nasce e se processa no âmbito do TST, enquanto o segundo pode originar-se dos Tribunais de Justiça e Regionais Federais.

Essa diferença afeta o arcabouço normativo, em que pese, na essência, como afirmado em várias passagens, sejam ambos bastante semelhantes, objetivem o mesmo fim e possuam os mesmos pressupostos: multiplicidade de recursos e fundamento em idêntica questão de direito (*caput* dos arts. 896-C da CLT[33] e 1.036 do NCPC).

---

33 "Art. 896-C. Quando houver multiplicidade de recursos de revista fundados em idêntica questão de direito, a questão poderá ser afetada à Seção Especializada em Dissídios Individuais ou ao Tribunal Pleno, por decisão da maioria simples de seus membros, mediante requerimento de um dos Ministros que compõem a Seção Especializada, considerando a relevância da matéria ou a existência de entendimentos divergentes entre os Ministros dessa Seção ou das Turmas do Tribunal."

Art. 1.036. Sempre que houver multiplicidade de recursos extraordinários ou especiais com fundamento em idêntica questão de direito, haverá afetação para julgamento de acordo com as disposições desta Subseção, observado o disposto no Regimento Interno do Supremo Tribunal Federal e no do Superior Tribunal de Justiça.

Por essas razões, afasta-se a incidência dos §§ 1º a 4º do art. 1.036 do NCPC, ora transcritos, relativamente à iniciativa; e, como no TST é provocado pelo relator na Turma ou na SBDI-1, evidentemente que somente o fará em recursos cuja inadmissibilidade tenha sido superada e torna prejudicada a discussão em torno do não conhecimento por intempestividade e respectivo recurso cabível da decisão que a indeferir (§§ 2º a 4º):

§ 1º O presidente ou o vice-presidente de tribunal de justiça ou de tribunal regional federal selecionará 2 (dois) ou mais recursos representativos da controvérsia, que serão encaminhados ao Supremo Tribunal Federal ou ao Superior Tribunal de Justiça para fins de afetação, determinando a suspensão do trâmite de todos os processos pendentes, individuais ou coletivos, que tramitem no Estado ou na região, conforme o caso.

§ 2º O interessado pode requerer, ao presidente ou ao vice-presidente, que exclua da decisão de sobrestamento e inadmita o recurso especial ou o recurso extraordinário que tenha sido interposto intempestivamente, tendo o recorrente o prazo de 5 (cinco) dias para manifestar-se sobre esse requerimento.

§ 3º Da decisão que indeferir este requerimento caberá agravo, nos termos do art. 1.042.

§ 4º A escolha feita pelo presidente ou vice-presidente do tribunal de justiça ou do tribunal regional federal não vinculará o relator no tribunal superior, que poderá selecionar outros recursos representativos da controvérsia.

§ 5º O relator em tribunal superior também poderá selecionar 2 (dois) ou mais recursos representativos da controvérsia para julgamento da questão de direito independentemente da iniciativa do presidente ou do vice-presidente do tribunal de origem.

§ 6º Somente podem ser selecionados recursos admissíveis que contenham abrangente argumentação e discussão a respeito da questão a ser decidida.

Os demais parágrafos (5º e 6º) encontram correspondência nos § 1º do art. 896-C da CLT[34] e 8º do Ato n. 491/2014[35], respectivamente. O primeiro permite ao relator, no TST, selecionar os recursos representativos da controvérsia – um ou mais –, e o segundo indica a abrangência da argumentação e discussão a respeito da questão a ser decidida como parâmetro a ser observado, ainda pelo relator, ao promover a escolha dos casos.

Apesar desse fato, o *caput* do citado art. 1.036, ao autorizar a regência do incidente pelo Regimento Interno do Superior Tribunal de Justiça, torna-se importante por chancelar as normas expedidas pelo Tribunal Superior do Trabalho com iguais natureza e objetivo, no caso específico, o Ato n. 491/2014, da Presidência, e a Resolução n. 195/2015, do Órgão Especial, e afastar qualquer dúvida quanto à legalidade; por isso, aplicável ao Processo do Trabalho.

Iniciado o incidente, passo seguinte é a identificação precisa da questão controvertida, etapa fundamental para que se possa delimitar, com exatidão, os temas que comporão o precedente judicial a ser emitido e todas as suas variáveis, o que ocorre por meio da decisão de afetação, prevista no *caput* do art. 1.037 do NCPC e no art. 11 do Ato n. 491/2014[36], normas de conteúdo idêntico e, por isso mesmo, não representam inovação:

> Art. 1.037. Selecionados os recursos, o relator, no tribunal superior, constatando a presença do pressuposto do *caput* do art. 1.036, proferirá decisão de afetação, na qual:

Esse importante ato delineia o universo preliminar da questão jurídica contida nos recursos repetitivos, a ser resolvida pelo Tribunal.

---

34 "§ 1º O Presidente da Turma ou da Seção Especializada, por indicação dos relatores, afetará um ou mais recursos representativos da controvérsia para julgamento pela Seção Especializada em Dissídios Individuais ou pelo Tribunal Pleno, sob o rito dos recursos repetitivos."

35 "Art. 8º Nas hipóteses dos arts. 896-B e 896-C da CLT, somente poderão ser afetados recursos representativos da controvérsia que sejam admissíveis e que contenham abrangente argumentação e discussão a respeito da questão a ser decidida."

36 "Art. 11. Selecionados os recursos, o Relator, na Subseção Especializada em Dissídios Individuais ou no Tribunal Pleno, constatada a presença do pressuposto do *caput* do art. 896-C da CLT, proferirá decisão de afetação, na qual:"

Os seus efeitos e as consequências produzidas são disciplinados na longa série de parágrafos do art. 1.037 do NCPC, cujos temas são objeto de disciplina específica – igual, em alguns, e incompatível, em outros – no Processo do Trabalho (na CLT e nas normas regulamentadoras). Por isso, a análise será agrupada conforme o tema versado.

5.1. Efeitos da decisão de afetação

> Art. 1.037. Selecionados os recursos, o relator, no tribunal superior, constatando a presença do pressuposto do *caput* do art. 1.036, proferirá decisão de afetação, na qual:
>
> I – identificará com precisão a questão a ser submetida a julgamento;
>
> II – determinará a suspensão do processamento de todos os processos pendentes, individuais ou coletivos, que versem sobre a questão e tramitem no território nacional;
>
> III – poderá requisitar aos presidentes ou aos vice-presidentes dos tribunais de justiça ou dos tribunais regionais federais a remessa de um recurso representativo da controvérsia.
>
> § 1º Se, após receber os recursos selecionados pelo presidente ou pelo vice-presidente de tribunal de justiça ou de tribunal regional federal, não se proceder à afetação, o relator, no tribunal superior, comunicará o fato ao presidente ou ao vice-presidente que os houver enviado, para que seja revogada a decisão de suspensão referida no art. 1.036, § 1º.
>
> § 2º É vedado ao órgão colegiado decidir, para os fins do art. 1.040, questão não delimitada na decisão a que se refere o inciso I do *caput*.
>
> § 3º Havendo mais de uma afetação, será prevento o relator que primeiro tiver proferido a decisão a que se refere o inciso I do *caput*.
>
> § 4º Os recursos afetados deverão ser julgados no prazo de 1 (um) ano e terão preferência sobre os demais feitos, ressalvados os que envolvam réu preso e os pedidos de *habeas corpus*.
>
> § 5º Não ocorrendo o julgamento no prazo de 1 (um) ano a contar da publicação da decisão de que trata o inciso I do *caput*, cessam automaticamente, em todo o território nacional, a afetação e a suspensão dos processos, que retomarão seu curso normal.
>
> § 6º Ocorrendo a hipótese do § 5º, é permitido a outro relator do respectivo tribunal superior afetar 2 (dois) ou mais recursos representativos da controvérsia na forma do art. 1.036.

§ 7º Quando os recursos requisitados na forma do inciso III do *caput* contiverem outras questões além daquela que é objeto da afetação, caberá ao tribunal decidir esta em primeiro lugar e depois as demais, em acórdão específico para cada processo.

§ 8º As partes deverão ser intimadas da decisão de suspensão de seu processo, a ser proferida pelo respectivo juiz ou relator quando informado da decisão a que se refere o inciso II do *caput*.

§ 9º Demonstrando distinção entre a questão a ser decidida no processo e aquela a ser julgada no recurso especial ou extraordinário afetado, a parte poderá requerer o prosseguimento do seu processo.

§ 10. O requerimento a que se refere o § 9º será dirigido:

I – ao juiz, se o processo sobrestado estiver em primeiro grau;

II – ao relator, se o processo sobrestado estiver no tribunal de origem;

III – ao relator do acórdão recorrido, se for sobrestado recurso especial ou recurso extraordinário no tribunal de origem;

IV – ao relator, no tribunal superior, de recurso especial ou de recurso extraordinário cujo processamento houver sido sobrestado.

§ 11. A outra parte deverá ser ouvida sobre o requerimento a que se refere o § 9º, no prazo de 5 (cinco) dias.

§ 12. Reconhecida a distinção no caso:

I – dos incisos I, II e IV do § 10, o próprio juiz ou relator dará prosseguimento ao processo;

II – do inciso III do § 10, o relator comunicará a decisão ao presidente ou ao vice-presidente que houver determinado o sobrestamento, para que o recurso especial ou o recurso extraordinário seja encaminhado ao respectivo tribunal superior, na forma do art. 1.030, parágrafo único.

§ 13. Da decisão que resolver o requerimento a que se refere o § 9º caberá:

I – agravo de instrumento, se o processo estiver em primeiro grau;

II – agravo interno, se a decisão for de relator.

Na essência, a regra contida nos três incisos do art. 1.037 do NCPC foi prevista no Ato n. 491/2014 e no art. 896-C da CLT. A análise comparativa de ambos os diplomas normativos permite extrair algumas conclusões importantes quanto aos efeitos produzidos pela denominada "decisão de afetação" neles tratada e a existência de pequenas, mas importantes, diferenças no procedimento:

a) em ambos, cabe ao relator identificar com precisão a questão controvertida objeto do incidente, o que significa não deixar dúvida quanto ao seu núcleo, alcance e premissas fáticas a serem analisadas (inciso I do art. 1.037 do NCPC e inciso I do art. 11 do Ato mencionado[37], com redação idêntica);

b) no Processo Civil, o relator, de maneira compulsória, "determinará a suspensão do processamento de todos os processos pendentes, individuais ou coletivos, que versem sobre a questão e tramitem no território nacional" (inciso II); de maneira diversa, no Processo do Trabalho cabe, inicialmente, ao Presidente do TST comunicar a instauração do incidente aos Presidentes dos TRTs, antes mesmo da designação do relator, conforme previsão do § 3º do art. 896-C[38], e a suspensão alcança, como regra, os processos em segunda instância, nesse caso em face da disposição contida no art. 10 do Ato n. 491/14[39], ao mencionar "recursos interpostos contra as sentenças em casos idênticos aos afetados como recursos repetitivos".

Ao relator, no TST, é facultado fazê-lo em relação aos recursos de revista ou de embargos (inciso II do art. 11 do Ato mencionado)[40]. Essa providência, apesar de facultativa, é recomendável diante da necessidade de uniformização da tese no TST e para evitar que sejam proferidas decisões que, posteriormente, se revelem contrárias ao posicionamento final quanto ao tema.

A continuidade da tramitação na primeira instância também se mostra necessária em virtude da característica dos processos na Justiça do Trabalho de serem multitemáticos. Geralmente são múltiplos pedidos, com diversos temas e questões fáticas e jurídicas, muitos deles não atingidos

---

37   "I – identificará com precisão a questão a ser submetida a julgamento;"
38   "§ 3º O Presidente do Tribunal Superior do Trabalho oficiará os Presidentes dos Tribunais Regionais do Trabalho para que suspendam os recursos interpostos em casos idênticos aos afetados como recursos repetitivos, até o pronunciamento definitivo do Tribunal Superior do Trabalho."
39   "Art. 10. Compete ao Presidente do respectivo Tribunal Regional do Trabalho determinar a suspensão de que trata o § 3º do artigo 896-C da CLT dos recursos interpostos contra as sentenças em casos idênticos aos afetados como recursos repetitivos."
40   "II – poderá determinar a suspensão dos recursos de revista ou de embargos de que trata o § 5º do art. 896-C da CLT;"

pela tese discutida nos recursos repetitivos. A paralisação causaria grande prejuízo aos jurisdicionados.

O procedimento, como se vê, é distinto. Não há, como regra geral, repercussão na tramitação dos processos na primeira instância. Fica sobrestada a remessa de novos processos que contenham matéria idêntica para o TST e o julgamento dos recursos no âmbito dos TRTs, até que seja solucionada a controvérsia.

Contudo, de maneira excepcional, nada impede que, comunicada aos Presidentes dos TRTs a decisão de afetação, no âmbito das respectivas jurisdições, determinem eles a paralisação dos processos nos quais seja discutida matéria pertinente à controvérsia objeto do incidente em curso no TST e que se encontrem em fase de julgamento no primeiro grau. A instrução pode ser concluída, pois, como visto, pode haver pedidos não afetados pela decisão do Relator no TST, mas não deve alcançar a fase de julgamento, para que não se amplie, ainda mais, a possibilidade de divergência de teses.

Essa afirmação não consta da Lei, mas, pelas mesmas razões já expostas, especialmente pela força vinculante do precedente judicial, não é prudente que os processos continuem sendo julgados.

Também pode ser extraída da interpretação do inciso III do art. 21 do Ato n. 491/14 ao prever, uma vez publicado o acórdão paradigma, isto é, aquele que resolveu o incidente e firmou a tese do TST, a retomada do curso para julgamento dos processos que se encontravam paralisados "no primeiro e no segundo graus"[41]. Admite-se, portanto, a possibilidade de suspensão na primeira instância, mas não como medida inexorável; ao contrário, deve ser em casos excepcionais;

c) quanto à requisição de recursos representativos da controvérsia pelo Ministro Relator junto aos TRTs, ocorre o inverso, pois enquanto no NCPC é prevista de maneira facultativa junto aos Tribunais de Justiça e Regionais Federais ("poderá requisitar" – inciso III[42]), no TST, o verbo utilizado pelo

---

41 "III – os processos suspensos em primeiro e segundo graus de jurisdição retomarão o curso para julgamento e aplicação da tese firmada pelo Tribunal Superior."
42 "III – poderá requisitar aos presidentes ou aos vice-presidentes dos tribunais de

legislador reflete caráter de imperatividade ("requisitará" – inciso III do art. 11 do Ato n. 491/2014[43]).

Isso se explica pelas diferenças de procedimento entre os processos civil e do trabalho, como ressalvado: no primeiro, inicia-se na segunda instância com a seleção e remessa dos recursos representativos da controvérsia; no segundo, nasce e é exclusivo da instância extraordinária, ao constatar a presença da mesma premissa ("constatada a presença do pressuposto do *caput* do art. 896-C da CLT", isto é, "multiplicidade de recursos de revista fundados em idêntica questão de direito", "considerando a relevância da matéria ou a existência de entendimentos divergentes entre os Ministros [...]" do TST).

5.2. Instrução

Não há diferença importante entre as regras de instrução do incidente. Como enfatizado, o que não era contemplado na Lei n. 13.015/2014, o TST normatizou por ato interno e, com isso, aproximou-as substancialmente do NCPC, o que torna desnecessária sua aplicação supletiva ou subsidiária.

Assim, possuem idêntico conteúdo, observadas as respectivas peculiaridades e remissões:

NOVO CPC	PROCESSO DO TRABALHO (CLT OU ATO N. 491/2014)
§ 1º do art. 1.037:	Art. 12 do Ato:
"§ 1º Se, após receber os recursos selecionados pelo presidente ou pelo vice-presidente de tribunal de justiça ou de tribunal regional federal, não se proceder à afetação, o relator, no tribunal superior, comunicará o fato ao	"Art. 12. Se, após receber os recursos de revista selecionados pelo Presidente ou Vice-Presidente do Tribunal Regional do Trabalho, não se proceder à sua afetação, o relator, no Tribunal Superior do Trabalho, comunicará o

---

justiça ou dos tribunais regionais federais a remessa de um recurso representativo da controvérsia."

43 "III – requisitará aos Presidentes ou Vice-Presidentes dos Tribunais Regionais do Trabalho a remessa de até dois recursos de revista representativos da controvérsia;"

presidente ou ao vice-presidente que os houver enviado, para que seja revogada a decisão de suspensão referida no art. 1.036, § 1º"	fato ao Presidente ou Vice-Presidente que os houver enviado, para que seja revogada a decisão de suspensão referida no art. 896-C, § 4º, da CLT."
§ 2º do art. 1.037: "§ 2º É vedado ao órgão colegiado decidir, para os fins do art. 1.040, questão não delimitada na decisão a que se refere o inciso I do *caput*."	Art. 13 do Ato: "Art. 13. É vedado ao órgão colegiado decidir, para os fins do art. 896-C da CLT, questão não delimitada na decisão de afetação."
§§ 4º, 5º e 6º do art. 1.037: "§ 4º Os recursos afetados deverão ser julgados no prazo de 1 (um) ano e terão preferência sobre os demais feitos, ressalvados os que envolvam réu preso e os pedidos de *habeas corpus*. § 5º Não ocorrendo o julgamento no prazo de 1 (um) ano a contar da publicação da decisão de que trata o inciso I do *caput*, cessam automaticamente, em todo o território nacional, a afetação e a suspensão dos processos, que retomarão seu curso normal. § 6º Ocorrendo a hipótese do § 5º, é permitido a outro relator do respectivo tribunal superior afetar 2 (dois) ou mais recursos representativos da controvérsia na forma do art. 1.036."	Art. 14, §§ 1º e 2º do Ato: "Art. 14. Os recursos afetados deverão ser julgados no prazo de um ano e terão preferência sobre os demais feitos. § 1º Não se dando o julgamento no prazo de um ano, cessam automaticamente a afetação e a suspensão dos processos. § 2º Ocorrendo a hipótese do parágrafo anterior, é permitido a outro Relator, nos termos do art. 896-C da CLT, afetar dois ou mais recursos representativos da controvérsia."
§ 7º do art. 1.037: "§ 7º Quando os recursos requisitados na forma do inciso III do *caput* contiverem outras questões além	Art. 15 do Ato: "Art. 15. Quando os recursos requisitados do Tribunal Regional do Trabalho contiverem outras questões

daquela que é objeto da afetação, caberá ao tribunal decidir esta em primeiro lugar e depois as demais, em acórdão específico para cada processo."	daquela que é objeto da afetação, caberá ao órgão jurisdicional competente decidir esta em primeiro lugar e depois as demais, em acórdão específico para cada processo."
§ 8º do art. 1.037: "§ 8º As partes deverão ser intimadas da decisão de suspensão de seu processo, a ser proferida pelo respectivo juiz ou relator quando informado da decisão a que se refere o inciso II do *caput*."	Art. 18 do Ato: "Art. 18. As partes deverão ser intimadas da decisão de suspensão de seu processo, a ser proferida pelo respectivo Relator."
§§ 9º, 11 e 13 do art. 1.037: "§ 9º Demonstrando distinção entre a questão a ser decidida no processo e aquela a ser julgada no recurso especial ou extraordinário afetado, a parte poderá requerer o prosseguimento do seu processo." "§ 11. A outra parte deverá ser ouvida sobre o requerimento a que se refere o § 9º, no prazo de 5 (cinco) dias." "§ 13. Da decisão que resolver o requerimento a que se refere o § 9º caberá:" "I – agravo de instrumento, se o processo estiver em primeiro grau; II – agravo interno, se a decisão for de relator."	Art. 19 e §§ 1º e 2º do Ato: "Art. 19. A parte poderá requerer o prosseguimento de seu processo se demonstrar distinção entre a questão a ser decidida no processo e aquela a ser julgada no recurso afetado. § 1º A outra parte deverá ser ouvida sobre o requerimento, no prazo de cinco dias. § 2º Da decisão caberá agravo, nos termos do Regimento Interno dos respectivos Tribunais."

A competência para apreciar o requerimento de distinção formulado pela parte que deseja excluir o seu processo dos efeitos da decisão de afetação e as consequências do seu acolhimento é disciplinada nos §§ 10 e 12 do art. 1.037:

> § 10. O requerimento a que se refere o § 9º será dirigido:
> I – ao juiz, se o processo sobrestado estiver em primeiro grau;
> II – ao relator, se o processo sobrestado estiver no tribunal de origem;
> III – ao relator do acórdão recorrido, se for sobrestado recurso especial ou recurso extraordinário no tribunal de origem;
> IV – ao relator, no tribunal superior, de recurso especial ou de recurso extraordinário cujo processamento houver sido sobrestado.
> [...]
> § 12. Reconhecida a distinção no caso:
> I – dos incisos I, II e IV do § 10, o próprio juiz ou relator dará prosseguimento ao processo;
> II – do inciso III do § 10, o relator comunicará a decisão ao presidente ou ao vice-presidente que houver determinado o sobrestamento, para que o recurso especial ou o recurso extraordinário seja encaminhado ao respectivo tribunal superior, na forma do art. 1.030, parágrafo único.

A matéria supre lacunas das normas trabalhistas. Observe-se que o inciso I somente terá aplicação se tiver ocorrido a suspensão dos processos na primeira instância, providência que se verificará apenas de maneira excepcional, como já assinalado.

Enfatize-se, de igual modo, caber ao Presidente ou Vice-Presidente do Tribunal o exame da admissibilidade do recurso de revista, uma vez proferido o acórdão pela Turma do TRT, ato suprimido no Processo Civil (art. 1.030 e seu parágrafo único[44]). Portanto, o pedido de que trata o inciso III será a ele endereçado.

De referência aos dois incisos do § 12, por consequência lógica, apenas tem aplicação o inciso I, que contempla as situações tratadas nos incisos I,

---

44 "Art. 1.030. Recebida a petição do recurso pela secretaria do tribunal, o recorrido será intimado para apresentar contrarrazões no prazo de 15 (quinze) dias, findo o qual os autos serão remetidos ao respectivo tribunal superior.
Parágrafo único. A remessa de que trata o *caput* dar-se-á independentemente de juízo de admissibilidade."

II e IV do § 10, e porque, como assinalado, é o próprio prolator do despacho de admissibilidade do recurso quem examinará o pedido de distinção.

Outro ponto no qual o procedimento é diferente e afasta a aplicação do NCPC se refere à competência, quando mais de um ministro proferir decisão de afetação. O NCPC define ser competente aquele que primeiro a tiver proferido (§ 3º do art. 1.037):

> § 3º Havendo mais de uma afetação, será prevento o relator que primeiro tiver proferido a decisão a que se refere o inciso I do *caput*.

Na esfera trabalhista, não se mostra possível, pois a designação do relator e revisor ocorre posteriormente à admissão do procedimento para julgamento sob a forma de recursos repetitivos (§ 6º do art. 896-C)[45], o que afasta a possibilidade de afetação por ministros diferentes; a admissibilidade ocorre por decisão da maioria simples da SBDI-1 (art. 896-C, *caput*)[46].

As providências gerais a cargo do relator previstas no art. 1.038 do NCPC possuem disciplina semelhante na esfera processual trabalhista, o que afasta a necessidade de remissão ao Código e torna conveniente transcrever, em quadro comparativo, mais uma vez, ambas as regulamentações:

NOVO CPC	PROCESSO DO TRABALHO (CLT OU ATO N. 491/2014)
Art. 1.038, inciso I: "I – solicitar ou admitir manifestação de pessoas, órgãos ou entidades	§ 8º do art. 896-C: "§ 8º O relator poderá admitir manifestação de pessoa, órgão ou enti-

---

45 "§ 6º O recurso repetitivo será distribuído a um dos Ministros membros da Seção Especializada ou do Tribunal Pleno e a um Ministro revisor."

46 "Art. 896-C. Quando houver multiplicidade de recursos de revista fundados em idêntica questão de direito, a questão poderá ser afetada à Seção Especializada em Dissídios Individuais ou ao Tribunal Pleno, por decisão da maioria simples de seus membros, mediante requerimento de um dos Ministros que compõem a Seção Especializada, considerando a relevância da matéria ou a existência de entendimentos divergentes entre os Ministros dessa Seção ou das Turmas do Tribunal."

com interesse na controvérsia, considerando a relevância da matéria e consoante dispuser o regimento interno;"	dade com interesse na controvérsia, inclusive como assistente simples, na forma da Lei n. 5.869, de 11 de janeiro de 1973 (Código de Processo Civil)."
Inciso II: "II – fixar data para, em audiência pública, ouvir depoimentos de pessoas com experiência e conhecimento na matéria, com a finalidade de instruir o procedimento;"	Art. 16 do Ato: "Art. 16. Para instruir o procedimento, pode o Relator fixar data para, em audiência pública, ouvir depoimentos de pessoas com experiência e conhecimento na matéria."
Inciso III e § 1º: "III – requisitar informações aos tribunais inferiores a respeito da controvérsia e, cumprida a diligência, intimará o Ministério Público para manifestar-se." "§ 1º No caso do inciso III, os prazos respectivos são de 15 (quinze) dias, e os atos serão praticados, sempre que possível, por meio eletrônico."	§§ 7º e 9º do art. 896-C: "§ 7º O relator poderá solicitar, aos Tribunais Regionais do Trabalho, informações a respeito da controvérsia, a serem prestadas no prazo de 15 (quinze) dias. § 9º Recebidas as informações e, se for o caso, após cumprido o disposto no § 7º deste artigo, terá vista o Ministério Público pelo prazo de 15 (quinze) dias."
§ 2º "§ 2º Transcorrido o prazo para o Ministério Público e remetida cópia do relatório aos demais ministros, haverá inclusão em pauta, devendo ocorrer o julgamento com preferência sobre os demais feitos, ressalvados os que envolvam réu preso e os pedidos de *habeas corpus*."	§ 10 do art. 896-C: "§ 10. Transcorrido o prazo para o Ministério Público e remetida cópia do relatório aos demais Ministros, o processo será incluído em pauta na Seção Especializada ou no Tribunal Pleno, devendo ser julgado com preferência sobre os demais feitos."

§ 3º	Art. 17 do Ato:
"§ 3º O conteúdo do acórdão abrangerá a análise de todos os fundamentos da tese jurídica discutida, favoráveis ou contrários."	"Art. 17. O conteúdo do acórdão paradigma abrangerá a análise de todos os fundamentos suscitados à tese jurídica discutida, favoráveis ou contrários."

Pequena observação cabe em relação ao § 1º do artigo ora examinado do NCPC, ao estabelecer que "os atos serão praticados, sempre que possível, por meio eletrônico". Há muito, na Justiça do Trabalho, adotou-se a prática e se regulamentou a comunicação interna por meio de Malote Digital, previsto na Resolução n. 100 do CNJ.

5.3. Julgamento e efeitos: vinculação, distinção e superação

Em mais um exemplo de proximidade entre os dois diplomas legais, as regras disciplinadoras dos efeitos produzidos pelo acórdão paradigma (definidor da tese jurídica) são bastante parecidas, o que justifica a elaboração, pela terceira vez, de quadro comparativo e a afirmação da ausência de repercussão do NCPC ao Processo do Trabalho:

NOVO CPC	PROCESSO DO TRABALHO (CLT OU ATO N. 491/2014)
Art. 1.039, *caput*: "Art. 1.039. Decididos os recursos afetados, os órgãos colegiados declararão prejudicados os demais recursos versando sobre idêntica controvérsia ou os decidirão aplicando a tese firmada."	Art. 20 do Ato: "Art. 20. Decidido o recurso representativo da controvérsia, os órgãos jurisdicionais respectivos declararão prejudicados os demais recursos versando sobre idêntica controvérsia ou os decidirão aplicando a tese."
Art. 1.040: "Art. 1.040. Publicado o acórdão paradigma:	§ 11 do art. 896-C e art. 21 do Ato: "§ 11. Publicado o acórdão do Tribunal Superior do Trabalho, os re-

I – o presidente ou o vice-presidente do tribunal de origem negará seguimento aos recursos especiais ou extraordinários sobrestados na origem, se o acórdão recorrido coincidir com a orientação do tribunal superior; II – o órgão que proferiu o acórdão recorrido, na origem, reexaminará o processo de competência originária, a remessa necessária ou o recurso anteriormente julgado, se o acórdão recorrido contrariar a orientação do tribunal superior; III – os processos suspensos em primeiro e segundo graus de jurisdição retomarão o curso para julgamento e aplicação da tese firmada pelo tribunal superior;"	cursos de revista sobrestados na origem: I – terão seguimento denegado na hipótese de o acórdão recorrido coincidir com a orientação a respeito da matéria no Tribunal Superior do Trabalho; ou II – serão novamente examinados pelo Tribunal de origem na hipótese de o acórdão recorrido divergir da orientação do Tribunal Superior do Trabalho a respeito da matéria." "Art. 21. Publicado o acórdão paradigma: I – o Presidente ou Vice-Presidente do Tribunal de origem negará seguimento aos recursos de revista sobrestados na origem, se o acórdão recorrido coincidir com a orientação do Tribunal Superior do Trabalho; II – o órgão que proferiu o acórdão recorrido, na origem, reexaminará a causa de competência originária ou o recurso anteriormente julgado, na hipótese de acórdão recorrido contrariar a orientação do Tribunal Superior; III – os processos suspensos em primeiro e segundo graus de jurisdição retomarão o curso para julgamento e aplicação da tese firmada pelo Tribunal Superior."

Art. 1.041:	§§ 2º a 4º do art. 21 do Ato:
"Art. 1.041. Mantido o acórdão divergente pelo tribunal de origem, o recurso especial ou extraordinário será remetido ao respectivo tribunal superior, na forma do art. 1.036, § 1º. § 1º Realizado o juízo de retratação, com alteração do acórdão divergente, o tribunal de origem, se for o caso, decidirá as demais questões ainda não decididas cujo enfrentamento se tornou necessário em decorrência da alteração. § 2º Quando ocorrer a hipótese do inciso II do *caput* do art. 1.040 e o recurso versar sobre outras questões, caberá ao presidente do tribunal, depois do reexame pelo órgão de origem e independentemente de ratificação do recurso ou de juízo de admissibilidade, determinar a remessa do recurso ao tribunal superior para julgamento das demais questões."	"§ 2º Mantido o acórdão divergente pelo tribunal de origem, o recurso de revista será remetido ao Tribunal Superior do Trabalho, após novo exame da admissibilidade pelo Presidente ou Vice-Presidente do Tribunal Regional. § 3º Realizado o juízo de retratação, com alteração do acórdão divergente, o tribunal de origem, se for o caso, decidirá as demais questões ainda não decididas cujo enfrentamento se tornou necessário em decorrência da alteração. § 4º Quando for alterado o acórdão divergente na forma do parágrafo anterior e o recurso versar sobre outras questões, caberá ao Presidente do Tribunal Regional, depois do reexame pelo órgão de origem e independente mente de ratificação do recurso ou de juízo de admissibilidade, determinar a remessa do recurso ao Tribunal Superior do Trabalho para julgamento das demais questões."

Cabe uma palavra em torno do inciso IV e parágrafos do art. 1.040 do NCPC:

> IV – se os recursos versarem sobre questão relativa a prestação de serviço público objeto de concessão, permissão ou autorização, o resultado do julgamento será comunicado ao órgão, ao ente ou à agência re-

guladora competente para fiscalização da efetiva aplicação, por parte dos entes sujeitos a regulação, da tese adotada.

§ 1º A parte poderá desistir da ação em curso no primeiro grau de jurisdição, antes de proferida a sentença, se a questão nela discutida for idêntica à resolvida pelo recurso representativo da controvérsia.

§ 2º Se a desistência ocorrer antes de oferecida contestação, a parte ficará isenta do pagamento de custas e de honorários de sucumbência.

§ 3º A desistência apresentada nos termos do § 1º independe de consentimento do réu, ainda que apresentada contestação.

Quanto ao inciso, estabelece que o resultado do julgamento deve ser comunicado ao órgão, ao ente ou à agência reguladora, se os recursos versarem sobre questão relativa a prestação de serviço público objeto de concessão, permissão ou autorização, para fiscalização da efetiva aplicação, por parte dos entes sujeitos a regulação, da tese adotada.

Apesar de não haver incompatibilidade e, portanto, ser admitida a regra, trata-se de hipótese que identifico no Processo do Trabalho nos casos em que se debate a responsabilidade do ente público no dever de fiscalização quanto ao cumprimento das obrigações trabalhistas decorrentes dos contratos de terceirização de serviços, quando forem executados nas atividades indicadas no dispositivo, o que pode servir como medida de cautela para evitar que a lesão se perpetue e aumente, ainda mais, o prejuízo do erário público.

Os três parágrafos tratam dos efeitos da desistência da ação, ainda no primeiro grau, quando o objeto contiver questão jurídica idêntica à decidida por meio dos recursos repetitivos, podendo ser assim resumido:

a) pode ocorrer antes de proferida a sentença;

b) independe da concordância do réu, mesmo após a contestação;

c) ficará isenta do pagamento de custas, se ocorrer antes do ato mencionado no item anterior.

Diante da ausência de previsão no Processo do Trabalho e de sua inteira compatibilidade, os dispositivos encontram abrigo, observada, quanto ao § 2º, a regra da gratuidade, quando demonstrada a carência de recursos ou presumida a miserabilidade jurídica (arts. 790 e 790-A da CLT)[47].

Fixado o precedente e definidas as consequências imediatas geradas nos processos em andamento nas diversas instâncias, cabe analisar os efeitos futuros, produzidos pela força obrigatória do precedente judicial.

Assinale-se, nesse campo, o ineditismo da legislação processual trabalhista, que antecipou institutos do Novo CPC por meio da distinção, também constatado na autorização para superação do precedente, técnicas

---

47   "Art. 790. Nas Varas do Trabalho, nos Juízos de Direito, nos Tribunais e no Tribunal Superior do Trabalho, a forma de pagamento das custas e emolumentos obedecerá às instruções que serão expedidas pelo Tribunal Superior do Trabalho. (Redação dada pela Lei n. 10.537, de 27.8.2002)
§ 1º Tratando-se de empregado que não tenha obtido o benefício da justiça gratuita, ou isenção de custas, o sindicato que houver intervindo no processo responderá solidariamente pelo pagamento das custas devidas. (Redação dada pela Lei n. 10.537, de 27.8.2002)
§ 2º No caso de não pagamento das custas, far-se-á execução da respectiva importância, segundo o procedimento estabelecido no Capítulo V deste Título. (Redação dada pela Lei n. 10.537, de 27.8.2002)
§ 3º É facultado aos juízes, órgãos julgadores e presidentes dos tribunais do trabalho de qualquer instância conceder, a requerimento ou de ofício, o benefício da justiça gratuita, inclusive quanto a traslados e instrumentos, àqueles que perceberem salário igual ou inferior ao dobro do mínimo legal, ou declararem, sob as penas da lei, que não estão em condições de pagar as custas do processo sem prejuízo do sustento próprio ou de sua família. (Redação dada pela Lei n. 10.537, de 27.8.2002)
Art. 790-A. São isentos do pagamento de custas, além dos beneficiários de justiça gratuita: (Incluído pela Lei n. 10.537, de 27.8.2002)
I – a União, os Estados, o Distrito Federal, os Municípios e respectivas autarquias e fundações públicas federais, estaduais ou municipais que não explorem atividade econômica; (Incluído pela Lei n. 10.537, de 27.8.2002)
II – o Ministério Público do Trabalho. (Incluído pela Lei n. 10.537, de 27.8.2002).
Parágrafo único. A isenção prevista neste artigo não alcança as entidades fiscalizadoras do exercício profissional, nem exime as pessoas jurídicas referidas no inciso I da obrigação de reembolsar as despesas judiciais realizadas pela parte vencedora." (Incluído pela Lei n. 10.537, de 27.8.2002)

conhecidas como *distinguishing*[48], *overruling*[49] e *overriding*[50], previstas nos §§ 16 e 17 do art. 896-C[51], observando-se, ainda, o rigor definido no § 1º do art. 21 do Ato n. 491/2014[52], em que se exige do órgão julgador a demonstração clara de que se trata de "caso particularizado por hipótese fática distinta ou questão jurídica não examinada, a impor solução jurídica diversa", além da possibilidade da modulação de efeitos, já examinada.

---

48   Em publicação de minha autoria: "[...] representa a presença do que se pode denominar de 'elementos de distinção', ou *distinguishing* (ou *distinguish*) no *common law*, ao recurso sobrestado. É a ausência de identidade entre as questões debatidas no recurso paradigma e no afetado, ônus a cargo da parte que teve o seu recurso paralisado" (Cláudio Brandão. *Reforma do sistema recursal trabalhista*: comentários à Lei n. 13.015/2014. São Paulo: LTr, 2015. p. 176).

49   Da mesma fonte: caracteriza-se "quando o próprio tribunal que firmou o precedente decide pela perda de sua força vinculante, por haver sido substituído (*overruled*) por outro. Assemelha-se à revogação de uma lei por outra e pode ocorrer de forma expressa (*express overruling*), quando resolve, expressamente, adotar uma nova orientação e abandonar a anterior, ou tácita (*implied overruling*), quando essa nova orientação é adotada em confronto com a anterior, embora sem o faça de modo expresso. Em ambos os casos, exige-se uma carga de motivação maior, que contenha argumentos até então não suscitados e justificação complementar capaz de incentivar o Tribunal a modificar a tese jurídica – *ratio decidendi*, ou razão de decidir –, o que, convenha-se, não deve ocorrer com frequência, em virtude da necessidade de preservação da segurança jurídica" (Obra citada, p. 180).

50   Da mesma fonte: "É a técnica de superação que se diferencia da anterior por ser de menor alcance. Neste caso, o tribunal apenas limita o âmbito de incidência do precedente, em função da superveniência de uma regra ou princípio legal. Não há superação total, mas parcial do precedente, semelhante ao que ocorre com a revisão das súmulas vinculantes" (Obra citada, p. 181).

51   "§ 16. A decisão firmada em recurso repetitivo não será aplicada aos casos em que se demonstrar que a situação de fato ou de direito é distinta das presentes no processo julgado sob o rito dos recursos repetitivos.
§ 17. Caberá revisão da decisão firmada em julgamento de recursos repetitivos quando se alterar a situação econômica, social ou jurídica, caso em que será respeitada a segurança jurídica das relações firmadas sob a égide da decisão anterior, podendo o Tribunal Superior do Trabalho modular os efeitos da decisão que a tenha alterado."

52   "§ 1º Para fundamentar a decisão de manutenção do entendimento, o órgão que proferiu o acórdão recorrido demonstrará fundamentadamente a existência de distinção, por se tratar de caso particularizado por hipótese fática distinta ou questão jurídica não examinada, a impor solução jurídica diversa."

Destaco o maior (e melhor) detalhamento ou, no mínimo, a maior clareza das regras no Processo do Trabalho, considerando que, no NCPC, se encontram dispersas no art. 927, ao tratar do dever de observância, pelos órgãos julgadores, dos acórdãos proferidos no incidente em análise, e, para o que interessa, transcrevo:

> Art. 927. Os juízes e os tribunais observarão:
>
> [...]
>
> III – os acórdãos em incidente de assunção de competência ou de resolução de demandas repetitivas e em julgamento de recursos extraordinário e especial repetitivos;
>
> [...]
>
> § 1º Os juízes e os tribunais observarão o disposto no art. 10 e no art. 489, § 1º, quando decidirem com fundamento neste artigo.
>
> § 2º A alteração de tese jurídica adotada em enunciado de súmula ou em julgamento de casos repetitivos poderá ser precedida de audiências públicas e da participação de pessoas, órgãos ou entidades que possam contribuir para a rediscussão da tese.
>
> § 3º Na hipótese de alteração de jurisprudência dominante do Supremo Tribunal Federal e dos tribunais superiores ou daquela oriunda de julgamento de casos repetitivos, pode haver modulação dos efeitos da alteração no interesse social e no da segurança jurídica.
>
> § 4º A modificação de enunciado de súmula, de jurisprudência pacificada ou de tese adotada em julgamento de casos repetitivos observará a necessidade de fundamentação adequada e específica, considerando os princípios da segurança jurídica, da proteção da confiança e da isonomia.

6. QUESTÃO CONSTITUCIONAL

Cabe, por último, mencionar distinção entre os dois sistemas na hipótese de o tema, objeto dos recursos repetitivos, envolver questão constitucional, não examinada pelo STJ.

O § 13 do art. 896-C da CLT prevê que a decisão proferida pelo Tribunal Pleno (ou Subseção I da Seção Especializada em Dissídios Individuais) não impedirá o reexame pelo STF[53].

---

53 § 13. Caso a questão afetada e julgada sob o rito dos recursos repetitivos também contenha questão constitucional, a decisão proferida pelo Tribunal Pleno não

Observados os pressupostos específicos e independentemente do quanto decidido pelo Tribunal Pleno do TST e da tese jurídica por ele sufragada, nada obsta que a parte interponha o recurso extraordinário para a última instância do Poder Judiciário brasileiro. Não pode a decisão proferida obstar a apreciação da questão jurídica pelo STF, diante da competência a ele conferida de proferir a última palavra em matéria constitucional, conforme previsto no art. 102, III, *a* a *d*, da Constituição Federal[54].

Observa-se o procedimento descrito no § 14 do art. 896-C[55]: a) o Presidente do TST selecionará um ou mais recursos representativos da controvérsia e os encaminhará ao STF; b) determinará, na sequência, o sobrestamento dos demais, até o pronunciamento da Corte, na forma prevista nos arts. 1.036 e seguintes do NCPC[56].

REFERÊNCIAS

BRANDÃO, Cláudio. *Reforma do sistema recursal trabalhista*: comentários à Lei n. 13.015/2014. São Paulo: LTr, 2015.

---

obstará o conhecimento de eventuais recursos extraordinários sobre a questão constitucional.

54   Art. 102. Compete ao Supremo Tribunal Federal, precipuamente, a guarda da Constituição, cabendo-lhe: [...]
   III – julgar, mediante recurso extraordinário, as causas decididas em única ou última instância, quando a decisão recorrida:
   a) contrariar dispositivo desta Constituição;
   b) declarar a inconstitucionalidade de tratado ou lei federal;
   c) julgar válida lei ou ato de governo local contestado em face desta Constituição;
   d) julgar válida lei local contestada em face de lei federal. (Incluída pela Emenda Constitucional n. 45, de 2004)

55   § 14. Aos recursos extraordinários interpostos perante o Tribunal Superior do Trabalho será aplicado o procedimento previsto no art. 543-B da Lei n. 5.869, de 11 de janeiro de 1973 (Código de Processo Civil), cabendo ao Presidente do Tribunal Superior do Trabalho selecionar um ou mais recursos representativos da controvérsia e encaminhá-los ao Supremo Tribunal Federal, sobrestando os demais até o pronunciamento definitivo da Corte, na forma do § 1º do art. 543-B da Lei n. 5.869, de 11 de janeiro de 1973 (Código de Processo Civil).

56   O dispositivo, de maneira originária, se refere ao art. 543-B. No NCPC, o procedimento é disciplinado nos arts. 1.036 e seguintes.

BRASIL. Conselho Nacional de Justiça. *Relatório Justiça em Números* – 2014. Disponível em: <ftp://ftp.cnj.jus.br/Justica_em_Numeros/relatorio_jn2014.pdf>. Acesso em: 30 maio 2015.

CHAVES, Luciano Athayde. Interpretação, aplicação e integração do direito processual do trabalho. In: CHAVES, Luciano Athayde (org.). *Curso de direito processual do trabalho*. 2. ed. São Paulo: LTr, 2012.

CUNHA, Leonardo Carneiro da; DIDIER JR., Fredie. *Incidente de assunção de competência e o processo do trabalho*. No prelo.

DIDIER JR., Fredie; BRAGA, Paula Sarno; DE OLIVEIRA, Rafael Alexandria. *Curso de direito processual civil*. 9. ed. Salvador: JusPodivm, 2015. v. 2.

_____; MACÊDO, Lucas Buril de. Reforma no processo trabalhista brasileiro em direção aos precedentes obrigatórios: a Lei n. 13.015/2014. *Revista do Tribunal Superior do Trabalho*. v. 21, n. 1. Rio de Janeiro: Imprensa Nacional, 2015.

MEIRELES, Edilton. *O Novo CPC e sua aplicação supletiva e subsidiária no processo do trabalho*. No prelo.

MELO, Raimundo Simão de. *Coletivização das ações individuais no âmbito da Justiça do Trabalho*. Disponível em: <http://www.conjur.com.br/2014-out-03/reflexoes-trabalhistas-coletivizacao-acoes-individuais-ambito-justica-trabalho>. Acesso em: 30 mar. 2015.

TUPINAMBÁ, Carolina. *A aplicação do CPC ao processo do trabalho*. No prelo.